Manfred Krug *Ich bin zu zart für diese Welt*

Tagebücher 1998–1999

Herausgegeben und mit einem Nachwort von Krista Maria Schädlich

98/99

kanon verlag

ISBN 978-3-98568-023-8

1. Auflage 2023

Umschlaggestaltung: Anke Fesel / bobsairport
Unter Verwendung einer Fotografie von Elke Petra Thonke
Herstellung: Daniel Klotz / Die Lettertypen
Satz: Marco Stölk
Druck und Bindung: Pustet, Regensburg
Printed in Germany

www.kanon-verlag.de

»Im Stürzen wurde ich wach.«

Manfred Krug am 12. April 1999

1998

Do 1.1.98

Otti und ich haben uns entschlossen, einfach in einer Kneipe Silvester zu feiern. Im »Santiago« am Käthe-Kollwitz-Platz in »Ost-Berlin« trafen wir alte Freunde aus der Jugendzeit: Peter und Jutta Voigt. Wir aßen und tranken etwas, konnten uns aber gegen die Bumsmusik auch schreiend nicht durchsetzen, so daß wir noch vor Mitternacht in die Nachbarkneipe »1900« gingen, wo sie leisen Bebop spielten.

Peter Voigt schreibt an einem Film mit dem ungefähren Titel »Meine Jahre mit Brecht« oder »Brecht und ich« oder »Ich und Brecht« oder »Brechts Jahre mit mir«, er weiß es noch nicht. Er sagt, das sei eine knifflige Sache. Das glaube ich. Ich sage, ich schreibe an der Geschichte »Meine Urgroßmutter und ich«, das allein ist schon eine knifflige Sache.

Peter sagt: »Als du mir vor zwei Jahren einen Korb gegeben hast und in meinem Film über die Bohème der fünfziger Jahre in Ostberlin nicht auftreten wolltest, hatte ich vorher die Barbara Berg gefragt, was sie meint, ob du zusagen würdest oder nicht. Da hat sie gemeint: ›Der sagt zu, der ist sentimental.‹« Und plötzlich stand mir diese Frau wieder vorm Gedächtnis. Als ich jung war und Kleindarsteller am »Berliner Ensemble«, bin ich ganz begeistert von ihr gewesen. Nicht, weil sie die Tochter vom Chef war, sondern sie war spannend. Sie hatte noch immer einen amerikanischen Akzent, sie brachte ganz Amerika mit in die schäbige Kantine, und wenn sie rausging, war es besonders hart zu fühlen, was im Raum übrigblieb: die Deutsche Demokratische Republik, und die war vor dem Bau der Mauer nicht halb so trostlos wie danach. Ich war selbst schuld. Für 20 Pfennig hätte ich nach Westberlin und von dort nach Kalifornien fahren können. Aber dazu war ich zu feige.

Nach einem Jahr haben Barbara und ich uns noch einmal wiedergetroffen. Da kam sie mit dem Schauspieler Stefan Lisewski und mit Peter Voigt in den »Klub junger Künstler«. Sie hatte aus den Haaren einen dicken Zopf gemacht, der als geflochtener Pferdeschwanz von ihrem Kopf abstand, wie auf dem Picassobild. Ich war aus dem »Berliner Ensemble« längst rausgeflogen oder vielleicht auch freiwillig gegangen, jedenfalls habe ich im Suff gesagt, sie sei eine blöde Ziege. Das ließ sie sich nicht zweimal sagen und warf ein Bierseidel, das meinen Kopf nur knapp verfehlte, kurz, es gab Verwicklungen mit ihr und mit Lisewski, ich zog sie an dem schönen Zopf aus dem Lokal. Als Ekkehard Schall davon hörte, soll er sich zwei Schuhspanner gegriffen, solche federnden Spiralen aus dem Westen mit zwei Holzkugeln dran, und sich auf die Suche nach mir gemacht haben. Gott sei Dank vergeblich, er war damals gut trainiert, man wollte keinen Krach mit ihm haben.

Das alles muß mir später verziehen worden sein, denn als es Ottilie an meiner Seite schon gab, waren wir oft zu den berühmten Silvesterfeten in der Wohnung von Ekkehard Schall und Barbara Berg eingeladen. Jedes Jahr stahl ich ein Fläschchen Tabasco aus der Speisekammer, das ich mir zwölf Monate hindurch einteilen mußte.

Dann reden wir über Krankheiten, über das Alter, über Juttas Menschenliebe, welch letztere ihr bei der Arbeit nur schade, sagt sie. Über Juttas früh verstorbenen Vater sprachen wir, über die jüngst gestorbene Mutter von Peter, und dann redet Ottilie über die kommende Zeit, da sie selbst schreiben wird. Nun wird eine Platte von Pavarotti aufgelegt, dann knallt es draußen, dann fällt Otti über eine Stufe und reißt ihr Sektglas mit herunter, und dann ist schon Zeit zum Küssen und Wünschen. 1998 ist da.

Am nächsten Tag fällt es mir schwer, mein Sportpensum zu schaffen.

Ich finde in einem alten Aktendeckel »Das Fleischpaket« und werde es in den nächsten Tagen lesen. Wenn die Geschichte gut ist, könnte sie dem Band Erzählungen beigefügt werden, den ich machen will. Bin gespannt.

Frei 2.1.98

Zu meinem Erstaunen ist die Geschichte nicht gut. Sie ist pathetisch. Sie ist so geschrieben, daß man beim Lesen glaubt, dem Vortrag eines schlechten Schauspielers zuzuhören.

Ich hatte insgeheim gehofft, Talent ist Talent, wer mit sechzig eine Geschichte schreiben kann, der sollte es mit zwanzig schon können. Jetzt kommt mir die Idee, daß ich es möglicherweise zu keiner Zeit konnte.

Ich bin nur noch krank. Heute ist es mein linkes Knie. Ich kann vor Schmerzen kaum einen Schritt gehen. Zum ersten Mal mußte ich das Fahrrad stehenlassen.

Auf alles, selbst auf den Schlaganfall, war ich irgendwie gefaßt. Aber nie hätte ich damit gerechnet, daß mein bulliges Knochengerüst nicht ausreichen könnte.

Ottilie würde mich glatt nachts um eins in eine Klinik fahren. Ich will nicht. Ich reibe das verdammte Knie mit »Mobilat« ein und schlinge ein Küchentuch drum. Darüber wickle ich eine Mullbinde, die ich in Ermangelung von Tonerde mit verdünntem Essig beträufele. Ich fülle eine Plastiktüte mit Eiswürfeln, binde sie zu und lege sie auf das Knie. Erfolg nach zwei Stunden: ich kann keinen Schritt mehr gehen. Es wird schwer werden, auf dem tauben rechten Bein ins Bett zu hüpfen.

Sa 3.1.98

Otti will in ihren Geburtstag reinfeiern, die Gäste werde ich im Sitzen empfangen.

Im »Spiegel« steht ein toller Artikel über Bertolt Brecht. Er hat mit allen mütterlich gestimmten Frauen geschlafen, die er kriegen konnte. Wenigstens darin fühle ich mich mit ihm verwandt, nur konnte er eine bessere Auswahl treffen, er hat die Damen für sich arbeiten lassen, das ging ja bei mir nicht. Auch er war von Jugend auf herzkrank, nur essen konnte er nicht so viel, er hatte einen »zu kleinen Magen«.

Ich habe mich tatsächlich in Boxershorts mit verbundenem Knie auf einen Sessel gesetzt und Hof gehalten. Ich war von meiner eigenen Hinfälligkeit ergriffen und muß auf die Gäste einen abschiedsseligen Eindruck gemacht haben. Sie lasen mir jede Handreichung von den Lippen ab.

Die Frauen sind alle erwachsen geworden, die Männer nicht. Rolf Römer erzählt eines der letzten Abenteuer, die er im Lauf des Lebens mit Autos bestanden hat und die früher oft damit endeten, daß er verkehrt herum aus den Wracks aussteigen mußte. Diesmal war es ganz einfach. Sein Konto von Minuspunkten war überzogen, die Polizei hat schlicht verlangt, daß er einen neuen Führerschein macht.

Lüning erzählt eine tolle Geschichte. Er hatte eine früh verstorbene Lieblingsschwester, die auch mir damals eine der liebsten Frauenspersonen war. Sie hieß Mette. Ich besuchte sie gern und war froh, wenn sie mich besuchte. Im Sommer 59 war ich aber ohne Gruß und Abschied, wie es meine Unart war, zum Drehen nach Bulgarien geflogen. Auf einer Postkarte, die Jurek mir dorthin schickte, heißt es: »Außerdem ruft manchmal ein Mädchen bei mir an, das Dich sprechen möchte. Den Namen habe ich vergessen, aber ich weiß die Nummer: 53 11 69.« Auch ich wußte längst nicht mehr, welcher Name zu der Telefonnummer gehörte. Als aber Meinhard Lüning im Buch[1] an diese Stelle kam, wußte er es sofort. Es war die Telefonnummer seiner Familie, und dahinter steckte seine süße Schwester Mette.

Christel Bodenstein hat die Hälfte ihres Gewichts verloren, es sei sehr anstrengend gewesen. Karin Kiwus hört immer noch nicht gern, daß sie mich an eine Käthe-Kruse-Puppe erinnert, obwohl sie gerade heute wie eine Käthe-Kruse-Puppe aussieht. Annekathrin Bürger hat viel gewonnen, sie ist eine der schönsten älteren Damen des Abends.

Frank Beyer bin ich kaum begegnet, weil ich mich nicht bewegen konnte. Er hat den Abend gleich genutzt, die hübsche blonde Schauspielerin Karoline Eichhorn mitzubringen, die in »Abgehauen« die Ottilie spielen soll.

Der letzte Gast war der Urologe Roman Bogdan, ein schrulliger Junggeselle um die sechzig, der zwar noch die Kirchensteuern

---

[1] Gemeint ist das 1997 im ECON Verlag erschienene Postkartenbuch »Jurek Beckers Neuigkeiten an Manfred Krug & Otti«.

bezahlt, den die Christenreligion aber vor allem deswegen enttäuscht habe, weil die Bibel behaupte, Jesus sei von den Toten auferstanden. Das gäbe es doch gar nicht. Keiner könne von den Toten auferstehen.

Am Schluß saß Roman allein da. Er sang für Otti und mich ein Abschiedslied, dann ging er nach Hause.

So 4.1.98

Otti ist 56 Jahre alt.

Di 6.1.98

Heute kam eine Postkarte von dem Lektor, der früher bei ECON war und jetzt bei Kiepenheuer & Witsch in Köln ist. Er will ein Bier mit mir trinken, schreibt er. Seine Frau will auch kommen. Sein Verlagschef ist der Mensch, der vor zehn Jahren in Hamburg mit seiner blonden Lady mal eben vorbeikam, sich von einem großen Vortragskünstler ein paar Seiten aus »Abgehauen« vorlesen ließ, um dann wieder zu verschwinden.

Da wird nix draus. Außerdem steht kein Absender auf der Postkarte. Ich hasse Postkarten von fast fremden Menschen, auf denen der Absender fehlt.

Mi 7.1.98

Habe mit K. M. Schädlich telefoniert, die von Wolf Biermann ein Buch vermittelt bekommen habe, sagt sie. Ich hatte auf der Buchmesse den Titel für dieses Buch auf einer Papierserviette erfunden, seither heißt es »Das wunderbare Überleben«[2], was ein ganz schöner Titel ist.

---

2 »Das wunderbare Überleben. Warschauer Erinnerungen 1939 bis 1945« von Wladyslaw Szpilman erschien 1998 mit einem Nachwort von Wolf Biermann bei ECON und wurde von Roman Polanski unter dem Titel »Der Pianist« verfilmt.

Sa 10.1.98

Herr Sauer von der UFA wollte am Telefon wissen, wie er mit den angeblich zahlreichen Anfragen der Journaille verfahren solle. Es zeige sich, daß schon wieder viele Menschen kaum noch wissen, was in den siebziger Jahren in der DDR los war. Ich sage, für einen Zwanzigjährigen ist das so weit weg wie der Dreißigjährige Krieg. Ich sage, deswegen machen wir doch den Film »Abgehauen«. Der WDR, sagt er, könne sich vorstellen, daß man gleich nach der Sendung des Films ein Gespräch im Sender macht. Biermann könnte dabei sein, ich müßte dabei sein, man könnte da die Situation von damals den Menschen noch einmal vor Augen stellen. Das wäre Wiederkäuerei, sage ich, erst den Film, dann die Sendung über den Film, daran möchte ich mich nicht beteiligen. Dann hat er Ruhe gegeben.

So 11.1.98

Marlene ist mein ganzes Glück, sie macht rasch Fortschritte.

Heute habe ich entdeckt, daß mein rechter Fuß deutlich geschwollen ist. Wahrscheinlich hat sich mit der Lähmung auch die Durchblutung verschlechtert. Die Gefäße haben sozusagen ihre eigene Lähmung. Der rechte Fuß ist oft auch kälter als der linke. Dasselbe gilt für den Arm und die Hand. Wie beliebt waren früher meine warmen Füße und Hände.

Alle Kraft kommt vom Herzen. Ist das Herz geschwächt, dann ist mit dem ganzen Körper nicht mehr viel anzufangen. Allmählich ängstigt mich das Alter. Das kann noch heiter werden.

Mo 12.1.98

Otti ist heute zu Josephine gefahren. Ich zur DEFA[3] nach Babelsberg, wohin Frank Beyer das gesamte Team zum »Warm Up« bestellt hat. Zuerst waren wir mit den Schauspielern allein. Alle Anwesenden außer Hermann Lause und Peter Lohmeyer waren

---

3 Das ehemalige DEFA-Studio hieß seit 1992 eigentlich Studio Babelsberg GmbH.

alte Ossis, mußten also nicht unbedingt eingewiesen werden. Trotzdem gab Beyer noch einmal eine »Einführung«, Uli und ich assistierten.

Jürgen Hentsch hatte ich seit 1955 nicht gesehen. Er sagte: »Ich weiß auch, warum du damals aus der Schauspielschule geflogen bist. Weißt du's auch noch? Du hattest an die Tafel geschrieben: Piens ist dumm wie 'n Brot.« Mehr haben wir nicht gesprochen. Ich glaube, einer unserer Lehrer hieß damals Piens.

Später fragte mich Sauer, ob ich Ende 98 mit Egon Günther einen Film nach »Unkenrufe« von Grass machen wolle. Ich sagte ihm wahrheitsgemäß, daß ich Egon Günther über alles schätze, daß ich ihn nach dem Schlaganfall aber nicht enttäuschen wolle. Sauer solle mir Zeit geben, bis ich sehe, wie es mit dem »Tatort« geht.

Di 13.1.98

Um 19.00 Uhr stand das Taxi vor der Tür, wir fuhren in die Milastraße, die von der Cantianstraße abgeht, in eine Art Stadtvilla. Dort war 1905 die Brauerei Groterjan mit hauseigener Bierschwemme ansässig, in sozialistischer Zeit war in dem Haus die einzige Fahrschule Ostberlins untergebracht. Man meldete sich an, und zehn Jahre später konnte man die »Fahrerlaubnis« machen. Fünfzig Meter von dort entfernt, in der Cantianstraße 22, haben Jurek und ich fünf Jahre in einem zugemauerten Laden gelebt.

Herr Jörg Stempel empfing uns in einem dämmerig-blauen Salon des wiedererstandenen Restaurants und überreichte mir ein Plexiglasandenken zum Lohn für immerhin 10.000 verkaufte Schallplatten »Jazz, Lyrik, Prosa«. Die Kohlrouladen kann Otti besser kochen, und die kalte Vorspeisenplatte war schwer und deutsch.

Herr Stempel war in Begleitung seines Vorgesetzten, des Geschäftsführers von BMG Berlin Musik GmbH, ein netter, flink denkender Wessi. Dann war da noch der Produktmanager bei Hansa, ein Ossi, der einiges über die alten AMIGA-Aufnahmen weiß. Herr Stempel tat, als würde er mir nachgerade alles abnehmen, von der Kurzgeschichte über den Gesang bis hin zum Coverentwurf.

Mi 14.1.98

Im BR lief nachts noch einmal der erste Teil der wunderbaren Dokumentation von Eberhard Fechner aus dem Jahre 1976 über die Karriere und das Schicksal der »Comedian Harmonists«. Wie herrlich die Musik, wie echt die interviewten Künstler, wie saudumm die Nazis (manches hat mich an die Dummheit der DDR-Kulturobristen erinnert). Welch ein Verlust für Deutschland, für ganz Europa. Wie niedlich und arm der Film von Joseph Vilsmaier.

Do 15.1.98

Kanzler Kohl hat es sich nochmal überlegt, er glaubt nun doch nicht, daß die Arbeitslosenzahl bis zum Jahr 2000 halbiert werden kann. Damit ist er der letzte Deutsche, der überhaupt daran geglaubt hat. Der einzige wird er wohl auch gewesen sein. Ich glaube, die Arbeitslosen haben ihn ein bißchen enttäuscht.

Der Titel meiner Memoiren könnte sein »Was weiß ich?« oder »Nichts Genaues«.[4] Die letzten Sätze könnten lauten: »Ich war nicht immer gut. Hab ein bißchen Freude gebracht. Was will man mehr.«

Frei 16.1.98

Um 14.00 Uhr erscheinen Udo Martini und Thomas Holstein mit bedrückten Gesichtern. Sie seien nach der Landung auf dem Flugplatz angerufen worden, die Hausjuristen der Telekom hätten ihre drei TV-Spots ebenso zerrissen wie alle zehn Radio-Spots. Lauter unbrauchbares Zeug, eigentlich kämen sie mit leeren Händen.

Ich habe daraufhin die Spots gar nicht erst gelesen. Wir setzten uns hin und entwarfen Neues. Die Idee lag darin, aus der Not des Tarifdschungels eine Tugend zu machen. Ein Vorschlag von mir – Straßenpassanten werden gefragt: »Haben Sie noch den Durchblick?«

---

[4] Manfred Krugs Memoiren erschienen im Jahr 2003 unter dem Titel »Mein schönes Leben« im ECON Verlag.

»Nee / Nee, Sie? / Überhaupt nicht! / Nicht die Bohne« und so weiter.

»Dann kann man sich ja mal überlegen, ob man nicht einfach bei der Telekom bleibt.«

So 18.1.98

Um 17.00 Uhr hat Otti sich mit der Schauspielerin Eichhorn auf deren Wunsch im »Kranzler« getroffen. Sie will Otti näher kennenlernen, vielleicht helfe ihr das bei der Gestaltung der Rolle in »Abgehauen«.

Di 20.1.98

Ich soll mich auf Veranlassung der Filmversicherung zu einer Blutdruck-Langzeitmessung einfinden, was ich nicht will. Ich empfinde das als Demütigung, nachdem ich meine Ärztin von der Schweigepflicht entbunden habe. Ich will mich nicht länger mit meiner Gesundheit beschäftigen.

Denn was sich mir allmählich naht, kann eigentlich nichts anderes als der Tod sein. Dem will ich den Rücken zudrehen, so lange ich kann.

Habe mit Otto Meissner telefoniert. Er will wissen, was mit »Liebling Kreuzberg« werden wird. Ob ich es mir grundsätzlich noch einmal zutrauen würde, er habe aber keine Idee, wer das schreiben soll. Ich auch nicht, sage ich. Wenn ich ein Team finde, das besser mitzieht, und wenn er mir ein gutes Buch zeigen würde, dann könnte ich es mir noch mal vorstellen.

Wir reden über den Erfolg des »König von St. Pauli« und fragen uns, wie diese zusammengerümpelte Geschichte so gut laufen kann.

»Wir werden immer mehr ein Volk von Bloden«, sage ich. »Aber auch wir haben an der Verblödung mitgewirkt.«

Otto sagt: »Und jetzt werden wir auch noch das, was wir schon mal waren: ein Volk von Denunzianten und Aufpassern.« Die Politiker seien es, die zuallererst einen Lauschangriff brauchten, damit das Volk weiß, wie es veralbert wird.

Do 22.1.98

Ich will mal wieder weniger essen, weil im »Spiegel« steht, daß man durch Hungern sehr alt werden kann.

So 25.1.98

14.00 bis 16.00 Uhr waren ein Lektor und seine Frau da, er ist neuerdings bei Kiepenheuer & Witsch und hatte natürlich die Absicht, mich abzuwerben. Ich habe den beiden etwas aus »Nichts Genaues« vorgelesen und bin bei der »Johanna«-Passage[5] prompt wieder naß um die Augen rum geworden. Was soll's. Ich muß damit leben. Beide waren von der Lesung nicht unbeeindruckt. Aber ich habe keine Hoffnungen gemacht, das Buch, sollte es je fertig werden, bei diesem Neven DuMont herauszubringen, der mich damals in Hamburg fast mutlos gemacht hätte.

Di 27.1.98

Die Angst der Telekom verdirbt uns die Texte. Wir müssen schreckliche Dinge sagen, zum Beispiel: »Ab 1. März kostet eine halbe Stunde von Hamburg nach München per ISDN am Wochenende von 5 bis 21 Uhr statt 10,08 DM nur noch 5,76 DM. Sie sparen 43 %.« Als ich einmal im Text hängenblieb, sagte ich verzweifelt und wütend: »... Ja, Sie können also Geld sparen, aber nur bei Vollmond und Nordwind.« Das wurde gedreht und Martini wollte wissen, in welcher Kassette das Filmmaterial steckte. »Das fehlt uns gerade noch, daß dem Ron Sommer so ein Mist vorgespielt wird. Da wird der nicht drüber lachen können. Oder was noch schöner wäre, es wird dem Dicken von ›Focus‹ oder jemandem vom ›Spiegel‹ vorgespielt. Das wäre der absolute GAU. Dann können wir einpacken!« Ich weiß nicht, wo das Material geblieben ist, ich habe vorgeschlagen, einfach ein bißchen Licht in die Kassette fallen zu lassen und fertig. So haben sie's dann wohl gemacht. Ich habe vom Studio bis zum Hotel über die erschrockenen Augen von Martini gelacht.

---

5 Die Passage handelt von Manfred Krugs Urgroßmutter Johanna.

Mi 28.1.98

10.30 Uhr Abholung zu »Markenfilm«, dort den 5. TV-Spot gedreht und alle Funkspots aufgenommen. In einer Drehpause setzt mir plötzlich jemand einen Kopfhörer auf. Ich höre den furchtbaren Zusammenschiß eines Regisseurs durch einen Schauspieler und merke allmählich, daß der Schauspieler Klaus Kinski ist. Nach einer Weile wird auch klar, daß der andere der Regisseur Werner Herzog ist. Es handelt sich um einen Disput während der Dreharbeiten zu »Aguirre, der Zorn Gottes«. Offenbar hat der damalige Tonmeister einfach das Band mitlaufen lassen, wodurch für die Filmwelt einer der schönsten Anschisse aller Zeiten bewahrt werden konnte. Kinski ist mir von Stund an viel näher, als ich je gedacht hätte, daß ich ihn haben wollte.

Do 29.1.98

Ottilie abends unterwegs. Die Kinder eingeladen.

Wir spielen »Schrottpresse«.

Papa: »Du bist der Schrott, ich bin die Presse. Wenn der Schrott zu fest gepreßt wird, muß er HALT rufen. Also preß – preß – preß – …«

Marlene: »Halt!«

Papa hört auf zu pressen.

Papa: »Ächz. Die Presse ist jetzt ganz müde.«

Marlene: »Aber der Schrott geht jetzt mit seiner Mutter ins Bett.«

Frei 30.1.98

Habe mir bei Hugendubel an der Ecke einige Bücher gekauft, die ich vielleicht für »Nichts Genaues« brauchen kann: »Kriegsende 1945«, »DDR-Geschichte in Dokumenten«, »So funktionierte die DDR« in drei Bänden, »Lexikon des DDR-Sozialismus« in 2 Bänden und »Das Dritte Reich im Überblick«. Schreiben bildet.

Sa 31.1.98

17.30 Uhr mit einem jungen Maler telefoniert, auf den mich Kurt Bartsch aufmerksam gemacht hatte: Moritz Götze. Der wollte meine alten Schlagertexte vermalen, was ich mir gar nicht recht vorstellen kann. Ich will ihm jetzt ein paar der neueren »Gedichte« faxen. Sein Vater ist mit Kurt Bartsch befreundet und ist einer der Unterzeichner[6]: Wasja Götze.

So 1.2.98

Rosi Mägdefrau angerufen, sie jammerte darüber, daß sie demnächst ihr Theater in der Hildegardstraße verlieren würde. Kein Geld da. Heute spielt sie ein Märchen, »Das Borstenkind«, aber es sei wohl zu lang, die Leute hätten keine Lust zu kommen. Sie reservierte drei Karten für mich, und ich ging mit Otti und Julius hin. Ein winziges Zimmertheater mit vielleicht 15 Stühlen. Es waren nur drei Kinder da, alle anderen waren Frauen, ich der einzige Mann. Wir haben zwei Erwachsene gelöst (16 Mark) und ein Kind (6 Mark). Rosi allein auf der Bühne. Sie spielt ein Dutzend Rollen, dazu noch den Wind, die Sonne, den Mond und einen Drachen. Sie spielt mit gesichtslosen Puppen, mit einem jungen und einem alten Schwein, mit einer Maus, mit Kokosnüssen, und in der Kitteltasche hat sie ein Funkgerät, mit dem sie Tag und Nacht und Dämmerung ausleuchtet.

Ein in ein Schwein verwandelter Prinz und eine Prinzessin lieben einander und müssen schreckliche Abenteuer bestehen, um glücklich zu werden.

Rosi ist großartig. Sie führt einfühlsam die Puppen, spricht alle Stimmen, geht zu Herzen. Alles hat sie selbst gemacht, Kostüme, Regie, und das Stück hat sie geschrieben. Es dauerte eine Stunde und war einfach wunderbar.

Anschließend Otti zum Stammtisch, die Kinder zu Besuch.

Marlene hat sich in zwei Persönlichkeiten gespalten. Einmal ist sie ein kleines Baby namens Malik, und einmal ist sie sie selbst. Malik ist ein real existierender Junge, der einen Schwarzafrikaner zum Vater hat, der viel Liebe braucht und kuscheln will, der

---

[6] Wasja Götze hatte die Petition gegen die Ausbürgerung Wolf Biermanns im November 1976 unterschrieben.

noch nicht sprechen und laufen kann, kurz, der alles machen kann, wozu sie selbst schon zu groß ist. Vor allem Fehler.

Heute sagte sie zu mir: »Malik ist ein Er.«

»Und was bist du?«

»Ich bin eine Sie.«

»Und Mama und ich?«

»Mama ist eine Sie und du ein Er.«

Manchmal bin ich platt, daß dieses Kind noch in die Windeln kackt und daß es noch immer morgens und abends an die Brust will.

_Mo 2.2.98_

Abends hat Marlene in einem unbeobachteten winzigen Augenblick mit einem Feuerzeug meine Wohnzimmerwand gestrichelt und bemalt, wofür sie sich von mir eine kleine Kopfnuß gefangen hat. Ich habe lange gebraucht, um die Spuren mit Brennspiritus einigermaßen zu verwischen. Petra hat mich wegen der Kopfnuß getadelt.

_Mi 4.2.98_

Charly Schöps wollte, daß ich den nächsten »Tatort«-Vertrag unterschreibe. Habe abgelehnt. Ich will erst zwei Wochen drehen und sehen, ob ich's noch kann.

Nachts um halb drei sendet Arte einen vom ORB übernommenen Film. Eine Kirche voller Menschen und sieben schwarze Sänger und Musiker, dazu drei Frauen. Sie preisen Jesus. Sie singen, tanzen, heizen ein. Unsere deutschen, anständigen, frommen, erschrockenen, gottesseligen, aufgescheuchten, befreiten DDR-Gesichter. Mir laufen nur die Tränen runter. Was soll ich machen.

_Sa 7.2.98_

Otti hat mir um 24 Uhr gratuliert. Nettes Gespräch bis vier Uhr bei zwei Flaschen Aldi-Rotwein aus Chile. Sie hat mir eine sehr gut erhaltene Gußstahlpfanne geschenkt mit sieben emaillierten Vertiefungen für Pufferchen oder Eier.

So 8.2.98
Heute ist der 50. Todestag von Karl Valentin.

Ich bin 61.

Viele Blumen.

Fanny und Fine mit Julius waren zum Teetrinken da, Daniel hat aus Berchtesgaden angerufen. Viele Leute rufen an, darunter Gabi Katwan, Krista Schädlich und, zweistimmig mit »Happy Birthday«, die Herbolzheimers. Das »Tatort«-Team unter Charly Schöps hat mir einen kompletten Apple-Computer mit Farbdrukker geschenkt, das SEA-Team unter Martini eine fünfbändige Ausgabe der Propyläen »Technikgeschichte« und drei gute »Cohiba«-Zigarren.

Mo 9.2.98
Abends um 20.00 Uhr Einladung zum Abschlußfest »Abgehauen« in dem griechischen Restaurant »Meri's«, das dem ehemaligen »Hundekehle«-Kellner Theo, einem Schnauzbartträger, gehört. Nette Bewirtung. Kaum Schauspieler anwesend. Beyer hat zweimal in mein Ohr und noch einmal in einer Rede an alle lamentiert, er hätte ja hinschmeißen können bei lausigen 19 Drehtagen. Wenn er mehr gebraucht hätte, hätte auch niemand die Produktion abgebrochen, aber er habe es geschafft. Er wünscht allen Regisseuren, die nach ihm bei der UFA drehen, daß er mit dieser Leistung nicht zum Maßstab für andere wird. Und solches Zeug.

Mi 11.2.98
Abends im Ersten einen bitteren Film über die Schauprozesse Stalins in der Sowjetunion von 1936 bis 38 gesehen. Allein 1937 sind 700.000 Todesurteile vollstreckt worden. Der Mensch ist a Saa.

Gängiger russischer Witz von damals: Zwei Männer in Handschellen sitzen auf einem Karren auf der Fahrt nach Sibirien. Sagt der eine:

»Wie viele Jahre hast du gekriegt?«

Sagt der andere: »Fünf Jahre.«

Sagt der Erste: »Wofür?«

Der andere: »Für nichts.«

»Unsinn, für nichts gibt's zehn Jahre …«

Do 12. 2. 98

Um 10.00 Uhr kam das Fernsehteam mit Frank Beyer an der Spitze. Ich hatte leichtes Spiel, konnte die Kommentare allesamt ablesen. Schätzungsweise sind 15 bis 20 Minuten Text und Bild herausgekommen, wovon natürlich nur ein Teil genommen wird.

Wir haben das Pensum für zwei Drehtage geschafft, morgen brauche ich nicht zu drehen.

Wieder nehme ich mir vor, niemals mehr ein Filmteam in die eigene Wohnung zu lassen, es ist schrecklich.

Sa 14. 2. 98

Nicolas Becker hat angerufen und ist dann mit einem Zettel vorbeigekommen. Er hatte nach Jureks Tod dem Redakteur einer juristischen Zeitung versprochen, über Jureks Arbeit an »Liebling Kreuzberg« etwas zu schreiben. Was ich wußte, habe ich ihm erzählt. Daß nämlich die Sache einen merkwürdigen Anfang genommen hatte. In der »Hundekehle« saß mir eines Tages der damalige Intendant des SFB, Lothar Loewe, gegenüber und sagte bierselig: »Ist ja eigentlich eine Schande, daß Sie in Berlin leben, und es gibt keine Fernsehserie mit Ihnen.«

»Das können Sie leicht ändern. Ein Wort von Ihnen, und es wird eine Serie geben.«

Ich gab ihm die Telefonnummer von Otto Meissner. Der sagte sofort zu, und einen Tag später sagte er: »Manfred, ich hab eine Idee. Wir machen eine Serie über einen Berliner Winkeladvokaten. Was hältst du davon?«

Ich überredete Jurek Becker, der versicherte sich der Mithilfe von Nicolas Becker und fing bald an zu schreiben.

Endlich gibt es einen Gedenkraum für einen der anständigsten Menschen in Deutschland, den Hitlerattentäter Johann Georg Elser.

So 15.2.98

Ich fliege um 16.25 Uhr von Berlin nach Hamburg, wo ich morgen zwei weitere Telekom-Spots und ab Mittwoch den »Tatort« »Kulleraugen«[7] zu drehen habe. Ich habe wirklich keine Lust und keine Kraft mehr. Ich möchte so gern über den Dächern Berlins sitzen, dem Verfall meines Körpers und dem Aufwachsen von Marlene zusehen.

Auf dem Flugplatz in Tegel sehe ich den berühmten Fußballspieler Franz Beckenbauer, der ein unauffälliger, freundlicher Mensch zu sein scheint. Wir sehen aus Rücksicht aneinander vorbei.

Im Flugzeug sitzt Beckenbauer neben mir, nur der Gang trennt uns. Wir lesen Zeitung.

Als letzter kommt Udo Lindenberg in den Gang. Er weiß, daß ich ihn sehr achte. Er läßt seine Begleiterin stehen und setzt sich neben mich. Erzählt, daß er gestern abend bei den Wichtigtuern im »Berliner Ensemble« war, um den 100. Geburtstag von Brecht zu feiern. Er bestellt zwei kleine Flaschen Rotwein und erzählt ein bißchen vom gesunden Leben, vom Trinken und anderem. Er erzählt von der Feier zur »Goldenen Kamera« und von Ben Becker, der ihm gut gefällt. Er erzählt von den »Freestyle-Rappern« und verfällt für eine Viertelstunde mühelos in Vers-Erzählung nach Art der »Freestyle-Rapper«. Alles reimt sich, und zwar perfekt: »Über den Wolken ist der Himmel weit, über den Wolken bin ich gerne breit.«

In Hamburg beim Kofferabholen kommt Beckenbauer ganz unbefangen auf mich zu. Ich gestehe, daß ich ihn vorher schon gesehen habe, ihn aber schonen und in Ruhe lassen wollte. Ihm sei es ebenso gegangen. Er sagt, die Telekom könne froh sein, solche Werbespots bekommen zu haben: »Sie haben viel für die getan. Hoffentlich wissen die das.« Einige Komplimente auf beiden Seiten. Ich hatte gar nicht bemerkt, daß gestern Bayern München gegen Hertha Berlin verloren hat. Das wollte er mir nicht glauben.

---

7 Der Tatort wird unter dem Titel »Arme Püppi« ausgestrahlt, siehe dazu die Einträge vom 11. März 1998 und vom 11. Mai 1998.

Erst im Hotel fiel mir ein, daß er ja der Trainer von Bayern München ist. Ein sympathischer Mensch. Man sieht, Intelligenz schadet nirgendwo, auch nicht beim Fußball.

Di 17. 2. 98

Ausgeschlafen bis 11.00 Uhr. Dann spazieren gegangen und eine Pfeffermühle und eine übersetzte Nagelschere gekauft. Drei kleine Bändchen Soldatenlieder aus dem Zweiten Weltkrieg, zwei schöne Rubingläser 19. Jhdt.

Beim Mittagsschlaf von Jurek geträumt. Er kam, als wenn nichts gewesen wäre, in meine Wohnung und fing an, die Einlegebretter aus der großen eichenen Vitrine zu nehmen.

»Hast du da was versteckt?« frage ich.

»Ja«, sagt er. »Ich habe vor eurem Umzug ein paar Pistolenkugeln unter den Brettern festgeklebt.«

»Der Umzug ist doch schon acht Jahre her. Festgeklebt? Ich wußte gar nicht, daß du so praktisch bist.«

»Wenn's drauf ankommt, schon«, sagt er.

Ernst Jünger im Alter von knapp 103 Jahren gestorben. (»Nicht wofür man kämpft, ist wichtig, sondern wie man kämpft.«)

Jedes Tagebuch wird in hundert Jahren wichtig, sagt Jünger, ob es von einem Küchenmädchen geschrieben wird oder von sonst wem. Jeder sollte ein Tagebuch schreiben. Na ja, ich mach es.

Muß der Jünger eine Gesundheit gehabt haben! Er hat Mescalin und LSD und wer weiß was noch gegessen und Zigaretten gequalmt bis zu seinem Ende. Gegessen muß er wenig haben, der wog keine 60 Kilo. Er machte sich lustig darüber, daß die Medizin auf Lebensverlängerung aus sei. Der hatte gut reden. Schon der Alte Fritz soll bei Collin seinen Soldaten zugerufen haben: »Hunde, wollt ihr denn ewig leben?« Ich wäre froh, wenn ich noch zwanzig Jahre ranhängen könnte.

Mi 18. 2. 98

1. Drehtag für den »Tatort«, Regie Helmut Förnbacher, Kamera Hartwig Strobel aus der DDR, der viele dümmliche Filme zum

besseren Verständnis des Sozialismus mit dem armen Uli Thein gedreht hat.

Meine schon immer mangelhafte Fähigkeit, Text zu behalten, habe ich fast völlig verloren. Wenn ich die Zettel nicht sehe, kriege ich kaum noch einen Satz heraus.

Do 19. 2. 98

Um 20.00 Uhr rief Petra an und eine Stunde später noch einmal. Marlene war weinend am Apparat, weil Papa nicht da ist. Ich habe sie getröstet. Am Set wollen alle wissen, wie es meiner Enkelin Püppi geht, ich muß allen von ihr berichten.

Frei 20. 2. 98

Mit fast vier Stunden Verspätung mittags zum Dienst gefahren. Helmut »Fellini« Förnbacher wollte einen Campingfreund aus dem Bild haben. Der, ein Holländer, wollte sich von dem deutschen Faschisten aus der Schweiz nicht verjagen lassen. Nach zwei Stunden stand er immer noch mit seinem Campingwagen im Weg. Ich weiß nicht, wie sie's dann gedreht haben. Da hätte Masten schon nach fünf Minuten die Kamera zur Seite gesetzt, und die Einstellung wäre auch nicht schlechter geworden.

Mit knapper Not das Flugzeug erwischt. Zu Hause die Kinder. Marlene ist eisern wach geblieben, sie wollte Papa noch sehen.

Sa 21. 2. 98

Um 12.00 Uhr kommen Frank Beyer und Karin Kiwus mich besuchen. Die Kassette mit dem Rohschnitt von »Abgehauen« wird gemeinsam betrachtet. Ich wußte gleich, daß es eine schwierige Veranstaltung werden würde. Immer wenn ich sagen würde: »Hier fehlt mir dies oder das …«, dann würde Frank Beyer sagen: »Das habe ich aber nicht.« Und so ist es gekommen, weshalb ich bald mit mäkeln aufgehört habe. Der Film ist streckenweise etwas langweilig, und zwar immer dann, wenn nicht die besten Schauspieler zu haben waren. Brillant sind Hermann Lause als Lamberz und Ulrich Matthes als Esche; sehr gut sind Thomas Neumann als Eberhard Heinrich und Jürgen Hentsch als Stefan Heym. Heiner Müller wird in einer zarten Karikatur von Karl Kranzkowski gegeben.

Der Film muß um einiges mehr gekürzt werden. Vielleicht nimmt Beyer den ganzen Gerstner[8] heraus, darum wäre es nicht schade. Meine Zwischenkommentare, die wir neulich in der »Werkstatt« aufgenommen haben, sind brauchbar. Man merkt nicht, daß ich abgelesen habe. Im Rhythmus fehlt noch Feinarbeit, viele Einzelheiten sind verzichtbar. Manches ist ohnehin nicht wesentlich zu verbessern, wie zum Beispiel eine gewisse Sprödigkeit auf den Festen, die wohl etwas mit der Sprödigkeit von Beyer zu tun hat.

So 22. 2. 98

Ich hatte gestern bemerkt, daß Beyer mit der Musik für »Abgehauen« ein bißchen in Verlegenheit ist. Er könnte für gewisse Übergänge im Film etwas Musik ohne Gesang gebrauchen. Aber woher nehmen? Ich habe vorgeschlagen, das Edu-Lobo-Lied »Ade« vom Gesang zu befreien und ein Flügelhorn oder eine Mundharmonika auf das Urband spielen zu lassen. Das geht natürlich nur, wenn die alten Bänder ungemischt noch da sind und wenn die Pfeifen von der »Intercord« sie rausrücken.[9]

Seit Jahren treffe ich eine vorzüglich erhaltene Frau, die immer mit mir in denselben Flugzeugen sitzt. Heute habe ich sie angesprochen. Ich dachte, sie könnte Dozentin sein und in Hamburg unterrichten. Sie ist sechzig, hat schöne Zähne, keine Altersflekken und eine hübsche, eher robuste Figur. Es kam heraus, daß sie einen Freund in Berlin und eine Apotheke in Hamburg hat. Haben uns über das Leben und die Gesundheit im Alter unterhalten. Sie will mir demnächst alle Medikamente auf einen Zettel

---

8 Karl-Heinz Gerstner war ein deutscher Journalist und inoffizieller Mitarbeiter der Geheimdienste der Sowjetunion und der DDR.

9 »Ade« war ein Gesangs-Duett mit Caterina Valente auf der von Manfred Krug 1979 beim Musiklabel Intercord veröffentlichten LP »Da bist du ja«.

schreiben, die man im Alter so braucht. Eins kann sie mir jetzt schon sagen: viel Wasser soll man trinken.

Im »Marriott« auf dem Zimmer von Charly Brauer guten Käse und gute Wurst aus der Schweiz gegessen. Er hat vor wenigen Tagen eine Tournee beendet, ein 3-Personen-Stück, mit dem er durch die wildesten Gegenden gefahren sei. Das kenne ich alles selbst vom »Zerbrochenen Krug«.

Mo 23. 2. 98

Abends Essen mit Freisler und Charly Schöps in der »Schlachterbörse«. Habe ein monströses Kasslerkotelett gegessen, 8 cm dick, nach Art der Wikinger. Mach ich nicht wieder. Schöps fragte gleich: »Wann wollen wir denn die Schallplatte mit den ›Tatort‹-Liedern machen?«

Die könne ich mir nur als Neuproduktion vorstellen, dann kostet sie zwischen hundert- und hundertfünfzigtausend Mark. Das schien ihn nicht zu erschrecken. Habe Herbolzheimer als Arrangeur vorgeschlagen.

Saddam Hussein lenkt ein, es gibt keinen weiteren Golfkrieg.

Mi 25. 2. 98

In der Nacht ein endloser Film über die Karriere von Armin Mueller-Stahl. Der Autor, der Maler, der Geiger, der Schauspieler, der Regisseur usw., interviewt von Vera Tschechowa, gesendet auf Arte. Er ist eigentlich ein lieber Junge, er geht einem bloß so auf den Sack. Und eines Tages sind wir alle tot, und dann ist es sowieso egal.

Es gab auch einen Film über Ribbentrop. Als er mit Stalin und Molotow auf der Landkarte die Teilung Polens vorgenommen hat, haben sie einen derart dicken Bleistift benutzt, daß die Differenz an der wirklichen Grenze mehrere Kilometer ausmachte, so daß beiderseitige Experten entscheiden mußten, ob dieser Fluß oder jener Berg auf diese oder jene Seite des Bleistiftstrichs gehörte. Daran erinnert sich ein gewisser Hans von Herwarth, der damals Diplomat bei Ribbentrop war.

Do 26. 2. 98

Der TV-Produzent Horst Schäfer in Wiesbaden fragt, ob ich Lust hätte, das Leben des Fußballtrainers Otto Rehhagel zu verfilmen. Ich habe keine Lust, verstehe nichts von Fußball. Ich könnte jeden Tag in einer bezahlten Talk-Show auftreten und alle vier Wochen einen neuen Film annehmen. Die Produzenten würden am liebsten die Drehbücher bei den Autoren erst dann in Auftrag geben, wenn ich meine Mitwirkung zugesagt habe. Je älter und schwächer und teurer ich werde, desto begehrter werde ich. Es ist verrückt.

Wenn ich versehentlich auf einen der vielen Sender zappe, die über die Winterolympiade im japanischen Nagano berichten, dann muß ich an Jurek denken, der keinen einzigen Wettkampf ausgelassen hätte. Es wäre ihm ein Genuß gewesen, die »erfolgreichste Winterolympiade« zu sehen, die es für Deutschland je gegeben hat. Solange es die DDR gab, hat er bei jeder Medaille für die DDR gebangt. Als es sie nicht mehr gab, hat er mit dem vereinigten Deutschland vorliebgenommen. In der Sprache und im Sport hatte er ein Vaterland. (Wieso heißt es Wettkampf und Wettbewerb? Wird doch gar nicht gewettet.)

Frei 27. 2. 98

Allein in unserer Galaxie, der Milchstraße, sind momentan etwa 100 Milliarden Sterne zugange, und im ganzen Kosmos sind es etwa 100 Milliarden Galaxien. Die Zahlen vergesse ich immer wieder, obwohl sie so leicht zu merken sind. Vielleicht war es doch nicht Gott, der die Welt erschaffen hat, denn der Allmächtige hätte es nicht nötig gehabt, bei einer solchen Zahl haltzumachen. Er hätte auch 1000 Milliarden Galaxien machen können, er brauchte diese Zahl nur zu denken, schon wären sie alle am Himmel gewesen. Taghell könnte es sein von lauter Sternen. Es wäre unnötig gewesen zu knausern und die meisten Galaxien an entlegenen Stellen zu plazieren, so daß wir sie nicht sehen können. Wer aber sollte Vergnügen daran haben, wenn nicht der Mensch.

Die Kinder waren fast den ganzen Tag da. Marlene hat ihre Fragetechnik noch ausgebaut. Sie schafft, verglichen mit anderen

Kindern, in einer bestimmten Zeit die doppelte Anzahl von Fragen. Einfach dadurch, daß sie von den Eltern ihre Sätze vollenden läßt.

Wenn ich mit dem Kind spreche, argwöhnt Petra dauernd, ich könnte die Kleine nicht richtig verstehen, etwa weil mir ihr spezielles Vokabular oder ihre kindliche Aussprache nicht ganz geläufig sein könnten. Deshalb greift Petra immer beflissen ein, damit ich nicht den Witz überhöre, der in allen Bemerkungen des Kindes zu stecken hat.

Marlene: »Was hat Mama gesagt?«

»Mama hat erklärt, was du gesagt hast.«

»Warum?«

»Mama paßt immer schön auf, daß Marlene nicht mißverstanden wird.«

Marlene: »Mama paßt immer schön auf, daß von Marlene kein Mist verstanden wird.«

So 1.3.98

An diesem Tag lag 1953 Stalin auf dem Boden seines Zimmers. Schlaganfall. Licht aus im Kreml.[10]

Seit zwei bis drei Jahren spüre ich, es geht langsam dem Ende zu. Ich kann in allem meinen Vater nur beneiden, der vor zwanzig Jahren in meiner Gegenwart 150 Kniebeugen gemacht hat, und da war er schon fast siebzig.

Gerhard Schröder hat die Wahl in Niedersachsen gewonnen und wird von Lafontaine zum Kanzlerkandidaten vorgeschlagen.

Mo 2.3.98

Heute habe ich mit den Kindern meinen Vater und Margret besucht, der ich die Milchglaslampe zurückbrachte. Sie sagte am Gartentor: »Kommt doch rein. Das ist eine Gelegenheit zum Vertragen.«

Wir gingen also hinein, und schon an der Haustür war völlig Frieden in meinem Herzen. Mein Vater lag dünn und verfallen im

---

10 Stalin verstarb dann am 5. März 1953.

Liegesessel. Er sammelte Kräfte, um mich böse anzuschauen, aber schon beugte ich mich zu ihm und küßte ihn. Damit war die Sache erledigt. Er war trotz seiner Schwäche gut aufgelegt. Marlene hat ihm bestens gefallen. Ich habe gesagt: »Sprich schön laut mit dem Opa, der hört nicht mehr so gut.« Marlene hat eine schöne, kräftige Stimme. Er hat alles verstanden, was ihn tief beeindruckt hat. Am Schluß bekam er zwei Bussis von ihr und war glücklich. Glücklich war er auch darüber, daß sie dem Holzelefanten aus Indien nicht die echten Elfenbeinzähne ausgebrochen hat.

Di 3.3.98

Ernst Jünger hat mit 100 Jahren noch immer den Orden »Pour le Mérite« um den Hals getragen, den der Kaiser ihm für seine Tapferkeit im Ersten Weltkrieg verliehen hat. Ich nehme mir fest vor, bei nächster Gelegenheit den Nationalpreis zu tragen, den Ulbricht mir angesteckt hat. Man kann für Tapferkeit einen Orden kriegen, aber auch für schauspielerisches Können.

Der Film »Titanic« hat bis jetzt eine Milliarde Dollar eingespielt und ist damit der erfolgreichste Film aller bisherigen Zeiten. Ich habe ihn nicht gesehen. Das kommt dadurch, daß ich schon längst weiß, warum das Schiff gesunken ist.

Do 5.3.98

Zum ersten Mal größere Textschwierigkeiten gehabt, weil die Zettel nicht gut gehangen haben. Heute abend läuft auf Arte »Spur der Steine«.

Ich war mit Tilo Prückner und seiner Frau Brigitte im »Blockhaus«[11] Essen. Haben die ganze Welt strubbelig gemacht: Pol Pot, Überbevölkerung, Esoterik, Mode, Doofheitsanteil in der Bevölkerung (Ich hab gesagt: über 90 %, das haben sie abgelehnt). 30 % der Jugendlichen in Deutschland streben dem Neofaschismus zu. (Ich hab gesagt, das seien alles Idioten, Schulschwänzer und Wichser usw. Das haben Prückners abgelehnt.) Einzig Bildung

---

11 MK nennt das Hamburger Steakrestaurant „Block House“ stets „Blockhaus“.

helfe gegen Faschismus, wenn nötig Zwangsbildung. Das haben sie auch abgelehnt. Vielen Faschisten mangelte es keineswegs an Bildung, im Gegenteil. (Das habe ich wiederum abgelehnt. Faschisten seien immer Idioten gewesen, ihr Erfolg habe seit je etwas mit dem riesigen Menschen-Reservoir in Deutschland zu tun gehabt, eben jenen 90 % usw.)

Nach je sechs Schorlen für Brigitte und sechs für mich und einer für Tilo haben wir die Welt wieder glattgestrichen. Die Sintflut kommt ja nach uns.

Frei 6. 3. 98

Nach dem Drehen abgeschminkt und mit Charly ins Musikstudio gefahren. Dort auf Klaus Doldinger getroffen und von den ursprünglich drei Titeln nur zwei gemacht. »God Bless The Child« weggelassen. »Sentimental Journey« und »Stormy Weather« aufgenommen, vor allem letzteres in einer kessen Version, die ich mir gewünscht habe, und Gott sei Dank kann man sich von einem so wunderbaren Musiker wie Roberto Di Gioia am Klavier fast alles wünschen, weil er alles kann und sich in alles hineinfühlen kann. Herrlich ist auch der britische Mundharmonika-Virtuose Steve Baker, der nicht sonderlich notenkundig ist (mir geht es nicht anders), der aber alles mit dem Herzen spielen kann.

Von 1946 war mir noch eine Textpassage in Deutsch für »Sentimental Journey« im Gedächtnis: »Komm, wir machen einen kleinen Einbruch / in die Konsumfleischerei. / Vor uns hängen meterlange Würste, / hinter uns die Polizei.«

So 8. 3. 98

Frauentag. Häßlicher Dauerregen. Schlecht geschlafen. Meine Schmerzen kaum zu ertragen. Was soll ich morgen beim Drehen machen?

Mit Herbolzheimer telefoniert, es geht um ein Stückchen Musik für den Film »Abgehauen«. Soll von Ack van Rooyen aufgespielt werden. Frank Beyer gehört zu der Mehrheit von Regisseuren, die kein Gefühl für Musik haben.

20.55 Uhr nach Hamburg geflogen. Abends mit Charly in der »Marriott«-Lobby zwei Rotwein getrunken. Charly hat den nächsten »Tatort« gelesen und findet ihn kalt und wenig spannend.

Die Drehbuchmisere ist zum Verzweifeln.

Mo 9. 3. 98

Nachts um halb vier von einem häßlichen, quasi realistischen Traum aufgewacht: Jurek und ich machen im Urlaub eine schreckliche Entdeckung: Eltern haben ihre drei Vorschul-Kinder tage- und nächtelang in einem halb von Erde verschütteten Zelt zurückgelassen, um ungestört in der Nähe mit anderen Leuten Urlaub zu feiern. Jurek und ich in Rage. Wir haben die Leute mit Worten und Watschen traktiert und die Kinder aus dem Erdreich gezogen. Es war das einzige Mal, daß ich Jurek habe zuschlagen sehen.

Di 10. 3. 98

18.30 Uhr Anruf von Otti: Uli Schamoni ist gestern abend um 20.30 Uhr gestorben. Bin sehr traurig. Regina Ziegler fragt an, ob ich Freitag zur Beerdigung eine Grabrede halten würde. Kann ich nicht, weil ich drehen muß. Aber ich könnte es sowieso nicht. Weil ich heulen muß. Habe vor Trauergemeinden genug Tränen verschüttet.

Abends auf Arte singen Carmen-Maja Antoni und Johanna Schall Brecht-Lieder. Es ist eine wunderbare Veranstaltung. Voller Zauber. Magische Gesten und Gesänge der beiden Frauen. Das habe ich so noch nie gehört und gesehen. Was hat die Schall nur für große Ohrwascheln? Die hat sie doch nicht vom Papa. Und was für ein herrliches Lachen. Das hat sie doch von Papa und von Mama nicht. Was für einen schönen breiten Mund und geschwungene Lippen. Ich könnte mich in die Frau glatt verlieben.

Mi 11. 3. 98

Früh 10.00 Uhr Abholung, zwei Bilder gedreht. Man hat, höre ich, meinen Vorschlag angenommen, der Titel des »Tatorts« soll lauten »Arme Püppi«. Heute das Lied »Sentimental Journey« in einer langen Einstellung geplaybackt. 19.00 Uhr Feierabend.

Heute einen Brief von einer Frau bei Hoffmann & Campe bekommen. Es geht um »Nichts Genaues«. Charles Brauer hatte während einer Lesung die Leute des Verlags aufmerksam gemacht. Jetzt sind es vier Verlage, die interessiert wären.

Do 12. 3. 98

Vormittags zwölf alte Leinenhandtücher für 120 Mark gekauft. Monogramm: »J. B.« – Jurek/Jonathan Becker.

12.00 Uhr langes Telefonat mit der Frau von Hoffmann & Campe. Sie will sich gern in Berlin mit mir treffen und nach einer Lesung Vorschläge machen, welche Garantiezahlung dem Verlag vorschwebt. Ich solle mir um einen Wechsel zu einem anderen Verlag nicht zu viele Gedanken machen. Das Leben sei hart, sentimentale Bindungen zu einem Verlag seien unzweckmäßig. Verlage machten auch mit den Autoren Schluß, sobald der Absatz nachlasse.

Frei 13. 3. 98

Früh 9.30 Uhr Abholung. Ein langes Bild mit viel Text in einer Hamburger Villa gedreht. Fast jedes Wort abgelesen. Unglaublich, ein Schauspieler, der nur noch mit seinem alten Instinkt spielt, keinen Text mehr kann, eine Hülle nur noch. Bin ich ein verdammter Hochstapler? Die Leute kucken es sich immer noch an. Ich sehe das Ende.

Abends mit dem Zug nach Berlin. In der FAZ auf S. 13: In Tansania ist eine Hündin zum Tode verurteilt worden, weil der Besitzer Anatoly Kachela aus dem Dorf Kasanga ihr den Namen »Immigration« gegeben hat. Man hat den 24jährigen verdächtigt, er habe mit diesem Namen die Einwanderungsbehörde provozieren wollen. Die Polizei weigerte sich, für die Füsilierung eine Kugel zu verschwenden, ohnehin sei die Hündin zum Tod durch den Strang verurteilt worden. Immerhin lieh man dem Besitzer einen Stock, damit er das Tier selbst totschlage. Der weigerte sich. Es sei eine treue Hündin gewesen, die seine Maisfarm stets gegen Affen und Warzenschweine verteidigt habe. Der Richter milderte darauf das Urteil, so daß »Immigration« der Strick erspart blieb und doch ihre Erschießung gewährt wurde.

Otti nicht zu Hause. Sie war heute auf der Beerdigung von Uli Schamoni und sitzt noch immer in einer Runde, sein Fell zu versaufen.

Die Kinder kommen vorbei. Marlene freut sich. Ich bin glücklich über ihre Liebe und ihr Zutrauen.

Nachts um 2 Uhr kommt Otti mich besuchen. Sie weint ein bißchen, jammert über das Sterben. Alle anderen hätten auch gejammert. Jochen Bott, dem ehemaligen Paradekneiper von Berlin, gehe es nicht gut. Wenn er von der Mutter nicht einen Weinberg geerbt hätte, müßte er dem Finanzamt auf ewig die Steuern schuldig bleiben. Um 6.00 Uhr Ottilie entlassen und ins Bett.

Sa 14.3.98

Heute vor einem Jahr ist Jurek gestorben.

Berge von Post erledigt. Mehrere Anfragen lasse ich unbeantwortet. Je weniger Zeit mir bleibt, desto mehr wollen die Schwätzer mir davon stehlen.

Abends die Kinder. Marlene hat ein neues Spiel erfunden: sie kann in Zungen reden. Plötzlich erfindet sie einen Sprachklang und eine unverständliche Sprache gleich dazu. »Kabalimpipi klumma klumma rödelabbu dilabbu.« Wenn man dann sagt: »Wie bitte? Ich habe dich nicht verstanden!«, dann sagt sie dieselbe komplizierte Phrase genau noch einmal und lacht und lacht. Als ich ihr das Lied »Sah ein Knab ein Röslein stehn« ein bißchen mit Ausdruck in Chanson-Manier vorsang, bekam sie es an der Stelle »Röslein sprach: Ich steche dich, daß du ewig denkst an mich!« mit der Angst, flüchtete zur Mama und hörte sich aus sicherer Hut den Rest der Geschichte an. Sie ist mitfühlend, voller Phantasie und lebt in einer Welt, die voll ist von Kindergeistern.

So 15.3.98

Ich habe Otti heute den Vorschlag gemacht, nach Art eines drolligen französischen Schriftstellers Zeitungsschnurren zu sammeln, zu verdichten und ein kurzweilig Büchlein daraus zu machen. Wird wohl nichts werden.

Abflug um 20.55 Uhr nach Hamburg. Dort Treffen mit Udo Martini in der Lobby des »Marriott«. Bier getrunken und einen Telekom-Spot bis zur Unkenntlichkeit verbessert.

Mo 16. 3. 98

Um 23.00 Uhr mit Charly ins Kino gegangen, um den Film »Besser geht's nicht« mit Helen Hunt und Jack Nicholson zu sehen. Nett, aber hält sich in Grenzen. Die Hunt überraschend witzig, bei Nicholson ein Fratzengewitter. Im letzten Viertel dramaturgische Hilflosigkeit und Längen.

Um 3.00 Uhr wieder zu spät ins Bett.

Di 17. 3. 98

Marlene hat zu Petra gesagt: »Mama, ich will keine Windel mehr, ich will ein Fahrrad.« Petra hat geantwortet: »Dazu gehören mehrere Sachen. Du mußt groß genug sein, allein Dreirad zu fahren und dich nicht immer schieben lassen. Du mußt groß genug sein, allein zu schaukeln. Du mußt groß genug sein, daß du keine Windel mehr brauchst. Und du mußt groß genug sein, ohne Lucki (Milch aus der Brust) auszukommen.«

Von Stund an hat sie keine Windel mehr getragen.

Do 19. 3. 98

8.00 Uhr Abholung. Zwei Bilder gedreht, dazwischen ein Umzug an ein anderes Motiv. Ich habe der »Pflicht« eine »Kür« hinzugefügt. Brauer und ich singen dabei das Lied: »Wenn der Ede ums Eck kommt, nimmt der Schutzmann Reißaus, weil der Ede den Schutzmann nicht mag«. Das ist aus der Serie »Großstadtrevier«, und eigentlich nimmt nicht der Schutzmann, sondern »Ede« vor diesem Reißaus. Sehr komisch. Ob sie es nehmen, weiß ich nicht. Wenn nicht, wären sie schön dumm.

Dann der lange Abschied. Viel Händeschütteln und Küßchen. Auf der Heimfahrt mit dem Zug ein bißchen Zeitung gelesen.

Die Kinder, vor allem die armen Ossis, wollen Markenklamotten tragen und klauen wie die Raben. Sie werden von ihren Eltern nicht geliebt und nicht stark gemacht. Also brauchen sie Markenklamotten, um vor den anderen ungeliebten Kindern zu bestehen.

Strafgefangene wollen für ihre Arbeit genauso bezahlt werden wie Ungefangene. Na, so weit kommt's noch.

»Dedowschtschina« heißt eine in der russischen Armee verbreitete Gewohnheit, untergebene Kameraden zu erniedrigen und zu quälen, oftmals bis zum Tode. Im letzten Jahr sind in der Armee 300 Morde verübt worden.

Der Flottillenadmiral Elmar Schmähling, Wessi, früher gar Chef des MAD, will Bundestagskandidat der PDS für den Wahlkreis Berlin Mitte werden.

Ulla Kock am Brink am Ende. Erst zwei Monate hat sie gewirkt, und schon kann sie nach Hause gehen, die Quote ihrer täglichen Show bei Pro7 war unter eine Million gesunken.

Das Süddeutsche Fernsehen setzt Kulenkampffs Geschichtsquiz »Zwischen gestern und morgen« ab. Die Quote.

Bald stirbt auch die Sabine-Christiansen-Talkshow. Immer die Quote. Küppersbusch weg, Roger Willemsen weg – alles die Quote. Einmal erwischt es auch mich. Dann bin ich aber schon in Rente.

Frei 20.3.98

Beim Bratwurstessen mit Otti ein Jazz-Konzert gesehen. Michel Petrucciani mit Miroslav Vitous (Bass) und Steve Gadd (Drums). Schlicht genial. Das Publikum begeistert (Titel: »Der Schleier fiel«). Petrucciani ist genau halb so groß wie seine Mitspieler. Wenn er vom Hocker klettert und seine beiden Krückchen ergreift, um den langen Weg an die Rampe anzutreten und sich zu verbeugen, können einem die Tränen kommen. Wenn er sein Talent und seine Technik nicht hätte, was dann?

Abends ab sieben auf B1 in der Sendung »Mal ehrlich« Johanna Schall gehört und gesehen. Schall hat, wie einst Qualtinger, Hitlers »Mein Kampf« auf CD gelesen und ist dafür kritisiert worden, zum Beispiel von Ignatz Bubis. Schall habe gefährliches Material für Neofaschisten geliefert. Kann ich mir nicht vorstellen. Die Platte würde ich gern hören, es gibt sie aber nicht, weil die Rechte an »Mein Kampf« beim Bayerischen Staat (!) liegen und es noch Probleme für den Eulenspiegel-Verlag gibt, sie zu erwerben. »Ich habe auch ›Mein Kampf‹ gelesen, und es war sehr lehrreich zu sehen, was der Idiot geschrieben hat«, sagt Johanna Schall. (So ist es vor ein paar Jahren mir ergangen. Ich erinnerte mich, wie entsetzt Jurek war, als ich ihm 1986 sagte, daß ich das Buch lesen würde.)

So 22. 3. 98

9.30 Uhr aufgestanden. Mit Marlene lauthals in der Küche die Fünfte von Beethoven gesungen. Ich muß alles machen. Ich soll sie anziehen, füttern, die Haare bürsten, die Kruste vom Brot schneiden, die Leberwurst schmieren, das Ei salzen, alles muß ich machen und sonst niemand. So zeigt sie ihre Liebe, und ich kann nicht genug kriegen.

Petra hat eine Woche frei, sie will mit Marlene per Bahn (Bahncard) nach Hamburg kommen. Irgendwie werden wir das hinkriegen. Ich werde im Hotel frech von Tochter und Enkelin sprechen.

16.40 Uhr schon Abflug nach Hamburg. Treffen mit Udo Martini und Florian Beisert im Hotel um 19.00 Uhr. Zwei Stunden lang die TV-Spots durchgesprochen. Einladung zum Abendessen ausgeschlagen. Danach hoch ins Zimmer, auf die Kinder gewartet. Um 21.15 Uhr Ankunft der Kinder. Wir haben, Marlene in der Mitte, zu dritt in dem breiten Hotelbett geschlafen.

Di 24. 3. 98

Schon um 14.00 Uhr bei den Kindern im Hotel gewesen. Marlene sehr quengelig. An einen Mittagsschlaf war nicht zu denken. Ich habe sie gebadet, ihr Geschichten vorgelesen, Pralinen geteilt, Käseschnitte gemacht, mit ihr Betthüpfen gespielt. Trotzdem wurde um 17.00 Uhr ihr Ningeln und Nerven unerträglich. Sie war unglücklich und zeigte es. Ich schlug Petra vor, um 19.00 Uhr mit dem ICE nach Hause zu fahren. Es tat mir gut, noch einen »freien« Abend zu haben.

Jelzin hat gestern seine gesamte Regierung entlassen. Irgendwie unstetig, der Mann. Scheint das Gemüt von Herrn Puntila zu haben.

Mi 25.3.98

9.30 Uhr Abholung. In einem Blumenladen mit der sehr guten Schauspielerin Angelika Thomas für diesmal den letzten 30-Sekünder gedreht. »Frauen sind einfach unersetzlich. Deshalb soll man nie bei den Blumen sparen. Dann schon lieber beim Telefonieren.« Gute Stimmung am Set, leichtes Arbeiten. 14.00 Uhr fertig. Anschließend bei »Markenfilm« drei Funkspots mit den üblichen Varianten aufgenommen. 14.45 Uhr mit dem Zug ab Altona nach Berlin gefahren.

Im »Hamburger Abendblatt« eine Notiz:

In der 70jährigen Oscar-Geschichte gab es nur einen einzigen deutschen Schauspieler, der ausgezeichnet wurde. Freilich hatte er in zwei amerikanischen Filmen gespielt, »Sein letzter Befehl« und »Der Weg allen Fleisches«. Es waren Stummfilme im ersten Jahr der Oscar-Verleihungen, 1929, und der Schauspieler war Emil Jannings. Das war's.

Frei 27.3.98

Habe heute das neue »Tatort«-Drehbuch »Schüsse auf der Autobahn« von dem Ex-Knacki Peter Zingler gelesen. Es ist eine Katastrophe. Ich sehe in der kurzen Zeit kaum eine Chance, das Buch drehreif zu machen.

Otti ist heute zum Kartenabend. Die Kinder sind zu Besuch. Die Kleine ist unglaublich ehrgeizig, sie will alles allein machen. Manches geht schief. Sie will gekochte Eier essen, Salz und Pfeffer auf Speisen krümeln, mit Messern und Scheren schneiden, mit Klebstoff spielen, sich mit Salbe einschmieren – alles, alles. Und was immer ich mache, will sie auch machen. Sich mit einem elektrischen Zahnbohrer die Zehennägel fräsen, sie will ein Pflaster haben, wenn ich mir in den Finger geschnitten habe, sie will Tabasco in der Suppe und meine Sandalen haben, alles, was ich habe, will sie haben.

Heute kam sie mit einer kleinen Mädchen-Puppe, die ich noch nicht kannte. »Wie heißt die Puppe?« sage ich. »Jurek«, sagt sie. Sie muß den Namen hin und wieder gehört haben.

Sa 28.3.98

Kurz vor 20.00 Uhr fahren wir zu Ottis Freundin Elke Thonke, die für einige Gäste etwas gekocht hat. Eigentlich würde ich am liebsten zu Hause bleiben. Meine Kräfte schwinden, ich fühle mich fett und schlapp.

So 29.3.98

Ich habe heute die ersten Filme und Fernsehspiele zusammengezählt, die ich in der Zeit ab 1957 gemacht habe und von denen es keine Aufzeichnungen gibt, weil es damals noch keine Ampex-Maschinen gab. Das ist für die möglichen Leser von »Nichts Genaues« langweilig. Ich muß mich also an allerlei Schnurren von damals erinnern, um die Leser bei der Stange zu halten. Ich habe mich nach den Fotoalben gerichtet, von denen ich vor 35 Jahren etliche angefertigt hatte. Das habe ich auf Diktafon gesprochen, und jetzt füttere ich es in den Computer, um eines Tages ein hoffentlich interessantes Filtrat zu gewinnen. Ich darf den Fehler anderer Schauspieler nicht wiederholen, die nicht viel mehr als eine Aufzählung aller ihrer Werke mit den vorkommenden Kollegen und Regisseuren bieten. Langweilig. Das kann nur die Arbeit eines Journalisten sein, nicht die meine.

Abends die Kinder. Püppi hat ihren Widerstand gegen den Namen »Püppi« aufgegeben. Sie ist so weit, das Wort nicht länger als Diskriminierung zu sehen, sondern als das, was es ist: eine Zärtlichkeit von Papa.

Mo 30.3.98

Trübe, aber hell. Der Kidnapper Drach, der 30 Millionen Mark erpreßt hatte, ist nach zweijähriger Flucht in Buenos Aires geschnappt worden. Reemtsma sieht aus wie der Verwandte eines Hamsters, aber dem Drach sieht er auch nicht unähnlich. Kann man nicht sagen. Sie könnten Brüder sein. Sind ja auch fast auf gleiche Weise an ihr Geld gekommen, nur der Hamster hat's von Nikotinikern bekommen, und der Drach wollte es vom Hamster haben.

Abends bei meinem Vater gewesen, der von Püppi ganz entzückt war. Ich habe eine Stunde seine altbekannten Ansichten und Geschichten mitgeschnitten. Es geht ihm besser als beim letzten Besuch. Er will das Jahr 2000 noch erreichen.

Di 31.3.98

Krista Schädlich ist um 15.00 Uhr gekommen und hat das neue Buch von Eva-Maria Hagen mitgebracht, »Eva und der Wolf«, einen 530 Seiten starken Klopper mit ihrem Porträt vorn drauf, leicht dahinter, in altmodischer Fotomontagetechnik, Wolf Biermann, der ein Vorwörtchen der verschämten Sorte und viele Briefe beigetragen hat. Drinnen viele Bilder, Briefe, Dokumente, Stasiauszüge, ein riesiges Personenregister. Hinten ist nochmal ihr Porträt drauf und eine ihrer Schallplatten, da ist nochmal ihr Porträt drauf, und zur Sicherheit ist hinten im Klappentext nochmal ihr Porträt und nochmal zwei Schallplatten. Sieht ein bißchen aus wie eine Litfaßsäule im Kästchenformat. Ich habe Eva-Maria schon Mitte der Fünfziger in der »Hajo Bar« kennengelernt und war klammheimlich immer neugierig auf sie, aber selbst wenn ich mich je an sie rangetraut hätte, ich wäre ihr zu jung gewesen, um es freundlich zu sagen. Eine leidenschaftliche, alle paar Minuten explodierende Frau, von der ich mir gut vorstellen konnte, wie sie war. Das mußte genügen. Und es hat genügt.

Habe Krista Maria ein paar Seiten aus »Nichts Genaues« vorgelesen, alles, was ich hatte. Es hat ihr gefallen, sagt sie, ich soll weitermachen.

Mi 1.4.98

Der Bertelsmann Verlag hat mich zum 85. Geburtstag von Stefan Heym in ein Hotel (»Westin Grand«) in der Friedrichstraße eingeladen und zwar am 23.4.98 um 18.30 Uhr. Ich rief Inge Heym an, ob sie glaube, daß Stefan sich über mein Kommen freuen würde. Das glaube sie ganz entschieden.

»Ach, ich lese auf der Einladung, daß der Wichtigtuer Thate was rezitiert. Auf eine Begegnung mit dem könnte ich verzichten.«

»Ach, man kann sich dort aus dem Weg gehen. Es sind viele Leute da. Denk nicht an Thate, denk an Stefan.«

Recht hat sie.

Zwei Stunden später rief Stefan an. Er war ganz mild gestimmt.

»Das tut mir leid, daß du Ärger mit dem Thate hast. Das hat Inge arrangiert. Ich hätte es lieber gesehen, wenn du dort gesungen hättest … Mein lieber Manfred (!), du mußt unbedingt kommen.«

Was? Da wird auch gesungen? Um Gottes Willen.

Wir kommen alle in das Alter, da wir gnädiger miteinander umgehen. Stefan ist ein paar Jahre voraus. Jedes Jahr kann ich ihn besser leiden, und bald ist es das letzte Jahr.

Habe mit Otti telefonisch die Einladungen für Gründonnerstag 9. April angesagt. Einmal ein paar andere Leute als üblich eingeladen, z. B. Heinz Adameck, Bettina Wegner, Günter Naumann und sone Leute.

Habe Naumanns Frau meine Fax-Nummer gegeben. Darauf hat er um Anruf gebeten. Er sagte mir dann, daß er schon 72 sei, einige schwere Operationen hinter sich habe und daß er allein, um die Miete in der Schönhauser Allee zahlen zu können, noch ausreichend Arbeit heranschaffen müsse. Aber Arbeit sei neuerdings knapp, seit sie ihm den Kommissar im »Polizeiruf 110« aus unerfindlichen Gründen weggenommen hätten. Brutal. Er hat nach der Wende keine Einschaltquote mehr erreicht. Kaum jemand vermißt ihn. Der Adameck sei weggezogen, irgendwo in Ku'damm-Nähe. Dann werde ich den Brief an ihn wohl zurückkriegen …

Do 2.4.98

Abends auf Arte alles über Albert Einstein gesehen. Entzückend. Kannte vieles nicht. Bin schon als Junge ein Liebhaber aller Relativität gewesen. Durfte den Klassenkameraden die Sache mit der Lichtkonstante erklären.

Ein doofer Arzt hat sein Gehirn entnommen und Proben davon an Wissenschaftler in alle Welt geschickt. Die haben bemerkt, daß es nichts Besonderes an seinem Gehirn gab. Das hätte mich auch gewundert. Er war einfach ein Genie, weil er ein phantasiebegabter Künstler war, wie alle suchenden Physiker.

Einsteins verfluchter Augenarzt hat seine Augen entnommen, die noch immer in einem verfluchten Tresor herumliegen.

$E = mc^2$. Wir haben nur ein Gehirn, das ist biologischer Herkunft. Wir können das Universum nicht verstehen. Nie.

Frei 3.4.98

Abends Charly Brauer im Hotel »Sheraton« in Essen angerufen, wo er am dortigen Theater in einem Musical (»My Fair Lady«) spielt, und ihm den Brief an die Heinze vorgelesen, den er voll goutiert hat.

Bin ewig müde. Schon wieder Probleme mit dem rechten Knie. Manchmal Schweißausbrüche, diese allerdings auch früher schon.

Sa 4.4.98

Aufgewacht in einem häßlichen, verblüffenden Traum. Es war ein Fest in unserer Wohnung. Unter den Gästen fiel mir Christine auf, die mit Jurek eng zusammensaß. Er war aber etwas abgewandt, so daß ich ihn nicht genau sehen konnte. Er sprach mit seiner unverwechselbaren, sanften Stimme, erzählte eine Geschichte, die ich nicht hören konnte. Ich ging etwas näher heran. In dem Moment schaue ich mich erschrocken zu Otti um, weil mir klar ist, daß etwas nicht stimmen kann. Jurek ist doch tot. »Schau genau hin«, sagt Otti, »das ist er nicht.« Dann wendet er den Kopf ein wenig, und jetzt sehen alle, daß es ein fremder, vollbärtiger Mensch ist, der die Stimme von Jurek nachahmen kann.

Abends mit Otti zum ersten Mal den berühmten Boxkampf zwischen Max Schmeling und Joe Louis von 1936 gesehen. Im damaligen Heldenkampfstil, wo es als feige galt, eine ordentliche Deckung zu zeigen.

Schon in der 4. Runde hat Louis kurz Kontakt mit dem Boden, und als er in der 12. ausgezählt wird, ist das K. o. von Schmeling in feinster Manier erkämpft. Besser geht's nicht. (Trotzdem boxt ein Schwarzer schöner, auch wenn er verliert.)

1938 hat es eine Neuauflage des Kampfes im Yankee Stadium in New York gegeben. Da ging Schmeling nach einer Minute in der ersten Runde k. o. Er kam zwar noch ein paarmal hoch, sah dann aber Gott sei Dank das Handtuch über seine Schulter fliegen.

So 5.4.98

Mit Papa telefoniert, der heute neunzig Jahre alt wird. Er hat voller Stolz erzählt, daß schon ein Dutzend Leute da waren, mit denen er gar nicht gerechnet hatte. Auch die 87jährige Frau Dr. Pawlitzky aus Brandenburg, mit der er einmal eine Affäre hatte. Sie ist mit dem Wagen gekommen.

Otti hat alle unsere Kinder nebst Enkel und Schwester Leonore mit Mann zum Ostersonntag eingeladen. Es gibt Ente.

Papa und Margret um 17.00 Uhr besucht. Sie hatten ein älteres Ehepaar aus Stuttgart zu Gast. Es gab Kaffee und Kuchen. Papa wünscht sich ein schnurloses Telefon.

57 % der Amerikaner wollen nicht mehr wissen, ob Clinton sich von Monica Lewinsky einen hat blasen lassen oder nicht. Ich finde, sie sieht aus, als hätte sie.

Mo 6.4.98

Auf 3sat einen Dok.-Film über einen schrulligen Menschen gesehen. Der Mann heißt Armand Schulthess. Er kaufte viel Grund und Boden im Tessin und hängte in seinem Kastanienwald von 18.000 qm unzählige Blechschilder an die Bäume, auf denen er das Wissen der Menschheit notiert hat. Er wohnte in einem Haus voll von Müll, fern aller Menschen. Er hatte viele Schreibmaschinen, Telefone, Schallaufzeichnungsgeräte, Rechenmaschinen, Mikroskope usw. Darin hat er mich an mich erinnert. Ansonsten an Robert Walser und viele andere einsame Künstler.

Di 7.4.98

Abends auf BI langes Interview mit Stefan Heym gesehen. Heym auf die Frage, wie er es sich erkläre, daß er schon in Amerika ein so erfolgreicher Schriftsteller gewesen sei: Die deutsche Sprache, so schön sie sei, eigne sich dazu, den Dingen einen bedeutenderen Klang zu geben. Sie könne zu »hoher Literatur« verdrechselt werden. Meistens sei nicht viel dahinter. Dazu sei die englische Sprache nicht so geeignet, sie weigere sich. Deshalb lese sie sich besser. Sie unterhält.

Der Urknall ist mir eine zu anstrengende Vorstellung. (O Gott, soll man einen solchen Unsinn hinschreiben?) Ich möchte nicht ewig leben, aber alle hundert Jahre kurz vorbeikommen und fragen, wie es weitergegangen ist. Was wird in 100 Jahren aus dem Urknall geworden sein. Als ich 14 Jahre alt war, habe ich die Idee entwickelt, daß unser Universum nur ein kleines Ding sei, eines von unzähligen größeren Universen. »Wie stellst du dir das vor?« fragte mein Vater. Ich sagte: »Stell dir vor, ein Riese hat seinen Fingernagel abgeschnitten. Und dieser Fingernagel fällt hinunter in den Staub unter die Füße des Riesen. In dem Stückchen Fingernagel ist unser ganzes Universum, und wir denken, das wäre schon was Besonderes …« Mein Vater schaute mich von der Seite an.

Mi 8.4.98

Christa Wolf hat in einem Interview heute auf 3sat gute Sachen gesagt: »… Ich habe lange vor dem Ende der DDR nicht mehr an der DDR gehangen … Es gab noch lange so was wie einen Phantomschmerz. Das wurde von manchen Nostalgie genannt. War es aber nicht … Jetzt leben wir in einer neuen Welt mit neuen Widersprüchen, die sich zu großen Konflikten ausweiten können. Wieder stehe ich auch dieser Welt kritisch gegenüber und äußere mich als Autorin. Für mich hat sich so viel nicht geändert …«

In »Spiegel-TV« ein Interview mit Lilo Pulver. Gab es eine süßere Schauspielerin? Zum Verlieben. Wann ich sie sah, habe ich mich, zusammen mit Millionen Männern, in sie verliebt. Das ist wunderbar genug. Aber ach – alle Schauspieler arbeiten daran, vor dem Publikum gut wegzukommen. Sie macht es aber so, daß kein Gedanke herauskommt. Vielleicht ist keiner drin.

Ob sie Angst vor dem Alter habe. Ja, man kann krank werden, und vielleicht reicht das Geld nicht, vielleicht muß man aus dem Haus raus, man wird einsam, man kann keinen Text mehr behalten und so was alles. Das Alter mag sie nicht, sie würde lieber zwanzig sein.

Was sie dann anders machen würde. Sie würde im Beruf härter sein, nicht so viele Rücksichten nehmen. Edelmut sei oft nur Schwäche. Über den Selbstmord ihrer Tochter im Juli 89 wußte sie so gut wie nichts. Vielleicht was falsch gemacht. Vielleicht auch nicht.

Die meisten richtigen Schauspieler können mich nicht gut leiden. Sie mochte mich in der »Sesamstraße« auch nicht besonders. Ich habe gegen die Banalität meiner Texte gekämpft, sie gegen das harte Licht des Oberbeleuchters.

Do 9.4.98

Es war nun doch wieder eine recht große Fete geworden: Punkt 19.00 Uhr kam der Urologe Roman Bogdan. Erstmalig Günter Naumann, Rolf Römer und Annekathrin Bürger, Karin und Charly Pröbrock, Jutta und Peter Voigt, erstmalig Bettina Wegner, Gabi und Ingolf Gorges, erstmals Ulla Meinecke, Rosi Mägdefrau, Nicolas Becker, Walter Kaufmann und Angela Brunner, Christel Bodenstein und Hasso, Elke Thonke, Meinhard Lüning mit seiner (erstmalig) Elke, E. L. Petrowsky mit Uschi Brüning, John Coldwell mit seiner Erica aus Schottland, und schließlich kam spät noch Erika Schamoni.

Es wurde nach Herzenslust getafelt und geschwafelt, ansonsten war der Abend musikfrei, und keiner hat's gemerkt.

Naumann ist 72 und sieht durchgeistigter aus als je. Ihm spukt noch immer unser altes Bulgarien von '59 im Kopf rum. Von Rolf kein Wort gehört, Jutta Voigt streitlustig, aber süß wie immer, Peter Voigt sagte: »Warum um alles in der Welt machst du immer noch diese Scheißtatorte und die Lieblinge? Schreib lieber!«

Bettina Wegner hat mir ihr Buch »In Niemandshaus hab ich ein Zimmer – Lieder und Gedichte« geschenkt, allein, sie muß verrückt geworden sein: mein Lieblingsgedicht von ihr, »Sind so kleine Füße«[12], ist nicht drin. Kaufmann krümelt und läßt Dinge auf den Teppich fallen, um die er sich hernach nicht weiter kümmert. Nicolas Becker verteidigt zum zweiten Mal innerhalb von zwanzig Jahren denselben Mörder. Den Wiechmanns gefällt es sehr gut. Ulla Meinecke war gern da, die Wohnung hat ihr gefallen. Meinhard Lüning zeigte seine Elke, ein Zartgeschöpf von einigem Liebreiz. Ja, das macht dem alten Knaben nochmal richtig Freude. Uschi Brüning ist zu zart für diese Welt.

Frei 10.4.98

Karfreitag. Ich räume mit Otti nach der Party auf, bringe Müll und Flaschen runter.

Abends die Kinder. Marlene will ihr Medikament nicht nehmen, eine nach Brausepulver schmeckende Emulsion, ein Antibiotikum. Sie wird gebettelt, es wird Schokolade in Aussicht gestellt – nichts zu machen. Daraufhin schmolle ich mit ihr und zeige, daß ich traurig bin. Daraufhin pinkelt sie stehend auf den Teppich und läßt Petra nach einem Wischlappen tanzen. Dann zerbricht sie eine Diskette, die sie zufällig erwischt. Dann gebe ich ihr DEN ZARTESTEN KLAPS AUF DEN PO, DEN JE EIN MENSCH BEKOMMEN HAT. Daraufhin fängt Petra mit der Nummer an, daß man ein Kind nicht schlagen soll. Ich hab die Nase voll von dem Getue. Ich sage: »Ich war auch Kind und weiß, was das ist, geschlagen zu werden. Ich habe drei Kinder aufgezogen ohne Schläge. Von morgens bis abends lobe ich Marlene. Ich liebe sie. Ich tue alles für das Kind und mit dem Kind, ich singe, lese, spiele Fußball, habe jeden Abend Zeit für sie. Ich renne mit ihrem Kacktopf im Parademarsch aufs Scheißhaus. Ich bade sie, wasche sie, schneide ihr die Nägel und die Haare, liege stundenlang spielend mit ihr auf dem Fußboden. Und wenn ich

---

12 Verballhornung des Originaltextes, in dem es heißt »Sind so kleine Hände«.

einmal im Jahr meine, daß sie ein Kläpschen auf den Po verdient hat, dann kriegt sie ein Kläpschen auf den Po. Basta. Jeden Tag eilt sie vorwärts, um herauszufinden, was sie noch alles darf, und immer will sie noch mehr dürfen, und immer darf sie noch mehr. Und immer mehr Dinge will sie gleichzeitig haben: Wasser, Milch, Muttermilch, Schokolade. Sie will manchmal nichts von alledem, nur wissen, wo unsere Schmerzgrenze ist. Und ich will ihr Auskunft geben können, ich will ihr diese Grenze manchmal zeigen. Das ist alles. Und es ist ungefährlich für das Kind. Da brauche ich keine Aufpasserin. Das kann ich selbst verantworten. Ich »schlage« sie nicht. Niemand muß den »Anfängen wehren«.

Das und noch Vieles mehr. Ich lenkte dann ein, aber manchmal denke ich, es sollten vielleicht nur drei Tage in der Woche sein.

Sa 11.4.98

Mit Otti im Kaufhaus fünf Enten und Ostersüßigkeiten für Marlene gekauft. Zu Hause schenkt Otti mir ein Osterkörbchen, damit ich die süßen Sachen für Marlene hineinlegen kann.

Später mit Otti im Regen auf dem Flohmarkt gewesen, wo wir ein paar Kleinigkeiten zum Verschenken gekauft haben. Mitten in einem Regenschwall habe ich mich hinreißen lassen, für 300 Mark blind zwei Kisten mit alten Kurzwaren zu kaufen. Außer wenigen Posamenten waren dann aber nur Knöpfe und gestärkte Herrenkragen drin. Das war Pech.

Abends die Kinder zu Besuch. Ich lebe auf, wenn Püppi kommt. Wie eine Mutter beobachte ich jede Regung, jede Neuigkeit. Ihr aktiver Wortschatz ist bemerkenswert. Ich kann es wagen, ihr zum Beispiel das Wort »Magie« zu erklären. Sie staunt, daß es »Zauberer« gibt, die durch Handauflegen heilen können, so, wie ein kleines Wehweh sogar durch Aufkleben eines Pflasters schon geheilt werden kann. Dann stellt sie Fragen.

»Ist das ein kleines Wehweh?« und zeigt auf ein Nichts von einem Wehweh.

»Ja«, sage ich.

»Und wenn das ein großes wäre?«

»Dann würde das kleine Pflaster nicht reichen. Dann müßten wir einen Verband um den Arm wickeln, und ich müßte meine Hand auf deine Runkelrübe legen.«

»Und dann?«

»Dann würde das Wehweh besser werden.«

»Leg mal drauf«, sagt sie.

Ich lege meine Hand auf ihren Kopf.

Sie horcht in sich hinein und sagt: »Wird besser.«

Am 11. April 1968 wurde Rudi Dutschke in Berlin angeschossen. Sieben Tage vorher ist Martin Luther King in Memphis erschossen worden.

So 12.4.98 Ostern

Alle werden kommen: Fanny & Mann, Fine und Julius, Daniel und seine Petra mit Ella Louise und Ottis Schwester Leonore mit Mann.

Sie waren alle da. Fanny hochschwanger. Ella Louise kurz vor dem ersten Geburtstag. Sie krabbelt nicht. Sie rutscht stattdessen in einer nie gesehenen Technik auf dem Hosenboden herum.

Die fünf Enten sind restlos verzehrt worden. Vorzüglich.

Um 2.00 Uhr gingen Daniel und Petra mit dem Kind nach Hause.

Mo 13.4.98 Ostermontag

Ab heute will ich weniger essen.

Vormittags ruft Hans Heinrich an, Ostergrüße austeilen. Er sagt, am 6.3.98 sei er auf der Beerdigung von Ralf Kirsten gewesen. Dort habe er Christel Bodenstein getroffen und Erik S. Klein, Günter Naumann und Heinz Kahlau. Aber auch die alten Genossen seien dagewesen, der ehemalige »Filmminister« Pehnert, der einstige Studiochef Mückenberger, und die Grabrede habe der ehemalige Chefdramaturg mit dem unaussprechlichen Namen gehalten. Es habe nicht viel gefehlt, dann wäre ihm vor dem offenen Grab das Wort »Genosse« rausgerutscht.

Hans erinnerte mich an ein paar Eskapaden aus der Jugendzeit, wie wir nachts Waschpulver in den lärmenden Springbrunnen vor dem Hotel »International« in Jena geschüttet haben und dann, mitten im überquellenden Seifenschaum, über die Rowdies hergezogen sind. Und wie er mich 1962 gebeten hatte, zur Jugendweihe seines Sohnes eine kleine Veranstaltung an dessen Schule zu machen und wie die Lehrer mit dem Schlimmsten rechneten, und dann ging doch alles gut aus. Und wie ich auf dem Leipziger Hauptbahnhof in meiner Not in einen Karbideimer gepinkelt habe, ohne zu wissen, daß es Karbid war, und wie eine Hetzjagd all der uniformierten Reichsbahnbeamten auf mich losging.

In den Kellern des Oberkommandos der NVA in Strausberg sind nach der Wende Unmengen von Orden gefunden worden, die nicht mehr zur Verleihung kamen, darunter auch der Blücher-Orden, der nur für den Kriegsfall vorgesehen war und dann quasi als Eisernes Kreuz gegolten hätte.

»Marlene, darf ich mal dein Öhrchen berühren?«

»Nein.«

»Warum nicht?«

»Weil ich das nicht möchte.«

»Schade. Ich hätte sie gern einmal berührt.«

Pause.

»Aber dürfte ich vielleicht deine Nase berühren?«

»Ja, bitte.«

»Das finde ich nett von dir.« Kurze Berührung der Nase.

Pause.

»Jetzt kannst du auch meine Öhrchen berühren.«

Di 14.4.98

Anruf von Charly Schöps, bald sei das Drehbuch fertig. Der Autor habe es völlig verändert. Es würde wohl ganz gut werden. »Lieber Charly«, habe ich gesagt, »wenn du meinst, das Drehbuch würde ganz gut, dann ist mir das gleichgültig. Du weißt nicht, warum ein Drehbuch gut ist oder schlecht.«

»Die Geschmäcker sind verschieden«, sagt er. Ein wunderbarer Satz.

»Ich habe aber schon manchmal gezeigt, daß manche Drehbücher diesem Geschmack erhebliche Verbesserungen zu danken haben. Wenn dir und der Frau Ramcke ein Drehbuch gefällt, kriege ich jedenfalls Angst.«

Mi 15.4.98

Heute an Charly Schöps einen Abschiedsbrief geschrieben. Der nächste »Tatort« soll mein letzter sein. Ich habe mich zu sehr über die Zumutung geärgert, die das letzte Drehbuch darstellte. Bin ich denn der Einzige, der so genau weiß, daß man das nicht drehen kann? Bin ich größenwahnsinnig?

Ich möchte mal wieder ein Drehbuch lesen, bei dem mir der Drehbeginn egal ist. Ich möchte sagen können: Mach ich oder mach ich nicht. Bei all diesen Serien und auch bei der »Tatort«-Reihe wird man von Film zu Film geprügelt. Das konnte ich mir nur bei Jurek leisten. Dem konnte ich vertrauen. Die meisten anderen Bücher sind stümperhaft, laienhaft. Selbst die »Liebling«-Filme von Uli Plenzdorf.

Ich habe geschrieben, daß ich den letzten »Tatort« noch machen will, wenn es gewünscht wird, und dann ist Schluß.

Do 16.4.98

Trübe, etwas windig, kalt. Wunderbar geschlafen.

Erinnere mich an einen Traumfetzen von heute morgen: Ich will eine Tasse Kaffee an einen Tisch bringen und balanciere dabei, um nichts überschwappen zu lassen. Es glückt. Aber an dem Tisch angekommen, setzt meine taube rechte Hand die Tasse so ab, daß der Kaffee über den Tisch schwallt und die Tasse mit dem Boden nach oben zeigt. »Mach dir nichts draus«, sagt Jurek. »Mir geht es viel schlimmer: ich bin tot.«

Pol Pot ist gestern mit 72 Jahren an Herzversagen gestorben. Er hat ein Fünftel der kambodschanischen Bevölkerung, zwei Millionen Menschen, ermorden lassen, um ihnen ein schöneres

Leben zu verschaffen. Merkwürdig schien mir die wiedergekehrte schwarze Haarfarbe seiner Leiche zu sein. Vor ein paar Wochen, als Lebendiger, war er noch silbergrau.

Abends im kleinen Haus des Friedrichstadt-Palastes eine Revue gesehen, die für den MDR aufgezeichnet worden ist. Die DDR und ihre Schlager. Im Publikum vornehmlich DDR-Menschen, die sich sehr amüsiert haben.

Habe nach 22 Jahren Alfred Müller getroffen und mich einfach mit ihm versöhnt. Er war 1976 ein ganz strammer Genosse, der mich übel beschimpft hatte, weil ich die Biermann-Petition unterschrieben und noch andere (Frank Beyer, Günther Fischer) mit ins Verderben gerissen hatte. Das war damals bei den Dreharbeiten zu »Das Versteck«. Er ist 72 und macht einen unglaublich gesunden Eindruck.

Schließlich gab es nach dreißig Jahren ein Wiedersehen mit Uschi Werner, meiner Partnerin in dem mäßigen Film »Frau Venus und ihr Teufel«. Herzliche Erinnerungen.

Frei 17.4.98

Die SPD zieht in Leipzig einen Parteitag auf, der irgendwie an Waschmittelreklame erinnert. Oder an einen amerikanischen Parteitag. Man erwartet, während die beiden Helden vorwärtsschreiten, daß irgendwann der Ring ins Bild kommt, in den sie klettern werden, um sich darin zu verhauen. Motto: »Die Kraft des Neuen«. Lafontaine und Schröder taumeln durch die Delegierten, die es von den Stühlen reißt. Die beiden müssen kleine Schritte machen, weil sie genau das Ende der hymnischen Primitivmusik erwischen wollen, wenn sie am Präsidiumstisch ankommen. Da sieht man, was sie alles für nötig halten, um die alte Kanzlerleiche plattzumachen.

Dann kommen die Reden, die man kennt. Die anderen seien lange genug dran usw. Sie würden fast alles richtig machen, was die anderen falsch gemacht haben, und das Benzin soll auch nicht teurer werden. Schröder Richtung Lafontaine: »Wir sind keine Zwillinge, aber wir sind ein verdammt gutes Team«. Schaumermal.

Sa 18.4.98

Mittags Telefonat mit Charly Schöps, der wissen will, ob ich mit mir nochmal reden lassen würde, wenn wir den nächsten »Tatort« gedreht haben werden. Ich sage nein.

»Es hat mich so viel Schmerz gekostet, bis ich endlich den Abschiedsbrief geschrieben habe, da möchte ich jetzt nicht wanken. Das Maß war voll. Das Drehbuch hätte den Schreibtisch von Frau Ramcke nie verlassen dürfen. Auch deinen nicht und nicht den von Frau Heinze. Wo sind denn die anderen Drehbücher, die du angeblich hast? Schick sie mir, ich will nicht länger über diese Phantome reden, ich will sie lesen. Wo ist dieser legendäre ›Winterstoff‹? Schick ihn mir!«

Schöps sagt: »Der Programmdirektor Kellermeier würde es fair von dir finden, wenn du wenigstens noch einen Abschiedsfilm mit uns drehen würdest.«

»Ich will keinen Abschiedsfilm. Der ›Tatort‹ ist keine Serie, die irgendwie enden muß. Ich will nicht von einer Mörderkugel sterben und nicht in Pension geschickt werden. Mit einem ersten ›Tatort‹ hat es angefangen, mit einem letzten ›Tatort‹ soll es aufhören. Basta.«

Mo 20.4.98

Um 14.00 Uhr klingelt Felix Gregor, er bringe das »Tatort«-Drehbuch, und dabei war gleich ein Ticket, um am 27.4. nach Hamburg zu fliegen. Felix zu einer Tasse Kaffee gebeten. Was ich nicht wußte: er war schon am Mittwoch, 15.4. per Handy kurz vor seiner Ankunft in Berlin zurückgepfiffen worden. Er mußte zurückfahren, weil das Buch noch nicht »reif« war. Für so einen Schwachsinn haben sie Zeit und Geld, statt gleich ein halbwegs ordentliches Buch zu schreiben.

Habe gut 100 Seiten des Buchs durchgearbeitet. Besser als das vorige Buch, man kann es drehen, aber noch nicht gut. Abends müde.

Di 21.4.98

Traum: Warum die Ereignisse sich in Frankreich abgespielt haben, weiß ich nicht. Wahrscheinlich, um im Traum selbst eine

Erklärung für ihre Exotik zu finden. Ich wandere in schöner offener Landschaft auf die Stadt zu, in der ich wohne. Zwei übermütige Jungen, die am Feldweg eigentlich mit Suchen beschäftigt sind, wollen mich vertreiben und nehmen sich extra die Zeit, mich zu ärgern und mit Steinwürfen zu attackieren. Ich will wissen, was sie dort suchen, und finde, als sie das bisher Gesammelte sorgfältig beiseitelegen, um etwas tiefer in Gebüsch und Gras einzudringen, daß es kunstvoll mit Gräsern umschlungene, regelrecht umwirkte braune Käfer mit langen Fühlern sind. Sie hatten die so gefangenen Riesenkakerlaken auf einem Stein niedergelegt, offenbar um die Hände für die weitere Jagd frei zu haben. Ich nahm die beiden kunstvoll geflochtenen Grasmatten mit den Tieren darin und beschleunigte meine Schritte. Die Burschen waren weit genug entfernt. Ich hatte noch eine Strecke bis zur Stadt zurückzulegen. Offenbar hat mir die Gemeinheit der Jungen als Vorwand genügt, denn sobald ich in den Schutz der ersten Häuser kam, nahm ich die zuckenden, strampelnden Käfer einzeln aus ihren Grasgefängnissen heraus und setzte sie dort ins Freie, wo ich ein wenig Grün am Wege fand. Als ich die Stadt erreicht hatte, verfolgten mich die Jungen schreiend und gestikulierend durch das Straßengewirr, in dem ich ihnen endlich entkommen konnte. An ihrem Gezeter konnte ich erkennen, wie wertvoll ihnen der Fang gewesen sein muß. Welchem Zweck er dienen sollte, konnte ich nicht erfahren, ich war ja auf der Flucht.

Mein Telefon klingelt nicht, weil nur zwei Menschen die Nummer haben: Otti und Petra. Das Faxgerät liefert keinen Text. So ähnlich wird wohl die Einsamkeit sein, wenn sie kommt. Wunderbar.

Habe gestern und heute den neuen Tatort »Schüsse auf der Autobahn« von Raimund Weber gelesen, dann Vorschläge auf Kassette gesprochen. Später R. Weber selbst in Hamburg angerufen. »Ich bin so froh, daß Sie mich wieder ans Tatortschreiben gebracht haben. Ich hatte 3 ½ Jahre dort nichts zu tun und wußte nicht, warum.« Was sind das nur für Leute? Warum lassen sie ohne Not einen guten Autor fallen, der sein Handwerk versteht, und ziehen Schreiber an Land, die nichts verstehen? Das ist reiner Übermut.

Abends den Film »In den Fesseln von Shangri-La« gesehen. Er war 1936 210 Minuten lang und verlor im Lauf der Zeit durch Schnitte, erst eine halbe Stunde, dann immer mehr. Man hat in aller Welt Schnipsel für die Restaurierung zusammengesucht und beinahe alles gefunden. Die Tonspur war komplett erhalten geblieben. Das sind Schicksale. Der Film ist eine Legende von Frank Capra. Eine ungeheuerliche Gurke von einem Hochgebirgstal in Tibet, in dem alle lieb sind und lange leben. Aber was für Kameraleute, was für Oberbeleuchter, was für Architekten! Dahin, für immer.

Marlene quält ihre Eltern nicht mit der entnervenden Kinderfrage »Warum, warum, warum?« Sie macht es anders.

Wenn man sagt: »Wir können jetzt nicht auf den Balkon gehen«, sagt sie gleich das Bindewort und setzt den Satz fort: »Weil?«

»Weil es regnet«, sagt man dann, und sie sagt: »Und?«

»Und weil es kalt ist«, sagt man dann.

»Wir gehen heute nicht ins Schwimmbad.«

»Weil?«

»Weil geschlossen ist.«

»Denn?«

»Denn es ist Winter.«

Sie ist sehr gewitzt. Wäre schön, wenn sie das bewahren und ausbauen könnte.

Do 23.4.98

Im Bundestag Debatte über den Euro. Schröder spricht frei und halbwegs mit Charme: Das Wichtigste am Euro sei, daß er auch helfen müsse, die Arbeitslosigkeit zu bekämpfen. Dieses Wort kam bei Schäuble nicht vor, der den abschweifenden Stil eines Conférenciers zeigte. Wie sollen die Reden auch interessant sein, wo doch alle den Euro wollen. Scharping steif und langweilig.

Abends in die Friedrichstraße in eines der neuen Hotels, »Westin Grand«. Hilmar Thate steht schon am Flügel und übt das Lied von der Wolke, ungeheuer oben, wenn die nicht gewesen wär', das Inge Heym sich gewünscht hat. Kurze Begrüßungspöbelei zwischen Thate und mir. Das Foyer füllt sich, viele Verlagsmenschen, die ich nicht kenne, auch eine Abgesandte des ECON Verlages: Krista Maria Schädlich.

Inge Heym begrüßt mich, dann küsse ich Stefan auf die Glatze, so daß alle Fotografen in Ruhe das Bild machen können (sollte mich wundern, wenn so 'n Foto nicht gelegentlich drin ist). Heym läßt mich gewähren, empfängt mich dann im Sitzen. Zärtliche Floskeln. Drüben am großen Tisch haben sich eingefunden die Moeses, W. Kaufmann mit Freundin, Meinhard Lüning mit Freundin, später auch Kiwus/Beyer, Bürger/Römer, Dieter Schubert und Frau und entferntere Leute wie Günter Gaus und Frau. Es werden vier Reden gehalten, darunter eine längere von Simmel und eine kürzere von Klaus Poche. Alles sehr schön und würdig. Thate singt (besser als der Pianist spielt), die Domröse versucht ein kurzes Grußnicken, das ich nicht erwidere. Schließlich hält Stefan Heym, als Einziger in freier Rede, eine Ansprache zum Dank:

»Liebe Freunde, es sind so viele Menschen hier, die in diesen Jahren an meiner Seite gewesen sind und die mir die Stärke gegeben haben, zu arbeiten und zu ›stehen‹. Und einigen Menschen vielleicht auch ein bißchen zu helfen. Diesen, die an meiner Seite gewesen sind, auch wenn wir viele Meinungsverschiedenheiten hatten, danke ich von ganzem Herzen. Wenn man in dieses biblische Alter gekommen ist, wie es mir geschehen ist, beschäftigt man sich natürlich mit der Frage des Alters und mit dem, was danach kommen könnte. Und so habe ich in einem Buch mit dem Titel ›Immer sind die Weiber weg‹ eine Geschichte geschrieben, die heißt ›Altersweisheit‹, und ich hatte die Idee, Ihnen die Geschichte heute vorzulesen. Aber dann dachte ich mir, daß ich Sie doch lieber damit verschone, und ich will Ihnen nur den letzten Satz zitieren, die Pointe dieser Geschichte, die sozusagen die Weisheit der Altersweisheit ist. Zitat: Beißt in die Brötchen, solange ihr noch könnt. (Lacher. Applaus.)

Ein Schriftsteller ist natürlich gar nichts ohne Verleger. Daher muß ich mich jetzt den Verlegern zuwenden. Ich hab eigentlich gute Gefühle für meine Verleger seit den frühen Zeiten in Amerika und in England. Verleger, die meine ersten Bücher gedruckt haben und sie aus dem Nichts heraus vor das Publikum gebracht haben, die sie vertrieben und damit bewirkt haben, daß das, was ich zu sagen hatte, zu den Menschen kam. Über die Verleger anderswo, über die Verleger auch während des Kriegs, die diese ›Psychological Warfare‹, die ich produziert habe, gedruckt und verteilt haben. Die Piloten, die sie aus der Luft abgeworfen haben, so daß mein Freund Klaus Poche sie dann in die Hände bekam. Diesen bin ich dankbar. Und ich bin dankbar auch (im Sinne von ›sogar‹) den Verlegern der DDR, die unter den größten Schwierigkeiten, sie hatten es nicht leicht, die armen Kerle, sich bemüht haben, mir zu helfen und meine Bücher zu veröffentlichen. Und dankbar bin ich ferner dem Bertelsmann-Verlag, der seit langen Jahren meine meisten Titel gedruckt und nun eine Sammelausgabe herausgebracht hat, die sehr schön ist, die da auf dem Tisch steht, auf die ich ganz stolz bin. Dankeschön dafür, das ist etwas, worüber ich mich sehr freue.

Aber mein größter Dank gehört meiner Frau Inge. Ohne meine Frau stünde ich heute nicht hier. Würde ich nicht leben. (Applaus)

Sie hat mich nicht nur in manchen Situationen, wo es mir sehr schlecht ging, durchgebracht. Sie hat mir auch in schweren Krisen geholfen, mir den Rücken gesteift, mir die Hand gehalten. Das war in der DDR so, als die Regierung mit Intrigen und Provokationen versucht hat, mich aus dem Land hinauszuekeln. Und das war dann auch in der Bundesrepublik so, als wiederum mit Intrigen und Provokationen die Regierung versucht hat zu verhindern, daß ich den letzten Bundestag eröffnen konnte, was meine Pflicht war als Alterspräsident. Das verdanke ich meiner Frau. Ich verdanke ihr, die mir ihre Kritik, ihre Hilfe, ihren Rat, ihren klugen Rat in selbstloser Weise immer wieder gegeben hat, unendlich viel, obwohl ich ihr nicht immer sehr dankbar war. Ohne sie wäre mein Werk nicht das, was es heute ist. Oder es wäre nicht so, wie es heute ist. Und danke dafür, Inge (er läßt einen Kuß aus der Hand zu ihr fliegen, herzlicher Applaus). Ich wünsche Ihnen einen schönen Abend.«

Als alles vorbei ist, kommt, große Ehre, Marcel Reich-Ranicki am Klavier vorbei auf mich zu, fragt, wie's geht, ja ja, der Jurek, alles sehr schade, was soll man machen.

Nach drei Stunden bin ich weißweinselig wie selten.

Frei 24.4.98

Sergei Kirijenko ist im dritten Anlauf von der Duma, dem größten Kollektiv von Feiglingen, Gott sei Dank akzeptiert worden. Er ist Ministerpräsident. Schlechter als die bisherigen kann er kaum sein.

Sa 25.4.98

F. Beyer angerufen. Die Pressevorführung in Hamburg soll gut verlaufen sein. Viel Interesse bei den Journalisten. Am Di., 19.5., ist eine Vorführung in der Akademie; ob ich kommen kann. Weiß ich noch nicht, wegen »Tatort«.

Heute einen Brief bekommen, in dem sich Alfred Müller für das versöhnliche Gespräch bedankt, das wir vor ein paar Tagen geführt haben. Habe ich gleich beantwortet.

So 26.4.98

Früh um halb 11.00 Uhr im WDR Friedrich Gulda mit Mozart-Sonaten gehört. Wie wunderbar. Gulda synkopiert schöner als alle anderen. Man merkt, daß er was von Jazz versteht und daß er weiß: Mozart verstand auch etwas davon.

Kurzen Dankesbrief an die Heyms geschickt, für den schönen Abend am Freitag.

Zwischendurch in den DEFA-Film »Hochzeitsnacht im Regen« von 1967 reingezappt, weil ich im Off meine eigene Singstimme wiedererkannt habe:

»Auf der weiten Straße,
die wir alle gehn,
liegen viele Träume,

Träume sind so schön.«

Das Machwerk mit Frank Schöbel (Eija-dabbadeh-duwah!) und Traudl Kulikowsky stammt von dem Regisseur Horst Seemann. Was es alles gab! Was für freche Drehbuchschreiber, was für unverschämte Regisseure, was für lächerliche Kameramänner. Was für ein Geld die verschlampt haben. Wie größenwahnsinnig die waren. Immerhin habe ich ein paar liebe alte Kumpels wiedergesehen: Gerhard Bienert, Nico Turoff, Horst Kube, Agnes Kraus, Gina Presskoks[13] und den Skat- und Schauspieler Peter Dommisch. Dafür hat sich's gelohnt.

Mo 27.4.98

Auf der Telefonmaschine ein entzückender Anruf von Fanny, bei der ich mich gestern, wiederum nur auf Band, erkundigt hatte, wie es mit der Schwangerschaft stehe. Sie sagt, es gehe ihr wieder besser, das Drücken ihres Babies auf Nerven und Wirbelsäule habe nachgelassen.

Sie sagt, unter den drei Kindern werde das Thema Marlene vermieden. Es läge ihr aber am Herzen, daß sie endlich ihre Halbschwester kennenlernt. Ich könne mich auf ihre Diskretion verlassen. Ist das nicht süß? Sie ist eine Frau geworden, die ihren Papa und seine merkwürdigen Lebensumstände versteht, noch ehe sie das Schreien ihres eigenen Kindes vernommen hat. Sie war immer das schnellste unter meinen ehelichen Kindern, deshalb erinnert sie mich an das einzige uneheliche.

Roberto Blanco ist, glaube ich, der Philosoph unter unseren Schlagersängern. Mehr hätte er für seine Heimat Cuba hier in Deutschland nicht tun können, als die wunderbare Zeile »Ein bißchen Spaß muß sein« zu verbreiten.

»Ein bißchen Spaß muß sein,
dann ist die Welt voll Sonnenschein.
So gut, wie wir uns heute verstehn,
so soll es weitergehn.«

---

[13] gemeint ist Gina Presgott

Diesen Gedanken kann man um so öfter gebrauchen, je älter man wird. Für alle aussortierten Armleuchter halte ich ihn, innerlich sozusagen, bereit.

Der General Alexander Lebed hat in Krasnojarsk die Gouverneurswahlen gewonnen und will 2000 gegen Jelzin antreten. Manchmal meine ich, er könnte ein anständiger Mensch sein.

19.45 Uhr Taxifahrt zum Flugplatz Tegel.

Di 28.4.98

8.15 Uhr Abholung zum Drehen und Fahrt nach Osten in die Nähe von Boizenburg. Dort mit Hartmut Griesmayr die ersten Klappen gedreht. Das Lied von Gunter Gabriel »Hey Boß, ich brauch' mehr Geld!« scheint mir für unseren Zweck völlig ungeeignet. Ich nehme den Vorschlag von Brauer gern auf, stattdessen den alten Schlager »Jim, Jonny und Jonas« zu singen. Ist ein »English Waltz«, romantisch und abenteuermäßig. Spielt draußen auf dem Meer, ist deshalb auch für Cowboys und Trucker geeignet.

Zu meiner Überraschung drehe ich vorerst nur den einen Tag und fahre mit dem rasenden Felix Gregor zurück nach Berlin. Der fährt die ganze Zeit nur auf der linken Spur und meckert bis Berlin über alle, die es genauso machen wie er.

Mi 29.4.98

Peter Graf nach der halben Zeit (ursprünglich wenig genug: 3 Jahre und neun Monate) vorzeitig entlassen. Dafür haben, ebenfalls heute, die beiden Brüder aus Oberfranken, von denen der eine in eine Bank eingebrochen und der andere ihn mit einem Hubschrauber vom Dach des Gebäudes geholt hatte, für die Beute von 1,5 Millionen jeder acht Jahre gekricht.

Do 30.4.98

Studio Hamburg funktioniert neuerdings: sie haben mit dem Overnight-Service Kassette und Noten von »Jim, Jonny und Jonas« geschickt. Das Lied ist sehr niedlich:

»… Jim, Jonny und Jonas,
die fahren an Java vorbei,
Jim, Jonny und Jonas,
die fahren direkt nach Hawaii …«

Es gab früher in der DDR ein von allen begehrtes tschechisches Motorrad, das hieß »Jawa«. Und alle, die sich mit bescheideneren Modellen begnügen mußten oder denen die Wartezeit zu lang wurde, sangen, sozusagen im Vorbeifahren, das Lied von Jim, Jonny und Jonas.

Frei 1. 5. 98

Der Traum vor dem Aufwachen: Ich war zum Essen in ein feines, aber überfülltes Restaurant eingeladen. Die Kellnerin war angestrengt, aber dennoch bereit, uns zu bedienen, wenn wir ein wenig warten würden. Die Freundlichkeit hatte ich meinem wertvollen schwarzen Fahrrad von der Firma Rolls Royce zu verdanken, das ich bei mir hatte. Ich suchte zuerst nach einem Platz, um es abzustellen, und stellte es schließlich neben ein anderes sehr gutes Fahrrad, das jedoch weiß war. Kaum hatte ich das Rad abgestellt, sah ich schon beim ersten Umdrehen, daß ein junger Mann dabei war, mit dem Rad das Restaurant zu verlassen. Ich erwischte ihn und kniff ihm derb in die Wangen, was er klaglos über sich ergehen ließ. Ich wollte gern als Spur meiner Bestrafung einen blauen Fleck oder ähnliches sehen, aber die Wange des Diebes blieb makellos. Ich sagte nur einen Satz: »Man müßte dich in den Arsch ficken!« und ging dann mit dem Fahrrad wieder zurück, vorbei an Menschen, von denen mir offensichtlich die meisten nicht zustimmten.

Auf ORB läuft von 10.30 Uhr bis 11.15 Uhr die Reportage »Die Trottel der Nation – Wer arbeitet, wird abgezockt«, eine Sendung, in der klipp und klar nachgewiesen wird, daß ein deutscher Facharbeiter am Ende aller Abgaben und Steuern noch 34 Pfennig von der Mark hat. Den Hauptanteil zockt der Staat ab. Ein vergleichbarer Amerikaner behält 61 % übrig. Ein Japaner 67,6 %. Dafür kann man keinem deutschen Politiker die Stimme geben.

Auf BI lief der DEFA-Film »Solo Sunny«, der mich schon bei seiner West-Premiere nicht sonderlich beeindruckt hat. Das ist immer noch so. Aufgemotzte Durchschnitt[s]ware. Wenn die Krößner, die letzte anständige Schauspielerin drüben, nicht die Titelrolle gespielt und Angelika Mann sie nicht so wunderschön gesungen hätte, wäre ich schon damals aus dem Kino gegangen.

Sa 2.5.98

Udo Kuffel hat 3 ½ enge Seiten Erinnerungen an unsere gemeinsame Hennigsdorfer Kindheit gefaxt. Am Nachmittag Helmut Förnbacher auf N3 auf dem Roten Sofa mit dem üblichen Interview in der Sendung »DAS!«. Er hat, das ist meines Wissens erstmalig, darüber gesprochen, in welcher Weise ich an den »Tatorten« und insbesondere an den Drehbüchern mitarbeite.

Otti hat aus England angerufen, es sei alles in Ordnung, mit dem Essen sei es so eine Sache, sie würden jetzt in Brighton einen Chinesen suchen.

Chirac will in Brüssel seinen Kandidaten Jean-Claude Trichet für den Chefposten der Europäischen Zentralbank durchbringen. Ungünstiger Start für Wim Duisenberg und für den Euro.

Im Jahr 1997 starben durch den Gebrauch von Handfeuerwaffen in den USA zwischen 5.000 und 10.000 Kinder. In den letzten beiden Jahren starben mehr amerikanische Kinder als amerikanische Soldaten im Vietnamkrieg.

Suharto regiert seit 32 Jahren in Indonesien. Studenten revoltieren.

So 3.5.98

Udo Kuffels Bericht aus der Kindheit enthält Einzelheiten, an die ich mich nicht erinnert hätte. Seine Eltern kamen aus der kommunistischen Bewegung. Ich kann Vieles von ihm gebrauchen.

Schäuble sagt: »Der Euro wird so stabil sein, wie die D-Mark in ihren besten Zeiten war.« Fast alle Politiker reden den Euro stark. Ich argwöhne, sie rechnen sich schon aus, wie sie uns unter den neuen Umständen noch tiefer in die Tasche greifen können. Aber wir wählen unsere Geldverplemperer schließlich selbst.

Die Franzosen haben Angst, daß Europa deutschlandisiert wird, die Deutschen haben Angst, daß die neue Währung französisch weich wird.

Habe Fanny liebe Wünsche auf Band gesprochen und mich für die nächste Woche verabschiedet.

19.30 Uhr Abfahrt mit dem Taxi zum Flugplatz Tegel. Ich habe das Gefühl, daß ich diese Woche sterben muß …

Mo 4.5.98

8.15 Uhr Abfahrt zum »Studio Funk« und zu dritt das schöne Lied »Jim, Jonny und Jonas« gesungen. Zusammen mit dem Schauspieler Bernd Tauber, der ein interessantes Rosita-Serrano-Vibrato in der Stimme hat, im Gegensatz zu ihr aber nur selten einen Ton trifft. Es ist ein schrecklich schönes Lied dabei herausgekommen. Gut, daß wir dieses gesungen haben und nicht dieses blöde »Hey Boß, ich brauch' mehr Geld«.

Abends mit Charly in der Bayerischen Kneipe in den Colonnaden essen gegangen: ein schweres Eisbein, was auch keine gute Idee war. Dann in der Lobby des Hotels gesessen und über Jurek gesprochen, über seinen Sporteifer, und daß er die jeweilige DDR-Mannschaft immer als Sieger sehen wollte, auch nachdem er schon lange im Westen war. Dabei hat er immer gewußt, daß nicht alles im DDR-Sport mit rechten Dingen zuging. Schon in der DDR hat er gern den Witz von der behaarten Schwimmerin erzählt, die auf die Frage des Arztes, wie weit die Behaarung ihren Körper denn befallen habe, antwortet: »Das geht runter bis zu den Eiern.«

Charly hatte Fragen zu Jurek, und ich war froh, über ihn sprechen zu können. Daß Jureks politisches Denken und Handeln viel stärker ausgeprägt war, als man es bei der Lektüre seiner Bücher vermutet hätte. Daß Jurek manchmal sagte: »Besser kann ich nicht schreiben, mehr nicht geben. Das ist meine Kunst.«

Mi 6.5.98

Aufgewacht in einem unangenehmen Traum: Ich hatte in der Oper ein Konzert zu geben, es war ein Auftritt als Sänger. Ich wußte nicht mehr, warum ich mich überhaupt darauf eingelassen hatte. Niemand half mir. Das Repertoire war nicht klar, mir fehlten alle Texte. Ich wollte einiges auf »La la« singen, aber auch die Melodien waren mir unbekannt. Obendrein hatte ich keinen Frack und keine Hemdbrust. Eine ausweglose Lage. Ich war zu müde und zu schlapp, alle diese Dinge zu beschaffen. Ich wußte nur: ich war schuld an allem …

Spät, beim Einschlafen, habe ich das Gefühl, einen neuen Schaden am Herzen genommen zu haben. Werde nachts 3.40 Uhr wach. Herzinfarkt? Ich bete, daß ich den Film zu Ende kriege. Schwacher, aber rascher Pulsschlag. Kann den Puls kaum ausmachen, versuche vergeblich, die Schläge pro Minute zu zählen, finde an beiden Handgelenken keinen ausreichenden Puls. Dumpfes Gefühl im Brustkorb. Schwäche. 75 Schläge? Habe das Gefühl, daß ich die schwache Pumpleistung durch erhöhte Atemfrequenz kompensieren muß. Schaue mir zur Beruhigung im Ersten »Die schönsten Bahnstrecken Europas« an, fahre bei Upper Tyndrum auf eingleisiger Strecke durch die grünen Hügel Schottlands …

Frei 8.5.98

8.45 Uhr Abfahrt zum Drehen auf eine »Western Ranch« nach Fitzen bei Büchen. Dort das Lied »Jim, Jonny und Jonas« geplaybackt. Ist wohl ganz nett geworden. Hartmut Griesmayr spricht von schönen Mustern, der bisherige Rohschnitt sei schon sehr gut.

17.30 Uhr zu Hause. Riesenstapel Post, viele Intervieweinladungen, die ich nicht mehr beantworte, weil es zu viel Zeit kosten würde. Bundeskanzler und Bundespräsident laden zum Frühstück und zum Abendessen mit Clinton im »Adlon« ein. Kann ich nicht, weil ich drehe. Esse aber sowieso nicht gern im dunklen Anzug. Und im Hotel schon gar nicht.

So 10. 5. 98

Ich habe Püppi »Hänsel und Gretel« in voller Länge im Bett vorgelesen, während Petra Spargel gekocht hat. Der letzte Satz ist: »Mein Märchen ist aus, dort läuft eine Maus, wer sie fängt, kann sich eine große, große Pelzkappe daraus machen.« Das entzükkende Ende hatte ich ganz vergessen.

19.30 Uhr mit dem Taxi nach Tegel.

Mo 11. 5. 98

Heute leichter heißer Drehtag.

Abends ein handgeschriebenes Fax von Doris Heinze und eine halbe Seite von Programmdirektor Kellermeier. Tenor: Alles soll besser werden, besonders die Drehbücher.

Abends mit Charly auf seiner Stube Käse, Radieschen und Leberwurst gegessen und dabei den Tatort »Arme Püppi« auf Video angekuckt. Verglichen mit anderen »Tatorten« gar nicht so schlecht. Es geht um Kindesentführung. Vorwürfe in den Pressekritiken: Zu einem solchen Thema passe unsere Gesangseinlage nicht. Unsinn. Unsere Gesangseinlagen passen zu jedem Thema. Die Polizisten seien zu GSG-9-mäßig vorgegangen. Quatsch. Sie sind adäquat zu dem Verbrechen vorgegangen.

Mi 13. 5. 98

Gerulf Pannach, der frühere Texter der Renft-Kombo aus der DDR, ist im Alter von 49 Jahren an Krebs gestorben.

Heute war Richard Schöps am Drehort. Herzliche Begrüßung. Ich blieb ein bißchen kühler, nahm lieber eine Einladung zum Bier an anstatt zu einem Essen. Essen ist mir zu intim. In all den Jahren ist beim Essen nie etwas herausgekommen.

Indien hat zum Entsetzen der Amerikaner und der Chinesen fünf unterirdische Atombombenversuche durchgeführt. Warum nicht? Chirac hat es ihnen vor zwei Jahren ja so schön auf Mururoa vorgemacht.

Do 14. 5. 98

In England gibt es Neuigkeiten. Ab sofort muß der Lordkanzler, wenn er der Königin die Thronrede übergibt, sich nicht mehr rückwärts die Treppen hinunter von ihr entfernen. Die Lordkanzler sind meist ältere Herren, und es bestand ewig die Gefahr, daß sie stürzten. Das müssen die alten Knacker künftig nicht mehr fürchten.

Die Spatzen sterben aus. Man sieht kaum noch welche. In meiner Kindheit gab es sie überall um mich herum. Welch ein netter, unscheinbarer Vogel, der Dreckspatz. Die armen Leute haben ihn sogar gegessen. Stumm sind jetzt die Dächer.

Frei 15. 5. 98

Frank Sinatra ist gestorben. Das ist traurig.

Sa 16. 5. 98

Die paar Tagebuchnotizen vervollständigt. Sport gemacht. Mit Otti schön gefrühstückt.

Abends zu Meinhard Lüning und seiner neuen Elke gefahren.

Moeses waren da, dann wie immer der Transplanteur Professor Wolf, der einer der Leibärzte Honeckers gewesen sein soll. Man erzählt sich, er habe damals dem Honecker einen neuen Kopf aufgeschraubt, aber es habe nichts gebracht. Die jüngere Schwester von Meinhard war da. Ein Bild von Mette, seiner geliebten, in jungen Jahren verstorbenen Schwester, hing an der Wand. Seine erste Frau Barbara Dittus und Susanne, ihre gemeinsame Tochter, mit der ich jetzt den »Tatort« drehe, waren da. Von einem ganz schlechten Italiener, der offenbar in den Ostsektor infiltriert ist, stammten offenbar die gebratenen Auberginen und die getrockneten Tomaten. Ich habe mich an den Saubohnen schadlos gehalten, die aber nicht gut eingelegt waren. Stefan Heym und Inge waren da, mit denen ich mich die längste Zeit unterhalten habe. Stefan Heym über das Alter, das ihn nachgerade überfallen habe: »Was kann ich denn noch? Nichts.« Ich wollte ihm instinktiv mehrmals sagen: »Tröste dich. Ich bin viel älter als du.« Habe diese Bemerkung aber aus Angst, richtig verstanden zu werden, unterdrückt. Ich habe Heym jeden seiner wenigen Wünsche von den Lippen abgelesen, habe laut und verständlich geredet, weil ich weiß, daß er das schätzt, und habe ihm den Weg über die Terrasse geebnet, wenn er mal zum Pinkeln mußte. Gerstner sei ganz sicher bei der Stasi gewesen, das hätten die Spatzen von den Dächern gepfiffen. Die aparte Schauspielertochter von Edwin Marian war da, und das vom vorigen Jahr bekannte Germanistenpaar. Peter und Jutta Voigt waren da. Peter sagte, ich könne jederzeit auf seine Mithilfe rechnen, wenn es darum gehe, in »Nichts Genaues« Erinnerungen an die fünfziger Jahre zusammenzusuchen. Ottilie hatte wieder viel Spaß mit ihren Feuerzeugen, die sie singen und auf dem Tisch tanzen und Gedichte aufsagen lassen kann.

Kurz nach Mitternacht in die Stadt gefahren und auf ein Bier beim »Diener« eingekehrt. Am Tisch saß auch der Theaterschauspieler Ignaz Kirchner, der mich eine Stunde lang lobte. Das Wort »Direktheit« fiel drei Dutzend Mal, ich sei der direkteste Schauspieler, den er kenne. Das sage er aus Bewunderung, er habe nichts davon, wenn er sich bei mir einkratzen würde.

So 17.5.98

Sonntagabend auf dem Flughafen Tegel keine Zeitung, nicht mal eine Tasse Kaffee aus dem Automaten. Das ist der neue Stil der Lufthansa, den nur erträglich finden kann, wer Aktien an dem Unternehmen hält.

22.00 Uhr Ankunft in HH, Abholung durch Felix Gregor. Im Hotel kein Charly, ich bin nach oben gegangen und habe die Klappstulle gegessen, die ich von zu Hause mitgenommen hatte.

Mo 18.5.98

9.15 Uhr Abholung. Schönes Wetter. Einige Bilder in einer miefigen Privatwohnung gedreht, dann das Schlußbild von »Schüsse auf der Autobahn« im BMW auf dem Tieflader gedreht. Charly und ich haben aufs Mittagessen verzichtet, sind für eine Zigarre auf dem Balkon der am Fischmarkt gelegenen Wohnung geblieben.

Abends am Gänsemarkt jeder eine Pizza gegessen, etwas Fleisch und Wurst eingekauft und dann vor dem »Marriott« im Garten Rotwein getrunken und über den Regisseur Peter Stein geredet, der 20 Millionen Mark zusammengetrommelt haben soll, um »Faust« 1 und 2 auf die Bühne zu bringen, erstmals mit vollständigem Text, das habe es noch nicht gegeben, die Premiere des Stückes habe nie stattgefunden und bla bla bla. Der ultimative »Faust«. Was man sich alles vornehmen kann. Ein Jahr will er daran probieren, natürlich mit dem unvermeidlichen Bruno Ganz als Faust, dann soll es auf der »EXPO 2000« laufen, dann folgt die möglichst internationale Vermarktung.

Mi 20.5.98

8.45 Uhr. Ein Drehort in Trittau bei Oldesloe, eine Jagdhütte im tiefen Hänsel & Gretel-Wald. Der andere Drehort: Autobahnpolizei mit der Verhaftungsszene (Susanne Lüning). Dort war ein Kamerateam vom NDR zu Gast. Charly und ich haben in die Kamera im Beisein von Kerstin Ramcke das Lied »Ein bißchen Frieden« gesungen, allerdings mit einem geänderten Text: »Ein bißchen Drehbuch, ein bißchen Drehbuch, ein bißchen Drehbuch und ein bißchen Drehbuch, ein bißchen Kamera, ein bißchen Schauspiel und ganz am Ende kommt noch die Regie ...« Dann einstündige Fahrt mit Charly durch Hamburg, er flog nach Basel, ich 19.25 Uhr nach Berlin.

Auf dem Flugplatz herzliche Begegnung mit Nina Hagen, die in einer Art Rucksacketui ihre Gitarre auf dem Rücken trug. Ich fuhr die Rolltreppe runter, sie ging hinauf, kehrte um, wir begrüßten uns. Nina fing sofort an, etwas über Nepal und notleidende Kinder und solche Sachen zu berichten. Offenbar war sie sich sicher, daß ich ihre Aktivitäten in den Medien einigermaßen verfolge. Frisur und Schminke – wie immer nur das Nötigste. Bussi links, Bussi rechts. Ich habe mich gefreut, sie endlich einmal wiederzusehen, hätte aber nicht die Kraft gehabt, ihr länger als fünf Minuten zuzuhören. Wer mag diese Kraft wohl haben? Sie ist eine der produktivsten Verwirrten, die mir je untergekommen ist.

Pünktliche Landung in Berlin, Heimfahrt. Otti auf Hiddensee.

Habe mir in der großen Wohnung Frank Beyers Film »Abgehauen« auf Kassette angesehen. Große Szenen, schwache Szenen, insgesamt aber gut. Das Stückeln und Herausschneiden merkt man, ich war aber gerührt, weil in besonderer Weise beteiligt. Einige Figuren haben Gott sei Dank ganz dran glauben müssen, andere sind Gott sei Dank kräftig gestutzt worden. Überragend der Darsteller des Eberhard Esche, sehr gut Ottis Vater und Werner Lamberz. Lohmeyer ein bißchen verkrampft.

Auf dem Tisch liegt ein Zettel von Otti: »Ich fahre jetzt los zu meinem geliebten Hiddensee. Die Veranstaltung gestern[14] (19.5.) war voll besucht, es gab während der anschließenden Diskussion viel Beifall und Anerkennung. Viele Freunde waren da. Ich muß mir den Film noch einmal in Ruhe ansehen, war zu aufgeregt. Sonntagabend bin ich zurück – sei umarmt und geküßt von Deiner Ottilie.«

Do 21. 5. 98

Suharto geht, ein neuer Gangster kommt: Jusuf Habibie, sein bisheriger Stellvertreter. Immerhin haben die Leute Suharto nach 32 Jahren weggeputzt. Amok ist ein indonesisches Wort.

Frei 22. 5. 98

Um 18.45 Uhr Anruf von Ottilie von Hiddensee: Fanny hat ihr Baby! Es ist ein Mädchen, das gestern abend, am Himmelfahrtstag, um 22.30 Uhr auf die Welt gekommen ist. Es ist 3450 Gramm schwer, 53 cm lang und hört auf den Namen Daisy-Philine. Am Abend will ich nicht mehr zu Fanny fahren, lieber morgen nachmittag.

Sa 23. 5. 98

Peter Voigt hat unter dem Absender »P. Vokkt« eine Videokassette von seinem Film »Bella Italia« geschickt. Er behandelt den

---

14 Voraufführung des Films »Abgehauen«

Exodus der Juden aus Deutschland nach Italien, »aus ihrem faschistischen Vaterland in das Vaterland des Faschismus«. Davon hatte ich keine Ahnung. Schon deshalb ist der Film sehr lehrreich. Ich werde ihm auf einer Postkarte von meiner Begeisterung berichten.

Am Nachmittag bin ich zu Fanny rausgefahren, habe vorher im Kaufhaus Hertie eine Flasche Sekt und einen rot-weiß-gestreiften Strampelanzug gekauft und dazu auf der Clayallee noch ein bißchen Beelitzer Spargel. Daisy-Philine ist eine Schönheit. Sie hat ein ausdrucksstarkes Gesichtchen, der kleine Mund erinnert mich an den von Fanny, als sie ein Baby war. Habe ein paar Fotos gemacht.

Seit heute ist in Deutschland »vergleichende Werbung« erlaubt, wie in vielen anderen Ländern schon längst. Das haben Jurek und ich uns immer gewünscht. Aber daran werden nur die Anwälte ein Vergnügen haben, den Kunden wird es außer Lügen nichts bringen.

So 24.5.98

20.55 Uhr Abflug nach Hamburg.

Um 20.45 Uhr Durchsage in Tegel: Aufgrund geringfügiger technischer Probleme wird sich der Abflug um dreißig Minuten verzögern. Gleich darauf hieß es, die Verzögerung könnte auch bis 23.00 Uhr dauern. Mit dem Taxi nach Hause zurück – und mit dem Auto sehr sauer nach Hamburg gefahren.

1.15 Uhr Ankunft im Hotel »Marriott«, dessen Manager an den Dauergast Krug nur eine Frage hatte: »Wer bezahlt den Garagenplatz?« Ich hab gesagt, er soll mir eine Nacht Bedenkzeit geben. Zwei Schnitten, die ich mir zu Hause geschmiert hatte, zum Foster-Bier vertilgt und dann ins Bett. Bis jetzt hatte ich geglaubt, die Magnet-Schwebebahn von Berlin nach Hamburg sei überflüssig. Hoffentlich erlebe ich sie noch.

Di 26.5.98

19.00 Uhr Verabredung mit Richard Schöps, Rolf Freisler, Raimund Weber und Charly Brauer. Raimund Weber und ich ein

Herz und eine Seele. Er hat mir noch einmal gedankt, daß ich ihn wieder »reingebracht« hätte. Ich habe ihm gedankt, daß er uns bei »Schüsse auf der Autobahn« im letzten Moment und innerhalb einer Woche gerettet habe. Weber möchte gern für uns schreiben.

Mi 27. 5. 98

Letzter Drehtag. Nach den beiden Bildern im Polizeipräsidium rührende Szenen des Abschieds. Bussis, Umarmungen usw.

Fahrt ins Hotel, Koffer gepackt, alles ins Auto und ab nach Berlin. Dort ein Abend allein mit Ottilie. Ein bißchen Fernsehn, ein bißchen Essen, ein bißchen Quatschen und ein bißchen Frieden.

Do 28. 5. 98

Max Ernst hat sich im Alter die weißen Haare über die Glatze gestriegelt und sorgfältig mit Zuckerwasser an den Schädel gepatscht, als wäre er kein Genie gewesen.

Seit undenklichen Zeiten heilen die Menschen einander, greifen also Gott an. In den USA gibt es kein Gesetz, welches das Klonen verbietet wie bei uns. Adam und Eva sind am Ende. Bald wird es menschliche Klone geben. Kinder werden anständig designed. Ich wäre auch gern designed. Dann könnte ich später und gesünder sterben.

Frei 29. 5. 98

Der Westwall, den die Nazis gebaut haben, ist unter anderem eine riesige Panzersperre aus tief gegründetem Beton, der sich an der Erdoberfläche in Form vieler Pyramiden zeigt. Man nennt sie in der Nähe der belgischen Grenze Drachenzähne. Es ist seit fünfzig Jahren zu teuer, sie zu sprengen. Die Bauern meiden deshalb die Gegend, die inzwischen von natürlichem Wald überzogen ist. Die moosüberwucherten Drachenzähne machen die Landschaft für Saat und Ernte völlig untauglich, selbst das Holz könnte nicht abtransportiert werden. Dort haben sich Pflanzen- und Tierarten, die teils ausgestorben schienen, wieder angesiedelt. Bachstelze, Eberesche, Bärwurz, Storchenschnabel, Perlmuttfalter, Steinfliege,

Teufelskralle und einige Orchideen. Naturforscher durchwandern die Gegend. Es lebe der Westwall.

Sa 30. 5. 98

Ein 18jähriger, 1,95 m großer Junge aus Moskau, der seit seinem 14. Lebensjahr in Spanien lebt, hat in Paris mal eben Agassi und Kuerten und heute auch noch Vacek weggeputzt. Ein guter Typ.

Ich habe noch das wunderbare Spiel Ivan Lendl gegen den kapriziösen Michael Chang von 1989 im Gedächtnis. Da sah Lendl aus, als hätte er eine Torte ins Gesicht gekricht.

So 31. 5. 98 Pfingstsonntag

Um kurz vor 15.00 Uhr mit Taxi zu Uli Schamoni gefahren, das heißt zu seiner Witwe Erika. Der Garten voller Gäste. Alle waren da, die immer da waren. Kohlhaase, Babyface, die Benders, die Pröbrocks, die Moeses – alle. Auch der offenbar bei den Moeses untergeschlupfte Martin Stade aus Thüringen, der, zusammen mit Willy Moese, immer neue unerklärliche Geschichten herausfindet, über die sie sich dann wundern. Vor erst vierzehn Tagen ist Martin Stade mit einem Computer in der Aktentasche über einen Berg zwischen Luisenthal und Crawinkel in der Nähe von Oberhof geklettert, von dem er gehört hatte, daß unten, in der Tiefe des Berges die »Leibstandarte Adolf Hitler« 1945 eine komplette Atombombenfabrik unterhalten hätte. Und kaum waren Martin und seine Mannen auf dem Bergrücken angekommen, da zeigte der Computer nur noch ein schreckliches Zahlengewirr. Er spielte verrückt. Und das ist schon seit Kriegsende so. Die Amerikaner haben die Atombomben damals aus der unterirdischen Fabrik herausgeholt und sie auf Hiroshima und Nagasaki geschmissen. »Wir haben die Struktur dieser Geschichte da drinnen schon im Koppe. Wir wissen, wie das aussieht«, sagt Stade. Und doch könne er dem Schreiber der Broschüre nicht ganz glauben, weil es nicht wahrscheinlich sei, daß die Deutschen mit der Bombe schon so weit gewesen sein können. Dann hätten sie sie ja auf London oder Moskau schmeißen können. Aber bei Würzburg habe es einen deutschen Überläufer gegeben, der den Amerikanern verraten hätte, daß da in Thüringen was zu holen sei. Darauf seien die Amerikaner von ihrer Siegesroute durch Feindesland abgewichen und mit auffälliger Hast nach Thüringen eingeschwenkt, wo sie trotz schweren Widerstandes einer das Tal verteidigenden Gebirgsjäger-Division die Gegend besetzten, und das, ohne die üblichen Berichte zu hinterlassen, die Amerikaner sonst gewöhnlich verfassen, wenn sie etwas Brauchbares in den Bergen des Feindes finden. Sehr auffällig. Bis zum heutigen Tage seien die Nachrichten im Nationalarchiv in Washington nicht einzusehen usw.

Vor ein paar Monaten hatte er mir mit derselben Begeisterung erzählt, er allein wisse, wo das berühmte Bernsteinzimmer zu finden sei, man brauche es bloß auszubuddeln. Nur vierzig km von dem Atombombenberg entfernt.

Allein im Jonastal haben er und seine Leute dreißig Standorte entdeckt, wo etwas vergraben sei. Das Gebiet erstrecke sich von Arnstadt bis Crawinkel.

Uli Plenzdorf baue eine 200 Meter lange Mauer um sein Grundstück, damit er abends sehen könne, was er tagsüber gemacht habe.

Neulich habe sich ein Bienenschwarm auf Ulis Grundstück versammelt, und Martin Stade hat gefürchtet, daß Uli und seine Frau im Mittagsschlaf von den Bienen getötet worden seien. Waren sie aber nicht. Gott sei Dank. Dazu habe ich meine Heldengeschichte erzählt, wie ich auf dem Amazonas einst die Herzen der stolzesten Frauen brach, weil ich ein Bienenvolk, das sich an einer Stuhllehne auf dem Oberdeck festgesetzt hatte, in voller Fahrt am Strick über die Reling befördert habe.

Kaum war die Dämmerung da, da wurde ein Lautsprecher in den Garten gestellt und die scheußlichsten Lieder, die ich mir schon vor dreißig Jahren nicht angehört habe, erklangen. Und zwar so laut, daß kein Gespräch mehr möglich war. Ich wanderte los, fand ein Taxi und setzte mich im leeren »Diener« noch ein paar Stunden zu Ulla Meinecke und Lord Knud.

Mo 1.6.98 Pfingstmontag

Gestern ist Lotti Huber gestorben. Sie wurde 1912 in Kiel geboren und in der Nazizeit als Jüdin ins KZ gesteckt. Sie wurde von einer amerikanischen Organisation freigekauft und ging über Palästina und Zypern zurück nach Deutschland, nach Berlin, wo sie im Alter Schauspielerin wurde und von jedermann geliebt. Ihr wichtigstes Wort war »Orgasmus«. Wir lieben die Harmlosen.

Di 2.6.98

Gegen Morgen einen Traum gehabt:

Ich bin mit Jurek in Venedig. Wir haben die Frauen offenbar zu Hause gelassen. Es ist Hochwasser. Es ist kalt. Es regnet. Wir können das Haus nicht verlassen.

»Keine einzige Gondel«, sagt Jurek. »Wenn man sie braucht, sind sie nicht da.«

Wir gehen in den Palazzo zurück, die Treppe hinauf. In einem Prunksaal liegt auf dem Tisch eine große Kartoffel, aus der vier lange Keime gewachsen sind, so daß sie aussieht wie eine aufgeblähte tote Maus.

Wir blicken mal auf den Tisch, dann wieder in den Regen hinaus. Jurek sagt, auf die Kartoffel blickend: »Das esse ich nicht.«

Nach einer Weile beugt er sich zu mir nach vorn: »Ich habe Christine nichts gesagt. Soll ich es ihr sagen? Daß ich noch lebe?«

Im Mai in Helsinki, als die deutsche Nationalmannschaft gegen Finnland 0:0 gespielt hatte, sagte Berti Vogts: »Wir haben heute gespielt wie Guildo Horn«.

Abends habe ich einen Fernsehspot von James Dean gesehen. Er macht darin Werbung gegen die Autoraserei der amerikanischen Jugendlichen. Mit einem schicken Cowboyhut steht er da und sagt lässig: »Fahrt vernünftig, Jungs. Das Leben, das ihr rettet, könnte meins sein.« Ein paar Monate später war er tot. Unfall am 30.9.55 in seinem Porsche.

Mi 3. 6. 98

Heute um 11.00 Uhr fuhr der ICE »Wilhelm Conrad Röntgen« bei Eschede mit 200 km/h gegen einen Brückenpfeiler, woraufhin der Triebwagen die Brücke noch passierte. Dann brach sie zusammen und zerknautschte fast den ganzen Zug. Es gab knapp hundert Tote.

Dadurch begann »Abgehauen« erst nach 21.00 Uhr. Kurt Bartsch schickte ein Fax, es habe ihm gefallen.

Frei 5. 6. 98

Warum, weiß ich nicht, das erste Lied, das Jurek in der Cantianstraße gedichtet hat, fällt mir ein.

»Die Sonne scheint aus einer Zimmerecke
auf dein Gesicht mit siebenhundert Watt.
Verloren liegst du unter meiner Decke,
und lächelst matt.
Dann bringt die Zeitungsfrau die Sonntagszeitung,
ich denke etwas, das du nicht verstehst,
du schreibst mir ›Gruß und Kuß‹ auf einen Zettel
--- und gehst.«

Ich weiß nicht genau, ob ich mich an beide Strophen richtig erinnere. Ich habe damals eine ziemlich doofe Melodie dazu gemacht.

In Eschede sind bis jetzt 96 Menschen gestorben. Ein zersprungener »Radreifen« hatte das Unglück verursacht.

So 7. 6. 98

5.00 Uhr morgens wach geworden. Traum: Ich war zu meinem Erstaunen verheiratet mit einer Frau, die ich gar nicht kannte. Sie und ich hatten die Wohnung meines Vaters bewacht, der mit Margret in Urlaub war und nun mit viel Gepäck nach Hause kam. Meine fremde Frau und ich durften uns in der hochherrschaftlichen Etagenwohnung bis heute aufhalten. Nachdem ich das viele Gepäck aus der alten »Wanderer«-Limousine ausgeladen hatte, mußte ich den Wagen in eine Garage fahren. Ich fuhr zu schnell, und ich fuhr auf einer schneebedeckten Strandpromenade, auf der Autofahren verboten war. Prompt streifte ich einen Rollstuhlfahrer, hörte das blecherne Geräusch. Nach 200 Metern wendete ich das schwerfällige Auto, fuhr zurück, stieg aus und entschuldigte mich bei dem etwa 25jährigen Rollstuhlfahrer. Ich beugte mich zu dem hageren Mann hinunter und bedauerte mein Rasen.

»Haben Sie eine Verletzung?«

Der Mann hatte kaum sichtbare Schrammen.

»Schon gut«, sagte er. »Sie sind zu schnell gefahren. Ich hatte schon mal ein schlechtes Erlebnis mit Ihnen.«

»Mit mir? Daran erinnere ich mich nicht.«

»Als ich 17 war, saß ich auch schon im Rollstuhl. Sie haben mich für einen Film als Komparsen gebraucht. Ich habe es nur Ihretwegen gemacht. Und als der Tag zu Ende war, sind Sie einfach grußlos gegangen. Sie haben mich gar nicht wahrgenommen.«

»Tut mir leid. Kann sein, daß ich mich um meinen Text gekümmert habe«, sagte ich. »Ich begegne bei der Arbeit zu vielen Menschen. Die kann ich nicht alle gebührend beachten. Wenn der Tag vorbei ist, bin ich froh, daß ich an alle diese Menschen nicht mehr denke.«

Nachmittags habe ich kurzerhand Petra angerufen, und wir sind mit dem Kind zu meinem Vater hinausgefahren, obwohl ich Margret und ihn telefonisch nicht erreichen konnte. Draußen in Hohen Neuendorf war alles verrammelt, die Rollläden heruntergelassen. Mir schoß durch den Kopf: Wenn er nun zuerst Margret und dann sich selbst erschossen hat? Und schon drei Wochen daliegt? Was werden dann die Leute von mir denken? Petra sprang über den Zaun. Auch die hintere Seite des Hauses verrammelt, das Wintergartenrollo heruntergelassen. Petra fand die beiden lebend. Wir setzten uns.

Papa: »Der einzige Mensch, dem ich was zu danken habe, ist meine Mutter, die mit ihrer Hände Arbeit mein Studium verdient hat. Sie hat Tapeten gereinigt und abgerissen, eine verdammt schwere Arbeit. Und dann konnte ich ihr nicht mehr danken. Die Gangster haben eine Mauer gebaut, da konnte ich nicht mehr zu ihr, und sie war zu alt, um zu uns zu kommen.

Nur einer hat mich angenommen, das war der Sepp. Ein so guter Freund, der ist auch jämmerlich gestorben. Mit dem habe ich die Lehre durchgemacht. Der hat mir ein paar Almosen gegeben. Sonst habe ich keinen Pfennig gekriegt, aber Schläge vom Gesellen, jeden Tag Schläge habe ich gekriegt. Ja, und wie ich dann 1930 arbeitslos wurde, da stand ich da. Ich bin nach Frankreich gegangen, Pas-de-Calais in Nordfrankreich. Da hab ich gedacht: Was machst du? Was machst du? Und da fing ich an zu studieren. Und hatte kein Geld. Ich war vorher im Stahlwerk der jüngste Schmelzer gewesen. Ich habe mein Ingenieurexamen gemacht. Und dann bekam ich keine Arbeit, da hätte ich in der Partei sein müssen. Sieben Jahre war ich Ingenieur, habe aber quasi als Hilfsarbeiter geschuftet. Bei Böhler in Düsseldorf. Ein weltbekanntes Stahlwerk, und ich habe dort viel gelernt. Meine Augen waren so trainiert, ich konnte dem Stahl ansehen, ob er gesund war oder ob er gekränkelt hat.

Bei dem Eisenbahnunglück habe ich am ersten Tag gewußt, woran das lag. Da hat noch keiner eine Ahnung gehabt. Die sollten sich meine Erfindungen mal ankucken, wie man verschiedene Stahlsorten vermählt. Verschiedene Stähle nebeneinanderbringt. Jeder hat einen eigenen Charakter, eine eigene Aufgabe, und jeder Stahl reagiert 100-prozentig auf unsympathische Nachbarn. Die glauben vielleicht, weil ein Stahl hart ist, können sie alles mit ihm machen. Das geht nicht. Die sind schuld an der ganzen Geschichte. Die den Stahl gemacht haben und die die Reifen gebaut haben, die beiden sind schuld. Die müssen vors Gericht. Ich könnte denen belegen, daß das einfach nicht geht, daß man zwei verschiedene Charaktere aneinanderklebt und dann eine derartige wahnsinnige Belastung verlangt. Dafür ist doch der Stahl nicht da. Die beiden Stähle haben sich bekämpft. Der schwächere ist zugrunde gegangen. Diese Leute verschweigen das. Sie wissen es und verschweigen es. Sie halten den Mund. Sie konnten ihre Grenzen kennen, und die Grenzen des Materials. Es gibt Naturgesetze. Aber die Banditen sind so gemein. Sie warten auf die Ohrfeige. Sie lassen es so weit kommen. Sie lassen die Menschen kaputtgehen.

Ein schöner Tag. Ich bin glücklich, daß ich das noch so genießen kann.

Wer ist eigentlich der Opa von der Kleinen (Marlene)?«

»Na, du!«

»Ich? Ja, was bist du denn?«

»Ich bin der Vater.«

»Aber du siehst aus wie der Opa.«

Mo 8.6.98

Im Hinteraufgang sitzt eine Taube. Alles vollgeschissen. Der Nachbar unter mir hat bei der Hitze gestern die Fenster des Treppenhauses geöffnet. Ich habe ihm einen Zettel an die Scheibe geklebt: »Lieber Herr Nachbar, immer wenn hier das Fenster geöffnet wird, übernachten die Tauben auf meinem Treppenabsatz, wo sie Milben streuen und ihren Darm entleeren. Sie finden nicht wieder ins Freie. – – Grüße – Ihr Nachbar.« Das klebe ich an, denke über nichts nach, und die Tür fällt zu. Ich stehe in meiner grünlichen Schlabberunterhose auf der Treppe. Da kommt der Nachbar aus seiner Wohnung.

»Wie geht's Ihnen?«

»Mein Lieber, lesen Sie, was auf dem Zettel steht.«

»Ja, war sehr warm gestern.«

»Und nun ist alles voller Taubenscheiße. Wir müssen uns was einfallen lassen.«

»Da muß eine Gaze vor das Fenster.«

»Gute Idee. Ich beteilige mich an den Kosten. Aber jetzt habe ich mich erst mal ausgesperrt. Ich muß in dieser Unterhose, die Füße voller Taubenscheiße, über die Straße.«

»Ich kann Ihnen meinen Bademantel geben.« Er holt einen bräunlichen Bademantel, den ich nicht anziehe.

»Lieber wäre mir, wenn Sie mir Ihren Haustürschlüssel leihen könnten. Dann könnte ich über den Hof gehen und durch die Toreinfahrt kurz über die Straße in meine Haustür huschen.«

Ich huschte auf die Straße. Huschen kann man nicht sagen, ich lief einem älteren Ehepaar in die Arme, das sich nach meiner

Unterhose umkuckte. Endlich hatte ich die Haustür offen. Rein in den Fahrstuhl. Am Hotel vorbei die letzte Treppe nach oben. Wieder stand ich vor meiner verschlossenen Tür. In der großen Wohnung war Gott sei Dank Liza. Sie öffnete und sagte, daß sie für die kleine Wohnung keinen Schlüssel habe. Sie brachte den Schlüssel vom Nachbarn über den Hof und die vier Treppen hinauf. Inzwischen rief ich die Friedensburg-Oberschule an. Otti wurde ausgerufen, kam mit dem Auto an und befreite mich. Abenteuer eines alten Trottels.

Do 11.6.98

Am Nachmittag aus purer Erschöpfung, oder vielleicht weil ich manchmal eine beginnende Krankheit auf die Weise auskuriere, stundenlang geschlafen.

Ich habe manchmal das Gefühl, mein ganzer Körper hilft mir denken, nachdem die linke Gehirnhälfte zum Teil ausgefallen ist.

Ich hasse Angst, deshalb buhle ich um sie. Ich finde Gründe, warum ich die Angst brauche. Und damit schwäche ich sie.

Will ich immerzu recht haben? Nein. Ich habe recht. Andernfalls interessiert mich die ganze Sache nicht.

Raus aus dem Bewußtsein, raus aus dem Denken. Nur Sein. Wäre das Meditation?

Nach dem Schlag habe ich Probleme mit rechts und links. Ich drehe Schlüssel falsch herum, verdrehe Zahlen und Buchstaben usw.

Eine Dame im Fernsehen, Management-Trainerin, schlägt vier Punkte vor, wie man sich bessere Laune verschafft.

1. Den Tag beginnen mit einer Freundlichkeit, die man einem Menschen erweist.
2. Drei Minuten täglich jemanden bedingungslos lieben. Ohne Gegengabe.
3. Einmal am Tag für etwas dankbar sein. Im Notfall für gewonnene Erkenntnisse.
4. Den Tag beenden mit einer Freundlichkeit, die man einem Menschen erweist.

Mir fällt ein Witz wieder ein, den Jurek so wunderbar erzählen konnte. Aus dem Tagebuch eines sowjetischen Partisanen. Montag, heute haben wir die Faschisten aus dem Wald gejagt. Dienstag, heute haben die Faschisten uns aus dem Wald gejagt. Mittwoch, heute haben wir die Faschisten aus dem Wald gejagt. Donnerstag, heute haben die Faschisten uns aus dem Wald gejagt. Freitag, heute kam der Förster und hat uns und die Faschisten aus dem Wald gejagt.

Frei 12.6.98

Das Zentralorgan der Kommunistischen Partei, das ich seit drei Jahren abonniert habe, machte auf mit »Brüssel 1998«. Damit ist das 7. Seminar kommunistischer und Arbeiterparteien aus der ganzen Welt gemeint. 105 Parteien und Organisationen der revolutionären Arbeiterklasse, von denen sich aber nur 74 vom 1. bis 4. Mai in Brüssel getroffen haben. 31 Parteien waren verhindert, darunter auch die Kommunistische Partei Chinas, die immerhin ihre Solidarität bekundete, und daß sie das Seminar unterstützt. Es muß eine trostlose Veranstaltung gewesen sein.

Sa 13.6.98

Mit Otti auf den Flohmarkt gefahren. Dort eine Kakaokanne, eine Blumenvase und drei Originalpäckchen à ein Dutzend Billard-Kreide der Marke »Monopole de la Société St. Martin Wilhelm, de craies la reine No. 209« gekauft. Das wäre ein Geschenk für Jurek gewesen, der in seiner Jugend vom Vater das Billardspiel gelernt hat. Allerdings habe ich ihn nie spielen sehen.

Den Abend ganz Otti gewidmet, mit der ich eine Gurke aus dem Jahr 1982 gesehen habe, den USA-Triller »In der Stille der Nacht«. Ich hatte noch nie das Glück, einen Thriller zu spielen. Da gibt es schöne Rollen mit bedeutungsvollen Blicken und wenig Text. Roy Scheider hat im ganzen Film zwanzig Sätze. Gleich als es losging, sagte Otti: »Um Gottes willen, die werden den Mann doch nicht umbringen?«

»Ach, wo!« sagte ich. Nur während der Kinderjahre habe ich im Kino um das Leben der Hauptdarsteller gebangt. Kaum war ich konfirmiert, wußte ich, daß Hauptdarsteller, wenn überhaupt, erst am Ende sterben. So konnte ich die Mädels beruhigen, die sich mit ihren Händen nervös an die meinigen klammerten. »So kalt, deine Händchen«, habe ich gesagt und sie zwischen meine Beine geschoben.

So 14.6.98

War mit Otti heute das Kind Daisy-Philine besichtigen, welches sich schön herausgemacht hat.

Auf der Clayallee gab es letztmals Beelitzer Spargel und Kirschen aus Werder, Schmankerln, die ich den Kindern nebst einer Flasche Aldi-Champagner mitgebracht habe. Ich hätte auch Kleidung von Marlene für Daisy-Philine mitbringen können, wollte Otti das jedoch nicht antun. Es wird sich andere Gelegenheit finden.

Mo 15.6.98

Tagsüber schlafe ich dauernd ein wie ein Greis. Ich kann noch aus dem Bett aufstehen, kann noch hören und sehen. Aber sonst bin ich nicht weit vom Siechtum. Bin schlaff und schlapp, knicke in den Knien ein, verlasse kaum noch das Haus. Kann mich auf Zeitungsartikel nicht konzentrieren, nach fünf Sätzen schlafe ich ein, kaum ein Thema interessiert mich noch. Sigmund Freud soll von einem Vertrauten eine hochdosierte Injektion Morphium erhalten haben. Er wollte kein Siechtum. Hätte ich so einen Freund, wenn es so weit ist?

Mi 17.6.98

Abends um 18.30 Uhr wurde mir Marlene gebracht. Petra geht in den Kindergarten, wo sie mit dem Personal über die bevorstehende Eingartung meines wunderbaren Kindes verhandeln wird. Zum ersten Mal blieb ich mit Marlene drei Stunden lang alleine. Wir haben Märchen gelesen, Lieder gesungen und Puzzle aus Bauklötzen gelegt. Plötzlich sagt Marlene:

»Da kommt Mama!«

»Nein, das ist nur der Wind, der knarrt auf dem Dach.«

»Arme Mama. Sie muß frieren, draußen im Wind, so alleine.«

Do 18.6.98

In der Nähe von Jekaterinburg in Rußland schlug gestern der Blitz in ein Munitionslager ein, in dem über 240 t Granaten und Raketen in die Luft flogen. Elf Tote und dreißig Verletzte. Ein ordentlicher Blitzableiter, das wär's gewesen. Aber was ist schon ordentlich in Rußland.

Es gibt Gutdünken, aber nicht Schlechtdünken. Und dann auch gutartig, gutmütig, gutherzig usw.

Es gibt Unfug, aber nicht Fug; Unbill, aber nicht Bill; unwirsch, unversehens, Unstrut, unbotmäßig usw. Dann aber plötzlich Unwetter UND Wetter; Unkosten UND Kosten, Ungarn UND Garn.

Frei 19.6.98

Um 14.00 Uhr auf 3sat eine Aufzeichnung des Jazzfestivals Lugano 1996 gesehen. Ray Charles. Ein Genie. Noch einfacher, noch schmerzlicher, noch zärtlicher, noch musikalischer. Er macht noch weniger, vertraut darauf, daß die richtigen Menschen ihn hören und verstehen werden. Und wenn nicht, ist es ihm auch Wurscht. »Hit the road, Jack«, noch nebenbeier als damals. »I can't stop loving you«, klein und karg. Im Verhalten erinnert Ray Charles mich an Lord Knud. Charles ist blind, Knud hat nur ein Bein. Es könnte grad so gut umgekehrt sein. Aber dann müßte Lord Knud singen können. Er hat es also schlechter getroffen. Außerdem: Ray Charles kann blinder nicht werden. Aber Lord Knud kann das andere Bein noch verlieren.

Die Italiener lieben Charles. Die haben Geschmack.

Sa 20.6.98

Heute vor 21 Jahren siedelte meine Familie in den Westen um, vor zwanzig Jahren überlebten Otti und ich das Erdbeben von Thessaloniki.

So 21.6.98

Ein bißchen Fußballweltmeisterschaft im Fernsehen gekuckt. Es ist ein langweiliges Spiel. Der Balltransport geht nicht zügig vorwärts zum Tor, weil die jeweils gegnerische Mannschaft ihn erschwert und fast immer Erfolg damit hat. So kommt es vor, daß die Mannschaften sich bis zu völliger Torlosigkeit behindern. Die Deutschen haben den Mut gezeigt, den jugoslawischen Fußballern immerhin zweimal das Tor zu öffnen, woraufhin die Jugoslawen umgekehrt das gleiche getan und somit alles wieder verdorben haben.

Mo 22.6.98

In einem schönen Film über Albert Einstein habe ich heute etwas Frappierendes erfahren. Wenn Einstein in jüngeren Jahren hinaus in die Sonne ging, setzte er keinen Hut auf. Wurde die Sonne zu stark, so knüpfte Einstein Knoten in die Ecken seines Taschentuchs und setzte die so gekrümmte Fläche als Mütze auf seinen Kopf. Es hat ihn nicht gestört, daß dies ungemein bescheuert ausgesehen hat, so wie es mich niemals gestört hat. Ich habe es nämlich mein bescheiden Lebtag lang ebenso gemacht, ohne von der Marotte Einsteins oder von den Problemen der gekrümmten Fläche im Raum etwas zu wissen. Ich will damit sagen: Was ich mit dem großen Einstein gemein habe, ist, daß uns beiden die Ansichten der Leute gleichgültig waren, sofern sie uns beide, Einstein oder mich, mit vierfach geknoteten Taschentüchern erblickt haben. Das genügt mir.

In Frankreich haben deutsche Fußballfreunde heute einen Polizisten mit Eisenstangen erschlagen.[15] Wozu sie früher einen ganzen Krieg brauchten, das machen sie heute nebenbei im Kleinen, am Rande des Fußballs.

---

[15] Daniel Nivel überlebte den Angriff der deutschen Hooligans mit schwersten Verletzungen.

Di 23.6.98

Etwa zehn Stunden geschlafen. Unglaublich. Vielleicht schlafe ich bald zwanzig Stunden. Und dann alle Stunden, die bis zum nächsten Urknall noch kommen werden.

Im Fernsehen ein Beitrag zum 100. Geburtstag über Erich Maria Remarque, der von den Nazis am 10. Mai '33 vor den Universitäten Deutschlands mit auf den Bücherscheiterhaufen verbrannt worden ist. War dann in Paris der Marlene Dietrich verfallen, die aber weniger mit ihm, mehr mit anderen Jungs geschlafen hat, und der Autor von »Im Westen nichts Neues« hat vor dem Hotel gewartet, bis sie wieder runterkam. (Das hätte es mit mir nicht gegeben.) Er war auch ein passabler Schauspieler. Gestorben ist er an einem schweren Herzleiden 1970. Aber mit fünfzig hat er schon den Satz gesagt: »Ich bin eigentlich viel zu müde für mein Alter.« Ich auch.

Mi 24.6.98

Die auf Haiti gelandeten Polynesier verboten ihren Frauen nicht, Schwein zu essen. Sie waren klüger als die Mohammedaner und Juden. Den Polynesiern ist immer bewußt geblieben, wie lekker Schwein schmeckt. Juden und Mohammedaner scheinen es nach wenigen Generationen vergessen zu haben. Sicher ist auch das nicht. Als ich mal im Hafen von Tunis dabei war, als frischer Schinken aus Parma eingeflogen wurde, um den Geburtstag des Kameramanns zu feiern, aßen alle 16 Mitglieder des tunesischen Filmteams jeweils mehrere dick belegte Schinkenbrötchen mit großem Genuß. Und dann gibt es ja den schönen jüdischen Witz, wo ein Jude in einen Fleischerladen kommt und fragt: »Was kostet der Fisch dort?« Sagt der Fleischer: »Das ist Schinken, mein Herr.« Sagt der Jude: »Habe ich Sie gefragt, wie der Fisch heißt?«

Do 25.6.98

Man könnte, etwa unter dem Titel »Katastrophen des Alltags«, eine Sammlung von Geschichten anlegen, die man in leicht abweichenden Versionen mehrmals im Leben hört und deren Erzähler Stein und Bein schwören, daß sie sie selbst erlebt haben. Etwa die schreckliche Geschichte, wie die Kinder einer einst glücklichen Familie dahinsterben, und kein Mensch findet eine Erklärung. Bis man endlich entdeckt, daß mit einer großen Yuccapalme eine giftige Riesenspinne eingeschleppt worden ist, die in der Krone der Palme gewohnt und nachts wild um sich gestochen hat.

Oder die Geschichte, man habe ein Kotelett über Nacht in einen Eimer Coca-Cola gelegt, und dort habe es sich völlig aufgelöst. »Das habe ich selbst gesehen!« sagen manche. Sie sind wie im Taumel. Sie beschwören die Wahrheit der Geschichten, obwohl sie doch wissen müssen, daß jeder, der bereit ist, ein Kotelett und etwas Coca-Cola zu opfern, die Sache nachprüfen kann. Ich vermute deshalb, daß diese Art Geschichten eher von armen Menschen mit mangelhafter Bildung erzählt wird, denen es nicht in den Sinn kommen würde, ein Kotelett und einen Eimer Cola wegzuwerfen. Das wäre eine Mahlzeit für eine Familie mit mehreren Kindern.

Nachmittags auf 3sat zwei Stunden in den »Ingeborg-Bachmann-Preis '98 mit 16 Autoren« reingekuckt. Die mir bis dahin unbekannte Autorin Sibylle Lewitscharoff war niederschmetternd gut, ich bin sprachlos. Sie beschreibt einen Verrückten so spannend, daß man, wenn sie nicht eine so große Künstlerin wäre, glauben müßte, sie sei selbst verrückt. Genial. Das »Zwing-Ei«. Soll ein Roman werden, der demnächst bei Kiepenheuer erscheint. Schön, wenn man sich leisten kann, mit dem Wahnsinnigsein zu spielen, es zu spielen. (Ich mußte mein Lebtag verhehlen, daß ich es bin, immer den Normalen spielen. Eine andere Art von Anstrengung.)

Alle TV-Übertragungen aus dem Ausland in den Iran, auch die Fußballweltmeisterschaft, finden mit einer Verzögerung von zehn Sekunden statt, damit anstößige Bilder, etwa eine leicht bekleidete Zuschauerin oder Küssende, noch ausgeblendet oder herausgeschnitten werden können. Mullahs …

Frei 26. 6. 98

Allmählich höre ich mit der Albernheit auf, mich immer wieder in Schauspielerinnen zu verlieben. Die endgültig letzte ist Geena Davis. Die finde ich ENT-ZÜCK-END. Das ist die Lange aus »Thelma und Louise«. Eine rein erotische Angelegenheit. Es ist die Frau, die ich mir vorstelle. Vorstellen würde. Sie hat etwas, sie kann schlagartig so dumm kucken.

So 28. 6. 98

Um 9.00 Uhr aufgestanden und mit den Kindern das Ratatouille gegessen, das ich gestern gebraten hatte. Marlene nervt ein bißchen. Sie wird von ihren alten Eltern verwöhnt.

Die sich noch immer steigernde Hübschheit von Petra sticht mir ins Herz. Ich komme mir hinfällig vor, wie ein ganz alter Opa. Wieder spüre ich, daß mein Herz die nötige Leistung nicht schafft.

Bin auf die Waage gegangen. Habe das höchste Gewicht, das ich je erreicht habe: 117,5 kg. Ich muß etwas tun. Ich habe fast nichts gegessen und bin stolz darauf, die gute Laune bewahrt zu haben.

Dänemark im Achtelfinale der Fußballweltmeisterschaft gegen Nigeria 4:1 gewonnen.

Mo 29. 6. 98

Gewicht: 116,5 kg

Diätplan:

1. Tag

Frühstück: Kaffee ohne Zucker in beliebiger Menge

Mittagessen: 2 gekochte Eier, Spinat (wenig gesalzen)

Abendessen: 1 großes Steak, gegrillt; oder 3 Beefsteaks, grüner Salat, Sellerie

Deutschland gegen Mexiko 2:1 gewonnen.

Clinton in China. Er fordert schon zum zweiten Mal die Einhaltung der Menschenrechte. Dabei haben die Chinesen wahrscheinlich kein einziges öffentliches Waffengeschäft.

Heute ist Horst Jankowski, der Jazzpianist, am Bodensee im Alter von 62 Jahren an Krebs gestorben. Vor zwanzig Jahren war ich einmal bei ihm in seinem Berliner Haus. Vielleicht hätten wir etwas zusammen gemacht, haben uns aber aus den Augen verloren. Ein guter Musiker und ein lieber Mensch. Eugen Cicero ist noch kein Jahr tot. Jetzt lebt nur noch Paul Kuhn.

Di 30. 6. 98

Zuerst das Wenige eingekauft, was ich für heute zum Essen brauche:

2. Tag

Frühstück: Kaffee schwarz ohne Zucker, 1 Brötchen

Mittagessen: 1 großes Steak, grüner Salat, beliebige Früchte

Abendessen: gekochter Schinken, unbegrenzt

Mittags die Kinder angerufen. Petra hält Marlene den Hörer hin, die sagt nichts. Nach einer Weile ich: »Papa will dir nur ein Küßchen durchs Telefon schicken, bevor du Mittagsschlaf machst.«

Marlene: »Ich will aber gar keins haben.«

Da habe ich einfach aufgelegt. Wie ein Liebhaber. Dann riefen sie nochmal an, ich habe aber wie ein Liebhaber nicht abgenommen. Soll das kleine Kackmonster ruhig wissen, daß Papa eingeschnappt ist.

Immer mehr Leute glauben, ich würde mir etwas daraus machen, politische Zeitungsartikel zu schreiben. Und obendrein noch gehässige. Diesmal ist es die »Süddeutsche«, die sich einen Artikel unter der Überschrift »Tschüß, Helmut!« vorstellen kann. Bin ich meschugge? Alle diese Post versehe ich mit kürzesten Kommentaren und schiebe die Originalbriefe gleich wieder zurück ins Faxgerät. So sieht der Absender gleich, was er Unverschämtes von mir wollte.

Heute war Argentinien gegen England. In der 50. Minute, es stand 2:2, wurde ein englischer Spieler wegen eines Fäulchens vom Platz gestellt. Der auf dem Rücken liegende Engländer hat mit dem Fuß die Wade des Argentiniers berührt, »nachgetreten«, etwa wie man weiter oben jemandem freundlich auf die Schulter geschlagen hätte. Der Argentinier – Jurek, du würdest diesen ekelhaften Menschen mit Namen gekannt haben – ließ sich sofort fallen, als sei er vom Blitz getroffen worden. Widerlich. Es gab Elfmeterschießen. Die Argentinier hielten ein Tor mehr als die Engländer. Das war's.

Wer lange arbeitslos ist, wird es verlernen, morgens aufzustehen.

Mi 1. 7. 98

3. Tag:

Frühstück: Kaffee schwarz ohne Zucker, 1 Brötchen

Mittag: 2 gekochte Eier, Salat und Tomaten

Abendessen: gekochter Schinken und grüner Salat

Heute habe ich in einem TV-Film erfahren, wie gesund Sauerkraut ist und daß der Weltumsegler James Cook durch das Verfüttern von Sauerkraut auf einer dreijährigen Reise erstmals das Ausbrechen von Skorbut bei seinen Matrosen verhindert hat. Daraufhin habe ich sofort frisches Sauerkraut gekauft und gegessen. Ergebnis: Durchfall.

Heute ist der erste Jahrestag meines Schlaganfalls.

Do 2. 7. 98

4. Tag

Frühstück: Kaffee schwarz ohne Zucker, 1 Brötchen

Mittagessen: 1 gekochtes Ei, Karotten, roh oder gekocht, Schweizer Käse

Abendessen: Früchte und Naturjoghurt

Stasileute sind nach der Wende überall wieder obenauf. Sie waren während ihrer aktiven Zeit Wichtigtuer, die sich wichtiggetan haben. Und sie tun sich wieder und immer wieder wichtig. Sie wollen dienen und speichellecken und belobigt werden. Sie wollen Orden von Politikern kriegen. Sie sind wie Politiker.

Abends, als die Kinder gerade im Bett waren, klingelte Otti. Ich machte auf und hieß sie willkommen. Jeden Moment hätte

Petra hereinkommen oder Marlene zu schreien anfangen können. Ich behielt die Nerven. Wir gingen dann noch hinüber in die andere Wohnung, weil's dort wärmer war, und sahen auf Arte einen Themenabend über Revolver und Pistolen, darunter der beeindruckende Colt »Peacemaker« aus dem Jahre 1873, für die ersten drei Schuß noch immer der schnellste Revolver der Welt. Sagt der schnellste lebende Gunman der Welt.

Präsident Bill Clinton hat auf seiner Chinareise gesagt, mehrere Städte Chinas seien auf den amerikanischen Satellitenfotos wegen des kolossalen Smogs nicht mehr zu erkennen. Er wolle den Chinesen bei der Luftreinigung helfen. Ja, wollen die das?

Frei 3. 7. 98

5. Tag

Frühstück: Kaffee schwarz, Karotten mit Zitrone

Mittag: gedünsteter Fisch und Tomaten

Abendessen: 1 Steak mit grünem Salat

Um 14.00 Uhr klingelt es, Wilhelm Koch-Hooge kommt überraschend zu Besuch. Er ist schon 82 und liegt seit drei Wochen im Krankenaus. Er hat sich frei genommen. Otti kauft bei Hertie drei Forellen, wir essen gemeinsam. Dann reden wir ein paar Stunden über den Sozialismus, die Stasi, den Kapitalismus, über unsere großen Taten von früher, seinen Nationalpreis, über unangenehme und andere Menschen wie Hans-Peter Minetti, den Vater Minetti, Paul Bernd, Horst Drinda, Inge Keller, Karl-Eduard von Schnitzler, Christine Laszar und viele andere. Er hat ein Nervenleiden in den Beinen (Restless legs?). Er telefoniert mit seiner Frau und nennt sich selbst in dem Gespräch »Peter«. Er ärgert sich, daß er nach der Wende nicht darauf bestanden habe, Wilhelm Koch-Hooge zu heißen, nun heißt er nur noch Wilhelm Koch. Das Hooge steht, als Teil des Künstlernamens, auf der Rückseite seines Ausweises.

Italien – Frankreich nach Verlängerung 0:0, Elfmeterschießen. Die Torwarte hielten je einen Ball, aber die Italiener haben den letzten an die Latte geschossen. Aus war's.

Sa 4.7.98

6. Tag

Frühstück: Kaffee schwarz, 1 Brötchen

Mittag: gegrilltes Huhn oder Hähnchen

Abendessen: 2 gekochte Eier und Karotten

Morgens einen wüsten Traum gehabt. Ich lebte mit Petra in einer Felsenhöhle, in der wir uns aus konspirativen Gründen versteckt haben. Die Höhle lag im Wald und doch nahe bei einem Bahngleis. Drei Männern mußten wir über die nahe Grenze helfen, die Polizei war hinter ihnen her. Die Männer, ehe sie auf einen erwarteten, langsam vorbeifahrenden Zug aufsprangen, ließen uns allerlei Dinge da, die sie nicht unbedingt brauchten. Darunter waren Papp-Patronen, die mit einer Art Gips gefüllt waren. Damit konnte man die Atemluft verbessern, indem man die Patronen öffnete und das Pulver mit Wasser anfeuchtete. »Bis die anderen Genossen kommen, könnt ihr ein paar von den Patronen verbrauchen, wenn ihr wollt. Den Rest werden die Genossen gern mitnehmen, wenn sie im Gepäck noch Platz haben«, hatte einer uns noch zugeflüstert.

Dann sah ich, daß Petra manche der Patronen geöffnet und auf dem Höhlenboden hinter Steinen angefeuchtet hatte. Feuchte Gipswürste quollen heraus. Durch das Wasser vergrößerte sich das Volumen der breiig austretenden Masse, so daß die Hülsen nach dem Ausquellen in dem Pudding untergingen, den sie soeben geboren hatten. Petra nahm eine Hülse aus einem der Haufen, las die Aufschrift und sagte: »Schau mal, eine Patrone kostet eine Mark zehn. Ob man sie nun anfeuchtet oder nicht.« Ich sagte: »Du hörst sofort damit auf. Der Stückpreis ist mir gleichgültig. Wir brauchen keine gute Luft.«

Als ich noch durchschlief, konnte ich mich nie an Träume erinnern. Jetzt kann ich's. So hat alles sein Gutes.

Abends bei Ulli und Dietrich von Wiechmann. Sie wurde 61, dieselben Leute wie immer waren zu Gast. Gute Gespräche mit meiner einstigen süßen Freundin Monika Friedrich, die nur drei Jahre später geboren wurde als ich, die aber zwanzig Jahre jünger aussieht.

Als im Fernsehen das Fußballspiel Deutschland gegen Kroatien lief, hockten sich alle Männer in ein Fernsehzimmer, ich blieb ahnungsvoll bei den Weibern sitzen. Nach der ersten Halbzeit kamen sie alle mit hängenden Ohren wieder herein: 1:0 für Kroatien. Nach der zweiten stand es 3:0. Ich fand, daß diese deutsche Mannschaft (Bertis Buben) ohnehin nur mit Hängen und Würgen und Glück so weit gekommen war. Um 2.00 Uhr nachts in Weinseligkeit mit Otti nach Hause gefahren.

Mo 6.7.98

Ich bin gespannt auf die Quote.[16]

Ein bißchen Statistik: Ich wiege 113,3 kg.

Um 10.40 Uhr geht das Fax.

Also, es sieht so aus, daß wir 9,6 Mio. Zuschauer hatten bei einem Marktanteil von 29 % (Fußball gab es gestern Gott sei Dank nicht!). Damit stehen wir nicht nur an einsamer Spitze der gesamten Tabelle (vermutlich auch der Privatsender), sondern wir haben, was sehr selten vorkommt, sogar die »Tagesschau« übertrumpft.

Auf der Tabelle stand in Frau Ramckes Handschrift der Zusatz: »Lieber Herr Krug, hier die tollen Quoten vom gestrigen ›Tatort‹! Mit Dank für Ihren Einsatz – es ist doch noch ein schöner Erfolg geworden. Viele Grüße – Kerstin Ramcke.«

Ich habe ihr sofort zurückgefaxt: »Liebe Frau Ramcke, vielen Dank! Habe mich sehr gefreut. Danke für die Aufmerksamkeit. Habe noch nie eine solche Aufschlüsselung gesehen. Es erweist sich immer wieder: EIN BISSCHEN DREHBUCH … Gruß – Manfred Krug.«

Di 7.7.98

Ich habe heute gegessen: 1 Brötchen, 3 Knäcke mit 25 gr. Käse, 150 gr. Magerquark mit Sirup, etwas Selleriesalat, 6 kleine Kartoffelpuffer in wenig Olivenöl gebraten. Das brauchte ich.

---

16 Gesendet wurde die »Tatort«-Folge »Schüsse auf der Autobahn«.

Abends mit Petra Fußballweltmeisterschaft gekuckt. Brasilien gegen Holland. Nach Verlängerung 1:1, dann Elfmeter-Schießen. Der Torwart Taffarel, der bald in einer Istanbuler Mannschaft spielen wird, hielt zweimal, also stand es 4:2. Brasilien im Endspiel.

Mi 8.7.98

Im Fernsehen das WM-Halbfinale Kroatien gegen Frankreich. Ich habe von Tilo zehn Mark gewonnen, weil ich richtig getippt hatte. 2:1 für Frankreich, das nächsten Sonntag im Endspiel gegen Brasilien stehen wird.

Helmut Sakowski schrieb mir heute eine Karte. Er schlägt vor, daß ich nach seinen Vorarbeiten das Drehbuch unter meinem Namen schreibe. Das kommt natürlich nicht in Frage. Ich finde, er demütigt sich damit selbst. Er schreibt gut genug, um ohne meine Hilfe auszukommen. Er vermutet, daß die Sender vor seinem Namen zurückschrecken. Vielleicht auch das. Der hat es nicht immer leicht, der 1976 im »Neuen Deutschland« gestanden hat.[17] Aber die Sender wollen ganz einfach den Stoff nicht haben. Sie wollen keinen Fernsehfilm, in dem die West-Menschen als Okkupanten des Ostens geschildert werden.

Do 9.7.98

Abends im Ersten die Sendung »Die AMIGA-Story« gesehen, die Geschichte der DDR-Schallplattenfirma. Ich kam darin auch vor. Hastig zusammengewürfelter Film. Danach eine Flasche Rotwein mit Otti getrunken.

Brief an Charly Schöps geschrieben. Er will, daß Brauer und ich als Extra-»Tatort« etwas Lustiges in der Karibik drehen. Ein entsprechendes, völlig mißglücktes Drehbuch von Doris Heinze habe ich schon vor Monaten abgelehnt; ich weiß nicht, wo ein

---

[17] Gemeint ist das Verhalten derer, die sich nicht an der Petition gegen die Ausbürgerung von Biermann beteiligt haben. Sakowski schrieb am 22.11.76 im »Neuen Deutschland«: »... Ich respektiere den Beschluß meiner Regierung, den Liedermacher sein ›Brot‹ bei jenen essen zu lassen, in deren Interesse er seit Jahren gegen uns singt und handelt ...«

besseres herkommen soll. Außerdem will Schöps eine Platte mit den »Tatort«-Songs machen. Das muß man sich gut überlegen.

Frei 10. 7. 98

Seit seiner unbeholfen wirkenden Antrittsrede hatte ich Roman Herzog immerhin für einen Ehrenmann gehalten. Ein Mann, ein Wort. Die Zeit seiner Präsidentschaft hindurch sagte er jedem, selbst den wenigen, die nicht danach fragen mochten, er sei zu einer weiteren Kandidatur nicht bereit. Das Unumstößlichste, was Journalisten aus seinem Munde hören konnten. Seit heute ist klar, daß er nicht mehr seiner Meinung ist. Er glaubt, das Volk halte ihn für einen derart brillanten Mann, daß er dem Volk drohen kann. Denn er hat im Umfallen die Drohung ausgestoßen, daß er von diesem Entschluß rabiat zurücktreten werde, falls das Volk der Koalition und dem Kanzler und damit ihm nicht genug Stimmen schenke.

Sa 11. 7. 98

Von Jacques Klein, dem amerikanischen Diplomaten, den Jurek und ich schon in Ostberlin kennengelernt hatten, bekam ich eine Postkarte aus Sarajewo, wo er einen Befriedungsjob hat. Poststempel 7. Juni 98. Er hat Angst um sein Leben, es gibt keinen Absender, er hat nicht mal mit seinem Namen unterschrieben. Er habe im Fernsehen »Abgehauen« gesehen und sich wehmütig an die Zeit vor 22 Jahren erinnert. Der Darsteller des Jurek Becker habe seine Sache gut gemacht, Jurek sei deutlich erkennbar gewesen. Die Fotos auf der Postkarte zeigen die Stadt noch unversehrt.

Abends fuhr ich zu Tiziana, die unter vielen fremden Menschen ihren 60. Geburtstag feierte. Ich schenkte ihr das Buch »Jurek Beckers Neuigkeiten …« mit lieber Widmung. Mit Ben Wagin, dem Bildhauer und Gingkobaumpflanzer, sehr nett unterhalten. Plötzlich kam Fanny mit Daisy-Philine in der Tragetasche. Das Kind lag ruhig schlafend da, so wie einst Fanny uns zu allen Festen begleitet hat und immer ruhig schlafend lag. Ein wunderschöner Anblick.

So 12.7.98

John Wayne hat in späteren Jahren eigentlich nichts gemacht, als sich dumm hinzustellen und überlegen zu grinsen. Besonders schlaubergerisch hat er immer gegrinst, wenn er einen Offizier der amerikanischen Streitkräfte im Zweiten Weltkrieg gespielt hat (z. B. in »Erster Sieg«, S/W, USA 1965) und der Feind, die Pflaume, im Anmarsch war. Man muß froh sein, ihn wenigstens kürzere Stücke gehen zu sehen, denn in seinem Gang liegt noch immer Schönheit. So ist es auch mit Robert Mitchum. Aber der bescheidenste und darum schönste von allen Gehern in Amerika war Gary Cooper. Um diesen Gang nachzumachen, hätte ich ein anderes Skelett gebraucht. Bei mir hat es höchstens für Walter Matthau gereicht.

Der 16. Fußballweltmeister ist Frankreich. Zum ersten Mal in der Fußballgeschichte haben die Brasilianer, wenn sie ins Endspiel gekommen waren, verloren. 3:0. Und sie können noch froh sein. Es hätten zwei Tore mehr sein können. Keine englischen und deutschen Totschläger waren zu sehen. Dafür aber Jacques (fuck) Chirac, der Meister von Mururoa.

Die wenigen Berliner Franzosen gurken seit zwei Stunden hupend durch die Stadt, als seien sie heiratende Türken.

Mo 13.7.98

Gerade zappe ich durch die Sender und sehe auf N3 um 23.00 Uhr Helmut Sakowski im »Bücherjournal« über Brigitte Reimann sprechen.

Er sagt: »Sie saß hier im Garten, es ging ihr schon sehr schlecht. Sie sagte zu mir: Leg mal ›Fredmans Episteln‹ auf, gesungen von Manfred Krug.« Das nenne ich Namedropping.

Der Mohr hat seine Schuldigkeit getan. Roman Herzog will ab heute über eine mögliche zweite Amtszeit nicht mehr sprechen. Ist ja auch nicht mehr nötig. Die »Bild-Zeitung« wird von den Politikern offenbar deshalb so geschätzt, weil typische Politikerschweinereien über die »Bild-Zeitung« am besten ins Volk abzusetzen sind.

Di 14. 7. 98

Seit Tagen bilde ich mir ein, so gut wie gar nichts mehr zu essen, trotzdem stagniert mein Bemühen abzunehmen. Was soll ich nur machen! So, wie es jetzt ist, möchte ich nicht bis zum Ende leben. Und die paar Knäckebrotscheiben, die paar Gurken- und Tomatenstückchen sind schon der reinste Hunger. Ich kann das Gewicht mit knapper Not halten, mehr nicht. Ich träume von Butter, von Leberwurst, von Geselchtem, von Graubrot und Kartoffeln ... Bei 113 Kilo sind die Gewichte auf meiner Waage zum Stillstand gekommen. Welch eine freudlose Zukunft.

Mi 15. 7. 98

Heute um die Mittagszeit sitze ich still in der Wohnung. Plötzlich aus der Richtung des Ofens ein erschreckendes Gepolter, so laut, daß ich zusammenzuckte. Einige Sekunden der Besinnung. Was war geschehen? Stürzt das Dach ein? Bebt die Erde? Plötzlich war mir klar, der Schornsteinfeger hatte mit Genuß seine blöde Kugel in den Kamin fallen lassen. Soll der da unten doch erschrecken. Ich habe hier zu arbeiten. Ich rannte raus auf den Balkon und sah den Kerl. So laut ich konnte, daß es die fünf Stockwerke in den Hof hinunterschallte und wieder hinauf, schrie ich: »Was treiben Sie da oben? Sind Sie noch zu retten? Können Sie nicht auf die Klingel drücken, bevor Sie mit dem Terror anfangen? Sie wissen doch seit zehn Jahren, daß der Kamin nicht gekehrt werden muß. Was sind Sie denn für ein Schornsteinfeger? Sie können nicht am Kaminkopf erkennen, daß der Zug unbenutzt ist? Ich lasse Sie nur aufs Dach, damit Sie ohne sinnvolle Arbeit Ihr Geld verdienen können, ich komme der Auflage der Schornsteinfeger-Innung nach, obwohl ich Sie noch nicht ein einziges Mal wirklich gebraucht habe, und zum Dank knallen Sie mir Ihren saudummen Kugelbesen in den Kamin, daß ich denke, die Welt geht unter? Machen Sie das nochmal, dann bin ich oben, Sie ...!« Es gibt Momente, da bin ich stolz darauf, daß ich mit Proleten deutlich reden kann, weil ich selbst ein Prolet bin.

Do 16.7.98

In der Nähe von Amsterdam ist der bisher größte Kinderpornoring aufgeflogen. Es soll Kontaktadressen in Berlin geben. Da fällt einem nur »Todesstrafe« ein.

Es gibt im ZDF eine Sendung, die heißt »Risiko«. Dort kann sich jedermann ein Wissensgebiet wählen. Je mehr er weiß, desto mehr kann er gewinnen. Die Grenze sind 28.000 Mark. Heute kamen mir die Tränen, weil mir klar wurde, daß ich kaum noch etwas weiß. Keine Namen, keine Länder, keine Geschehnisse. Heute gab es einen, der alles über den Blues wußte. Vieles davon wußte auch ich einmal. Wissen ist etwas Wunderbares. Macht … Macht ist es nicht unbedingt, wie Lenin sagte. Sonst wären nicht so viele alte Kacker, so viele Alzheimerkandidaten so mächtig.

Sa 18.7.98

Trotz körperlicher Schwäche habe ich mich an die italienische Alabasterstele herangemacht, die ich schon ein halbes Leben lang mit mir herumschleppe. Der Stasimann Manfred Salow hatte sie mir beim Auszug aus der DDR gut in Bretter gepackt. Sie hat den Transport überstanden und schlief die ersten zehn Jahre stehend in ihrer Bretterpyramide im Keller der Martin-Luther-Str. Nach dem endgültigen und letzten Umzug schmückte sie für ein paar Jahre die Terrasse der kleinen Wohnung, wo der saure Regen im Verein mit dem Frost sie derart rasch zerfraß, daß ich es zu spät bemerkte. Die obere Standfläche der drehbaren Stele war dabei zu zerbröckeln, ich stellte das Ding auf die Sackkarre und holte es herein. Dort gab es noch einige Jahre Gnadenbrot, und heute habe ich sie mit dem Hammer zertrümmert und alle Brocken die Treppen hinuntergetragen. Wieder ein bißchen Leben im Müll.

So 19.7.98

Abends gehe ich ein Glas Wein im »Diener« trinken.

Im Freien sitzt die übliche Blase, Meinecke, Haase-Hindenberg, Hermann Treusch, der auf der Freilichtbühne in Wunsiedel den Geßler im »Tell« spielt. Da hat er nach dem Apfelschuß an

Tell gerichtet zu sagen: »Du stecktest noch einen zweiten Pfeil zu dir …« Was aber entfährt seinem Munde? »Du stecktest noch einen zweiten Apfel zu dir …« Die Komparsen hätten sich mühsam das Lachen verkniffen. Sechs Zeilen später sollte der Satz folgen: »Wozu der zweite Pfeil?« Er habe sich sehr konzentriert, um den peinlichen Fehler nicht zu wiederholen, habe dann aber insistierend dennoch die Worte gesagt: »Wozu der zweite Apfel?« Na ja …

Mo 20. 7. 98

Im WDR läuft um 20.15 Uhr die Folge »Berlin ist ein Dorf« aus der Serie »Liebling Kreuzberg« (1994) von Uli Plenzdorf. Morgen mal die Einschaltquote ansehen. Diese Folge ist gar nicht so schlecht. An einer Stelle sage ich zu meiner schwangeren Tochter Sarah: »Ich hätte nicht übel Lust, selbst noch ein Kind zu machen. Aber im Moment reicht das Geld nicht.«

Do 23. 7. 98

Meine Maskenbildnerin ist so süß, daß sie mir sozusagen zwangsläufig ans Herz wächst. Das einzig Anstrengende an ihr ist, daß sie so gern plaudert. Wenn ich jünger wäre, würde ich ihr bis ins Bett zuhören.

Frei 24. 7. 98

Seltsamer Traum: Durch widrige Umstände war ich nackt, hatte aber in einer Stadt zu tun, in der ich umherirrte. Ich war erstaunt, daß die Leute sich um meine Nacktheit wenig scherten. Mir war die Sache sehr peinlich. Ich suchte und fand einen Mann, der bereit war, mir zwanzig Mark zu borgen, obwohl ich mich nicht ausweisen konnte. Genau dies aber verlangte ein Polizist, der inzwischen aufmerksam geworden war und mich auf eine Polizeiwache mitnahm. Der Geldleiher folgte mir und dem Polizisten dorthin, es schien, als wünschte er nun doch die Personalien dessen zu wissen, dem er das Geld geliehen hatte. Ich hatte Mühe, mein Skrotum mit beiden Händen zu verdecken, es war größer, als ich es in Erinnerung hatte, es schien immer zwischen meinen Fingern hervorzuquellen. Die Polizisten hinter ihrer Barriere standen von den Stühlen auf und schauten auf meine Schamgegend. Ich drehte ihnen den Rücken zu und entdeckte gegenüber der Barriere einige Verkaufsregale, in denen grüne Polizeiwäsche lag, Pullover, Jacken, braune Woll-Unterhemden. Ohne Erstaunen darüber fand ich endlich zwei Unterhosen, die etwas unter zwanzig Mark kosteten, so daß ich dem verkaufenden Polizisten etwas Trinkgeld geben konnte. Sofort zog ich die Unterhosen übereinander an und stopfte den Hodensack hinein. Pünktlich beim Happy End bin ich aufgewacht, habe dadurch aber nicht erfahren, was aus dem netten Mann geworden ist. Im wirklichen Leben hätte ich ihm das Geld wiedergegeben.

In der Post hatte ich einen Brief von der »Bild-Zeitung« gefunden:

»Hamburg, den 23.7.98

Sehr geehrter Herr Krug,

in Zusammenhang mit der Übergabe einer Kopie Ihres Tagebuchs an Werner Lamberz hat es in jüngerer Vergangenheit einige kleinere Presseveröffentlichungen gegeben (z. B. in der FAZ). Mich interessiert dazu Ihre persönliche Sicht der Dinge. Wie beurteilen Sie die Aktion heute, wie stehen Sie zu der u. a. in den Gauck-Akten dokumentierten Kritik Ihrer damaligen Künstler-Kollegen?

Es würde mich freuen, wenn Sie die Zeit zu einem persönlichen Gespräch finden könnten.

Mit freundlichen Grüßen«

Meine sofortige Antwort:

»Berlin, den 25.7.98

vielen Dank für Ihren Brief vom 23. Juli 1998. Ich will schon lange mal richtig auspacken. Aber, das werden Sie verstehen, ganz umsonst soll es nicht sein.

Andererseits, an Geld liegt mir nichts. Deshalb an dieser Stelle mal ein – zugegeben – besonderer Vorschlag: Sie kommen mich hier zu Hause besuchen, und während des Gesprächs wichsen Sie alle meine Schuhe. Einfach so als Geste. Das wäre prima.

Sonst macht es ja meine Frau, aber wenn Sie es machen, das wäre einmalig. Dann könnte ich mit Fug und Recht sagen, daß Sie mein Lieblingswichser sind. Wollen wir es so verabreden?

Also, bis dahin liebe Grüße

Ihr Manfred Krug.«

Die Scheißkerle hauen sowieso drauf. »Da hilft nur das Ausbrennen.«

Bin gespannt, was sie machen. Sicher werden sie zuerst einen Anwalt fragen, ob er eine Chance sieht, mir gerichtlich eins überzuziehen. Und dann werden sie mich wie gewohnt im Käseblatt anschießen.

So 26. 7. 98

17.00 Uhr kam Otti von ihrer Reise zurück. Ich hatte gerade ein bißchen geschlafen. Ich kochte ihr ein Gemüsegemisch aus Tomaten, Zwiebeln und Zucchini mit etwas Olivenöl und gab ihr von meinen Roten Beten. Ihr Telefon geht nicht, wahrscheinlich weil der Akku nicht mehr lädt. Ich fand einen neuen, den ich ihr einbaute. Ich gab ihr den »Wichser«-Brief an den Bildzeitungsredakteur zu lesen, und sie erschrak, wie immer.

Wir haben bis 1.00 Uhr zusammengesessen.

Nachts habe ich auf Arte einen Film aus dem Jahr 1981 gesehen, den der Regisseur Percy Adlon mit Eva Mattes und Jürgen Arndt in den Hauptrollen nach den Lebenserinnerungen der Haushälterin Céleste Albaret gedreht hat, die 1973 unter dem Titel »Monsieur Proust« erschienen sind. Die beiden Schauspieler sind wunderbar. Der Film ist eines von den leisen, langsamen, erschütternden Meisterwerken, die ich liebe und zu denen ich nie gerufen worden bin. Ich wußte nicht, daß die Mattes so schön und so klug ist. Oder besser ist es zu sagen: sie spielt sich schön. Einen Moment später kann sie wieder trostlos aussehen wie eine Kollwitz-Zeichnung. Scheinbar mühelos findet sie jedes Gesicht, das sie braucht. Die Sache mit den Zetteln, die Proust bekritzelt hat, und die Sache mit den Handtüchern, von denen er mehrere wegwirft, nur um sich einmal die Hände abzutrocknen. Verrückt und gruselig. Ich glaube, der Peter Hacks wäre gern so einer gewesen, aber seine Verrücktheit hat doch nicht ausgereicht.

Ich habe Hunger. Abends ist es am schlimmsten. Proust soll sich jahrelang von nichts als zwei Tassen Milchkaffee und zwei Hörnchen ernährt haben. Wenn das wahr ist: wie wenig Energie doch von einem Gehirn für gute Arbeit benötigt wird. Als Céleste ihn vor Antritt einer Reise fragt, warum er nicht an den Ort seiner Kindheit fahren möchte, über die er soeben schreibe, antwortet er: »Die verlorenen Paradiese finden wir nur in uns selbst.«

Jurek las in späteren Jahren auch Proust, und es muß zweierlei für ihn gewesen sein, ein großer Genuß und eine große Enttäuschung. Die Lektüre hat ihm geholfen, seine Grenzen wahrzunehmen. Einmal hat er es mir tief atmend gesagt.

Mo 27.7.98

Am Nachmittag habe ich Otti in die ersten Geheimnisse des Computerschreibens eingewiesen. Dabei trat mein mangelndes Erklärtalent ebenso zutage wie die Wortfindungsprobleme und das Stottern, unter dem ich seit dem Schlaganfall leide. Der Rittmeister Neumann in Hoppegarten, als ich ihm vor mehr als dreißig Jahren sagte, daß ich für den Film »Mir nach, Canaillen!« innerhalb einer Woche das Reiten lernen müsse, hat damals geantwortet: »In einer Woche lernen Sie bei mir das Sitzen auf dem stehenden Roß.« Ottilie hat heute vom Meister des Zuse[18] das Ein- und Ausschalten gelernt. Mehr nicht.

Ich werde fettsüchtig, im Sinne von süchtig nach jedem Gramm Fett.

Di 28.7.98

Vor zwei Tagen ist in der Nähe von Paris eine 28jährige Krankenschwester verhaftet worden, die etwa vierzig unheilbar kranke und

---

18 Die ersten von Konrad Zuse erfundenen mechanischen Rechner beziehungsweise Computer wurden »Zuse« genannt.

sieche Menschen durch Injektionen von einem trostlosen, angstvollen Leben in den Tod gebracht hat. Die Schwester ist eine Heldin, eine humane Frau, hinter der sich alle verstecken. Ihr droht lebenslange Haft. Wenigstens hat sie in Frankreich die schlafenden und feigen Politiker-Hunde wieder geweckt.

Otti ist schon um 9.00 Uhr verschwunden. Drüben ein Zettel: »Lieber Manfred, nach so langer Zeit habe ich Lust, mein Auto mal zu bewegen. Also fahre ich ein bißchen und erledige ein paar Gänge. Bis bald – Deine Otti.« Würde mich nicht wundern, wenn sie einen Freund hätte. Vielleicht war sie auch schon nicht alleine in Gran Canaria. (?)

Zwei kleine Rinderfilets und etwas Spinat gegessen.

Von 15.00 bis 17.00 Uhr mit Otti Computer gelernt, heute: Das Drucken. Dabei finde ich manches, was ich schon wieder vergessen habe. Gelegenheit zum Auffrischen. Otti »bat« abends um Ausgang, das heißt, sie sagte wie immer an, daß sie noch was vorhat. Ich ging ins »Diener«, wo ich an der Seite von Barbara Naujok deren halbwüchsigen Sohn fand, der ein angenehmer Junge ist. Dann kam Christoph Hofrichter mit Gepäck vom Bahnhof, wo er soeben aus Stuttgart eingetroffen war. Er, der mir einst wie ein Verrückter vorkam, schien mir hier unter den Verrückten der normalste zu sein. Wir schwelgten wieder über das Dörfchen Mulegé in Mexiko, dem Ort unserer ersten und heftigen Begegnung. Mit der Schauspielerin Ingeborg Westphal, die zwei Jahre lang nicht mehr im »Diener« gewesen war und die neuerdings nicht mehr über die schöne dunkle Stimme verfügt, sprach ich über Uli Thein, und ich durfte nichts Häßliches über ihn sagen

»Ich liebe ihn!« sagte sie.

»Er ist aber doch tot«, sagte ich.

»Das macht nichts«, sagte sie.

Mi 29. 7. 98

Ein Fax von Martini: »Nun ist es passiert. Der Wettbewerb hat unseren Funkturm-Spot abgemahnt …« Das Wort »Der Wettbewerb« wird also schon verwendet wie »Der Feind«. Dabei ist doch der Wettbewerb die Seele des Kapitalismus. Aber wir hätten ja vorsorglich zwei Varianten gemacht. Dennoch sei etwas nachzusprechen, ein Satz im Off usw., ob ich nicht in einem Berliner Studio am Samstag etwas nachsprechen könnte.

Do 30.7.98

In »Kulturzeit« auf 3sat wurde der Neurologe Detlef B. Linke gefragt, ob er sagen könne, was »Bewußtsein« sei. Das könne er mit letzter Gewißheit nicht sagen. »Manche meinen, wenn einer auf die Spitze seines Bleistifts sieht und weiß, wozu der Bleistift dient und daß er damit schreiben kann, das sei Bewußtsein. Aber es gibt Leute, die kucken aus dem Fenster in eine Landschaft und denken sich nichts dabei. Wer will denen ›Bewußtsein‹ absprechen? Ich kann das nicht.« Ich glaube, Bewußtsein hat ein Mensch dann, wenn er weiß, daß er da ist. Das genügt.

Sa 1.8.98

Traum um 9.00 Uhr: Ich spielte in einer Theatertruppe ein mir unbekanntes Stück. Auch die Kollegen kannte ich nicht. Das Haus war voll. Es war ein Theatersaal, der im 1. Stock lag. Darunter lagen Geschäfte. Es war Pause. Die Menschen flanierten an dem warmen Sommerabend auf einem Platz herum, der mich an den Krakauer Markt mit der großen Tuchhalle erinnerte. Da wir alle den Text nicht konnten, liefen wir mit Reclamheftchen herum, die wir gut festhielten, um die Fortsetzung des Stückes spielen zu können. Es ging schon aufs Ende der Pause zu, und ich bemerkte, daß die Leute aus dem Publikum nicht nach Hause gegangen waren, womit ich nach der miserablen Vorstellung gerechnet hatte. Das Publikum wimmelte durch das ganze Haus, viele Leute tummelten sich auf dem Marktplatz. Ich versuchte verzweifelt, auf einer der Toiletten unterzukommen, konnte aber nicht pinkeln, weil die Leute mich anstarrten und dabei ihrerseits keine Probleme hatten, ihre Geschäfte zu verrichten. In eine Herrentoilette drangen sogar einige alberne Frauen ein und stellten sich vor die Urinale. Eine hob für einen Moment kichernd den Pullover, um ihre

Brüste zu zeigen. Ihre Freundin streifte den Pullover wieder herunter. Alle Augen waren zu mir gewendet. Ich beschimpfte die Leute, konnte mich aber nicht einfach herumdrehen, um mich zu erleichtern, sondern mußte mich konzentrieren. Ich hielt mein Reclamheftchen fest in der Hand. Ich versuchte es in einem der Hausflure und im Innenhof des Gebäudes, aber überall waren Leute, die mich beglotzten. Ich haßte sie alle. Schließlich stand ich aus dem Bett auf und ging in meiner Wohnung auf meinem altgewohnten Klosett pinkeln.

Um 14.00 Uhr fuhr ich ins »Studio Funk«, wo mich Regisseur Florian Beisert erwartete. Ich mußte auf Wunsch der Konkurrenz einen Text synchronisieren, der in der Tat, beabsichtigt oder nicht, mißverständlich geschrieben worden war. Mir war nämlich selbst nicht klar, daß der angepriesene billige »Ortstarif« nur dann gilt, wenn man mit dem Handy einen Gesprächspartner auf dessen Festnetz anruft. Ich empfand, daß die Einwände der »gegnerischen« Juristen zu Recht bestanden. Wenn ich selbst die Sache durchschaut hätte, wäre ich von vornherein nicht bereit gewesen, den mißverständlichen Text in dem Funkturmspot zu sprechen.

Zu Hause einem schweren Schlafanfall für eine Stunde nachgegeben. Otti kam dann von ihrer Fahrt nach Hause.

Sie brachte eine Kritik aus »TV-tip« Nr. 12/98 mit, ein Beitrag von Sven S. Poser, in dem Buch und Film »Abgehauen« verglichen werden und der zu den genaueren, gründlicheren von den Artikeln gehört, die ich gelesen habe. Auch hier kommt wieder der säuerliche Thate zu Wort. An einer Stelle heißt es: »Das sehen manche der damals Beteiligten freilich anders. Schon zu DDR-Zeiten haderten sie mit Krug, weil er das Treffen ohne ihre Genehmigung aufgezeichnet ( ) hat.« Ach was. Zu DDR-Zeiten wußte, außer Jurek und Ottilie, kein Mensch von der Aufzeichnung. Das blieb bis zur Veröffentlichung des Buchs ein Geheimnis. Christa Wolf schwankte zwischen Erstaunen und Entzücken darüber, daß es eine solche Aufzeichnung überhaupt gab. Als ich sie fragte, ob ich den Mitschnitt dem Tagebuch voranstellen sollte, sagte sie zunächst, noch ohne ihn gelesen zu haben: »Aber unbedingt!« Und als es so weit war, ist jeder einzelne der Teilnehmer schriftlich gefragt und um seine Zustimmung gebeten worden. Jeder bekam vorher ein Manuskript der Aufzeichnung. Manche konnten sogar nachträglich gewisse Stotterpassagen korrigieren. Nur von Thate, Domröse und Eberhard Heinrich, dessen Adresse ich nicht ausfindig machen konnte, hatte ich keine Zustimmung. Ich habe deshalb den Namen von Heinrich verändert und die Gesprächsbeiträge Thates und Domröses in indirekter Rede und um jede etwa kompromittierende Passage gekürzt wiedergegeben. Das ist also Unsinn. Immerhin, der Unsinnsanteil ist in diesem Beitrag angenehm gering. Thate soll gegenüber der »Welt« gesagt haben: »Angeblich waren uns betreffende Stellen geschwärzt, aber ich fand das denunziatorisch.« Die Stellen von Thate waren ganz sicher in keinem Fall geschwärzt, sie waren der Mühe nicht wert. Stellen anderer Leute, und nicht aus dem Mitschnitt, den hat Lamberz ja nicht bekommen, sondern aus meinem Tagebuch, habe ich allerdings unlesbar gemacht, weil es sich um gefährliche Passagen handelte. Und die habe ich nicht geschwärzt, sondern mit einer Rasierklinge Zeile für Zeile herausgeschnitten.

So 2.8.98

Von 11.00 Uhr bis 14.00 Uhr mit Otti auf dem Flohmarkt. Sie hat dort einen schönen goldenen Ring gefunden, den eine Schleife aus roter Emaille ziert. Gemeinsam haben wir dann noch eine hübsche runde Tischdecke und eine Schürze für sie gefunden und für mich ein altes Schallplattenalbum, das mit einer goldblauen Vignette in Art déco bedruckt ist. Über den Ring, den ich ihr geschenkt habe, hat sie sich wie ein Kind gefreut, sie sagt, sie wolle ihn heute mit ins Bett nehmen. Eine Frau auf dem Flohmarkt sagte: »Sie brauchen Ihren Namen wirklich nicht auf dem Gürtel zu tragen, jeder weiß, wie Sie heißen, Herr Krug.« Erst jetzt fiel mir ein, daß ich einen Gürtel trug, den mir die Mexikaner vor zehn Jahren bei den Dreharbeiten zu »Auf Achse« geschenkt hatten und auf dem hinten mein Name M. Krug steht. Ich sagte: »Hinten steht noch was drauf: ›Sieben auf einen Streich!‹« Kleiner Lacher.

Frank Beyer hatte mir vorgestern eine Broschüre geschenkt, herausgegeben von der Pressestelle des WDR Köln. Darin habe ich einige Kurzbiografien und Interviews von Beteiligten an dem Film »Abgehauen« gelesen. Frank Beyer sagt über das erste Treatment von Plenzdorf: »Krug war überzeugt, als wir ihm dieses Treatment vorlegten.« Ich hatte mit mehr Kühnheit und Frechheit bei der Ausarbeitung des Stoffes gerechnet und war nach dem Lesen eher zaghaft. Glaube aber inzwischen, es war gut, daß Uli so dicht am Buch geblieben ist.

Peter Lohmeyer spricht davon, wie ich ihm vor Beginn der Dreharbeit Tips zu der Rolle gegeben haben soll: »Und er hat mir gesagt – als das Schlitzohr, das er halt ist: ›Peter, alles halb so schlimm. Du mußt nur wissen, daß ich damals verdammt viel Schiß in der Hose hatte. Und ansonsten mußt du nur immer denken, du bist der Größte.‹«

»Gjakmarrja« heißt das Wort für Blutrache bei den Skipetaren. Ganz allmählich wollen selbst die Albaner durch die Hilfe von Vermittlern dahin kommen, daß damit Schluß ist, daß die teils seit Jahrhunderten verfeindeten Familien immer abwechselnd einen ihrer jungen Männer umbringen. Sie sagen, Gott habe dem Menschen zwei Finger auf die Stirn gelegt und ihnen eine Ehre gegeben. Die Grabkreuze der Ermordeten dürfen so lange keine Namen tragen, bis der nächste Junge der Gjakmarrja zum Opfer gefallen ist. Nun wollen sie sich anstrengen, damit sie einst unter die Europäer aufgenommen werden, die schließlich selbst uns Deutschen wieder eine Heimstatt gegeben haben.

Di 4.8.98

Mit Otti war ich heute nochmal im Kaufhaus Hertie und habe mit ihr die herabgesetzten Herrenunterhosen am Wühltisch durchgesehen. Dabei entdeckte ich die Firma »Schiesser«. Noch einmal schlug ich zu. Es wird für den Rest meines Lebens reichen. Ein paar Unterhosen bleiben für Daniel übrig, wenn er reinpaßt.

Otti hatte ich gesagt, daß ich heute Besuch von Marlene haben werde. Sie hat sogar ein paar Scheiben Wurst rübergebracht.

Otti ist lieb. Sie nahm sich dann für den Abend etwas vor und kam nach 1.00 Uhr heim, da saß ich längst allein am Zuse.

Mi 5.8.98

Ich sah mir auf Arte einen Film über den wunderbaren russischen Geiger David Fjodorowitsch Oistrach an. Dieser dickliche Mann mit breiten Pfoten und kurzen Fingern, wie herrlich präzise und empfindsam hat er gespielt und dirigiert, und wie hat die Sowjetmacht ihn ausgebeutet und unterbezahlt. Wie schön, in dem Film die anderen großen Musiker (Rostropowitsch, Menuhin) so nobel über ihn sprechen zu hören. Oistrach muß bis ins Alter eine große Merkfähigkeit gehabt haben. Sein Gehirn, welch ein Wunderwerk. Es wird zu Humus werden, wie das Gehirn des nächstbesten Deppen.

Do 6.8.98

Um 19.00 Uhr kamen Daniel, seine Petra und die kleine Ella Louise, die jetzt 15 Monate und einen Tag alt ist. Sie hat ihr sonniges Gemüt behalten und verbreitet beste Stimmung. Sie ist ein Baby mit besonderen Begabungen: sie konnte sehr wohl zwischen einem Kugelschreiber mit und einem ohne Mine unterscheiden. Wenn die Mine fehlte, weil ich den Fußboden retten wollte, hat sie geweint. Ich gab ihr dann einen Zeichenblock und einen kompletten Kugelschreiber, und sie war wieder glücklich und hat richtig gekritzelt und gemalt.

Wir alle haben auf der Terrasse ein schönes Abendbrot gegessen, mit Salat, Käse, Wurst und einem Türkenfladen.

Otti und ich haben uns rührend um die kleine Ella Louise gekümmert. Otti holte den großen Bären aus meinem Bett, der von dem Kind nach Herzenslust gedrückt und geküßt wurde. Es war einfach rührend. Hin und wieder steht Ella Louise schon ganz gut, sie läßt sich aber bei größeren Unternehmungen sicherheitshalber auf den Hintern plumpsen, um auf den Pobacken jedes Ziel in erstaunlicher Geschwindigkeit zu erreichen. Um 1.00 nachts nahmen die Eltern ihr Kind aus meinem Bett, um nach Hause zu fahren. Otti sagt, ihr sei schon öfter aufgefallen, daß Daniel von Zeit zu Zeit gern in den Schoß der Familie zurückkehre und es genieße, bei Papa und Mama zu sein.

Frei 7. 8. 98

Todor Schiwkow, am 5. August, endlich gestorben.

In Kenia (Nairobi) und dem benachbarten Tansania (Daressalam) sind die amerikanischen Botschaften in die Luft gesprengt worden. Viele Tote, viele Verwundete.

Johannes Gutenberg, der Erfinder der Buchdruckerkunst aus Mainz, hieß eigentlich Johannes Gensfleisch. Das waren originelle Typen damals. »Gensfleisch«! Wie sind die Leute auf sowas gekommen? Er hätte auch »Hühnerkeul« heißen können oder »Schweinesülz«. Die Leute waren einfach origineller. Sie waren nicht durch Massenmedien so fürchterlich über einen Leisten geschlagen. Sie hießen origineller, sie hatten lustigere Schuhe an, und man konnte sie im Gewimmel allein an ihren bizarren Pelzmützen unterscheiden. Damals schämten die Leute sich noch nicht dafür, daß sie unverwechselbar waren und hießen und aussahen. Ich kannte einen Musiker, einen wunderbaren Posaunisten, der den schönen Namen Hubert Katzenbeißer trug. Die Familie seines Urahnen war also arm. Wahrscheinlich hatten sie oftmals nichts zu essen und werden hier und da eine streunende Katze gepelzt haben. Eine Jagdflinte konnten sie sich nicht leisten, sonst hätten sie lieber einen Hasenbraten zum Beißen gehabt als eine Katze. Was kann man sich alles vorstellen bei diesem Namen. Hubert Katzenbeißer hat ihn – mit Rücksicht auf seine Kinder, wie er sagt – geändert. Er ist zum Amt gegangen und heißt nun Katzenbeier. Tausende von Menschen mit originellen Namen sind zum Amt gegangen. Wer zu seinem Namen nicht stehen kann, ist arm dran. Das erinnert mich an einen Witz.

Ein Jude kommt zum Standesamt und möchte seinen Namen geändert haben. Der Beamte fragt ihn: »Wie heißen Sie denn?« Der Jude sagt: »Adolf Arschloch.« Der Beamte sagt: »Das kann ich verstehen. Wie möchten Sie denn künftig heißen?« Der Jude: »Fritz Arschloch.«

Der französische Schriftsteller Alfred Jarry, 1873–1907, Vorläufer des Absurden Theaters, verlangte auf dem Sterbebett einen Zahnstocher. »Bitte einen Zahnstocher!« waren seine letzten Worte. Heute kennen ihn viele Leute nur noch dieser drei Worte wegen, die es nicht verdient haben, so lange bewahrt zu werden. Warum denn nicht? Er war noch keine vierzig Jahre alt und hatte etwas in einer Zahnlücke. Vielleicht ein Schweinegezadder, das ihn gestört hat. Er wollte also noch etwas vom Leben haben, denn er wollte es verbessern. Er konnte nicht ahnen, daß »Bitte einen Zahnstocher!« seine letzten Worte werden würden. Er muß überraschend gestorben sein, also einigermaßen glücklich.

Monica Lewinsky hat ausgesagt, sie habe neun Mal mit dem amerikanischen Präsidenten ein Nümmerchen gemacht. Der muß blöd sein. Eine Nummer mit Lewinsky wäre genug gewesen.

Sa 8.8.98

Es gibt so ein Satire-Liedchen, gesungen von Johanna von Koczian, in dem es heißt: »Das bißchen Haushalt macht sich von allein, sagt mein Mann.« Ich mache meinen Haushalt schon seit Jahren allein, weil ich der Otti nicht das Waschen und Bügeln und Kochen aufhalsen will. Das Waschen macht die Waschmaschine, das Trocknen die Sonne, gebügelt wird schon lange nicht mehr bei mir. Nur für ganz seltene Anlässe, vielleicht bei der Verleihung des Bundesverdienstkreuzes oder des Bundesfilmpreises, würde ich ein gebügeltes Hemd anziehen, aber einen solchen Anlaß hat es bisher nicht gegeben. Kein Mensch hat es je gewagt, öffentlich auf die Ungebügeltheit meiner Hemden zu sprechen zu kommen. Das Kochen aber macht mir selbst Spaß, und es ginge auch nicht anders, weil ich gern etwas Gutes esse. Außer Otti kann keine Frau kochen.

Frauen machen es sich bei der Hausarbeit absichtlich schwer, weil sie unterschwellig ein schlechtes Gewissen haben, daß sie den Mann schwere Arbeit machen lassen, während sie beim Bohnenschnippeln »Lindenstraße« sehen können. Sie wollen sich aufopfern und zeigen, daß ihr Leben schwer ist. Sie wollen die Liebe der anderen verdient haben. Alles waschen sie zu oft. Hat eine Raupe etwas von dem Salatblatt gefressen, reißen sie es ab und werfen es weg. Sie wollen Schnecken und Raupen zwar naturschützen, aber nicht mit ihnen teilen. Wenn sie grüne Bohnen pispeln, schneiden sie wie vor hundert Jahren beide Bohnenenden ab. Sie mißachten, daß das überflüssig geworden ist. Wenn sie Johannisbeergelee kochen wollen, streifen sie mühsam die Beeren von den Rispen, die sie hätten mitkochen können, weil sie nach dem Durchsieben ohnehin weggeworfen werden. Das und alles mache ich anders, und es geht schneller, weil ich mich nicht quäle. In anderthalb Stunden habe ich heute: Wäsche gewaschen, in der durch die Maschine gewonnenen Zeit aus zwei Kilo Zucchini, Tomaten, Zwiebeln und Olivenöl ein gesundes, nicht ganz durchgekochtes Mahl gemacht, drei Pfund Wachsbohnen al dente gekocht und phantastischen Salat daraus gemacht, zwischendurch das Bett aufgelockert und mit dem Staubsauger durch das große Zimmer gegangen, weil die anderen Zimmer einer Reinigung noch nicht bedürfen. Diese Zeit hätte eine deutsche Maso-Hausfrau allein mit dem Kämmen der Teppichfransen verbracht.

So 9. 8. 98

Die westlichen TV-Journalisten jammern den ganzen Tag darüber, daß sie die vielen Menschen nicht zeigen und zählen dürfen, die das Hochwasser des Jangtses in China verschlungen hat. Wie der Nil in Ägypten, überschwemmt der Jangtse jedes Jahr das Land und bringt fruchtbaren Schlamm. Manchmal bringt er den Tod, wie 1931, 1934 und 1954, in welchem Jahr allein 30.000 Menschen ertrunken sein sollen (sicher waren es mehr, denn die Kommunisten haben noch nie die Wahrheit gesagt, und die chinesischen schon gar nicht). Aber viel mehr Menschen bringt der Mensch um. Wenn man nur die Hungersnot im Süd-Sudan betrachtet, die der Krieg gebracht hat.

Mo 10. 8. 98

Während meiner 50-minütigen Fahrradfahrt habe ich in 3sat in der Reihe »exklusiv« den Film »Betrogene Bauherren« gesehen, wo über drei Ganoven berichtet wird, die mehrere bauwillige Familien um ihr Erspartes gebracht haben. Die Justiz tut so gut wie nichts. Es wäre eine »Tatort«-Story denkbar, in der die betroffenen Familien sich zu einem oder mehreren Morden zusammentun. Entweder sie stützen gegenseitig in raffinierter Weise ihre Alibis und scheitern als Laien an der Aufgabe, oder sie beauftragen einen fremden Killer, der zwar den Vorteil hat, als Verdächtiger nicht in Betracht zu kommen, weil er in scheinbar keinem Zusammenhang mit dem Fall gesehen wird, dafür aber erpreßt er anschließend seine Auftraggeber und fliegt dadurch auf. Sofort habe ich Kerstin Ramcke angerufen und ihr unter dringenden Empfehlungen die Sendedaten gegeben. Das wäre vielleicht ein Fall für den gut recherchierenden Raimund Weber.

Nachmittags Fanny angerufen. Sie möchte Marlene, ihre Halbschwester, so gern kennenlernen. Ich habe sie für morgen 11.00 Uhr eingeladen.

Abends bin ich ins »Diener« gefahren, wo ich Ulla Meinecke und Leander Haußmann traf, schließlich kam noch Walter Schmidinger dazu, den ich schon so hervorragend in einem Thomas Bernhard gesehen habe. Schmidinger erwies sich als intelligenter, gehässiger Geschichtenerzähler. Er wußte schöne häßliche Geschichten über Käthe Reichel, Eberhard Esche und andere. Um 3.00 Uhr nach Hause gefahren.

Di 11.8.98

Kurz nach 11.00 Uhr kommt Fanny mit ihrem Kind Daisy-Philine, das in einer speziellen Baby-Tragetasche liegt. Marlene ist zunächst etwas irritiert. Sie scheint nicht gleich zu verstehen, daß die ältere Frau ihre Schwester sein soll, das Baby wäre ihr lieber. Fanny stellt die Tasche ab und beugt sich etwas vor, um ihre kleine Schwester erstmals in Augenschein zu nehmen. In seiner Eigenschaft als Opa begrüßt Papa die kleine Daisy und stellt fest, daß sie bereits ein breites soziales Widerlachen beherrscht.

Papa sagt zu Marlene: »Weißt du denn, wer deine Schwester ist?« Marlene nickt bejahend im Liegen.

Papa: »Zeig mir doch mal mit dem Zeigefinger deine Schwester.« Marlene steht auf und zeigt die richtige.

Papa: »Gefällt sie dir denn ein bißchen?«

Keine Antwort. Fremdeln.

Fanny nimmt Daisy aus der Tasche, während ich in höchsten Flötentönen mit ihr schäkere. Sie sieht ihrer Mutter, als die ein Baby war, sehr ähnlich.

Marlene fängt an, die Tüte mit den Geschenken für Daisy auszupacken, während Fanny der Kleinen die Brust gibt. Marlene erinnert sich wehmütig an die eigene Säuglingszeit, die noch kein halbes Jahr zurückliegt. Sie sagt: »Marlene würde auch gern einen Schuck nehmen …«

Ich sage: »Freust du dich, daß du so eine große Schwester hast?«

»Ja.«

»Wie heißt die Schwester?«

»Fanny.«

»Das stimmt. Und von der Kleinen bist du die Tante.«

Fanny ist begeistert von der Schönheit und Intelligenz der kleinen Schwester. Sie schaut ihr in die Augen und bewundert die goldgrüne Farbe. Marlene zeigt keinerlei Eifersucht auf Daisy-Philine, streichelt hin und wieder zart über die Knie der Schlafenden.

Ich zeige Fanny die neuen Blue-Amberol-Walzen, die ich auf dem Flohmarkt erstanden habe. Und sie will auch etwas wissen über die italienische Lichtbogen-Filmlampe.

Marlene sagt plötzlich den merkenswerten Satz: »So, jetzt will ich Mama wiedersehen.«

Fanny versteht sofort und packt ihre Sachen zusammen. Marlene hilft ihr freundlich dabei. Fanny berichtet, daß sie sich ein Schlauchboot gekauft habe und daß sie sich freuen würde, ihre kleine Schwester bald wiederzusehen.

Marlene sagt, wie um sich zu entschuldigen: »Wir gehen jetzt zu meiner Mama.«

Alle küssen sich. Im Treppenhaus winkt Marlene und sagt: »Fanny, komm nochmal!« Fanny schaut nochmal um die Ecke und sieht Marlene winken.

»Und jetzt?«, sagt Marlene. »Jetzt kommt sofort die Mama.«

Mein Problem ist, daß ich der Kleinen die Abholung ihrer Mama aus der Nachbarwohnung, wo sie wartet, nicht zeigen will.

»Jetzt hole ich die Mama von unten, bin sofort wieder da. Du brauchst dir keine Sorgen zu machen.«

»Ich mach mir aber grad Sorgen.«

»Na, hör mal! Hast du kein Vertrauen zu deinem lieben Papa?«

»Nein.«

Und nach ein paar Sekunden sagt sie: »Da bist du aber traurig.«

Ich zögere, weiß nicht, wie ich es machen soll.

»Papa. Lauf nicht ohne mich. Marlene wartet doch.«

Ich sage: »Ich geh ganz schnell runter und mach der Mama die Tür auf.«

»Papa. Lauf nicht ohne mich.«

»Das geht nicht«, sage ich.

»Warum denn nicht?«, fragt Marlene bang und fängt bitterlich an zu weinen.

Mir zerreißt es fast das Herz. Ich überlege, ob ich nicht drüben anrufen soll, aber Petra würde nicht abheben. Ich fange aus Verzweiflung an zu lachen, aber es geht mir ganz schlecht.

Unter Weinen sagt sie: »Marlene ist böse!«

Das Schloß geht, Petra kommt herein und rettet mich aus der verzweifelten Lage …

Do 13.8.98

Auf 3sat eine schöne Sendung über und mit Wolfgang Hildesheimer gesehen. Aus seinem Zettelkasten konnte ich aufschnappen:

»Wer von nichts eine Ahnung hat als von Literatur, hat von nichts eine Ahnung.«

Frei 14.8.98

Gestern hatte ich das Gefühl, den ganzen Tag nichts anderes gemacht zu haben als zu essen. Allerdings fettarm. Die Waage zeigt seit vier Tagen 111 Kilo an. Unter leichtem Hungern kann man also sein Gewicht halten. Man schafft es, wenn man bereit ist, sich von dem andauernden Gedanken ans Essen nicht ablenken zu lassen. Denn der Körper scheint ein eigenes Zählwerk zu haben. Er läßt sich ohnehin nichts vormachen. Wenn ihm Kohlenhydrate fehlen, giert er danach. Wenn ihm Fett fehlt, begehrt er das Fette. Man träumt von Speck und Butter, von Remoulade und Mayonnaise. Bei fettarmer Kost wird das Signal »sattgegessen« nicht gegeben. So ähnlich müssen sich Katze oder Hund fühlen, wenn ihnen Haferflocken vorgesetzt werden.

Ich habe angefangen, den neuen »Tatort« zu lesen. Man lacht, würde Jurek gesagt haben. Mit jeder Seite wird es schlechter.

Sa 15.8.98

Abends zu Freifrau und Freiherrn von Wiechmann gefahren, wo sein 60. Geburtstag gefeiert wurde, mit viel Gekreische und einem fürchterlichen Gedicht.

Ich habe die immer noch so niedliche Monika Friedrich getroffen. Unter anderem sagte sie den süßen Satz: »Wenn ich Manfred nicht getroffen hätte, hätte ich nie gelernt, einen Mann zu lieben.«

Um halb eins verzog ich mich aus der gemischten und übertrieben fröhlichen Runde, um noch auf ein ruhiges Bier ins »Diener« zu fahren.

So 16.8.98

Ich habe noch ein paar Seiten des »Tatorts« gelesen, bis ich den Stumpfsinn nicht mehr ertragen konnte. Dann schrieb ich der Frau Heinze ein Fax mit dem Inhalt, es sähe schlecht aus. Um 15.00 Uhr besuchte mich Charles Brauer, der das Buch ebenfalls schauerlich findet. Über eine halbe Stunde lang telefonierte ich mit Frau Ramcke und sagte ihr, daß ich den »Tatort« nicht drehen werde. Dann schickte ich ihr ein Fax, in dem ich zusätzliche Erklärungen dazu gab. Lieber höre ich mit dem »Tatort« auf, als daß ich solchen Scheiß drehe. Es kann sein, daß die Heinze das Handtuch und mich hinaus-wirft. Dann muß es halt sein.

Mo 17.8.98

Fanny hat einen Brief geschickt, in dem sie ihr Entzücken über die kleine Schwester nochmal zum Ausdruck bringt und sich wünscht, das Kind so bald wie möglich wiederzusehen.

Di 18.8.98

Ein großer Tag. Es ist schon sehr lange her, daß ich unter 110 Kilo gewogen habe. Heute war es so weit. Von 117,5 Kilo kommend, waren es, als ich um halb zehn aufgestanden war, 109,5 Kilo.

Der Meister der schlagfertigen Fernsehunterhaltung, Hans-Joachim Kulenkampff ist – schon am Freitag – an Krebs gestorben. Er hat uns an vielen Abenden das DDR-Leben versüßt. Bei seinem letzten Auftritt soll er ans Publikum gewandt gesagt haben: »Ich weiß nicht, wohin ich gehe, aber ich gehe nicht ohne Hoffnung.«

Der amerikanische Präsident Clinton ist ein notorischer Lügner, wie fast alle Politiker. Aber als Ami hätte er wissen müssen, daß man dort die Frage, wer einem einen geblasen hat oder wem man beigewohnt hat, korrekt beantworten muß. Dumm gelaufen.

Abends im »Diener« habe ich eine Käseplatte verschlungen und zu Hause erst ein halbes Fladenbrot mit einer Fischdose und danach ein Drittel Fladenbrot mit Camembert. Angst vor der Waage essen Seele auf.

Mi 19.8.98

Zwei Stunden habe ich an einem Lebenslauf meines Vaters geschrieben, der noch längst nicht fertig ist. Papa ist hinfällig und wird nicht mehr lange leben. Wer soll bei seiner Beerdigung Abschied von ihm nehmen?

Do 20.8.98

Bis heute morgen um halb fünf hatte ich es nicht geschafft, das Buch »Habgier« zu lesen. Noch bis zum Nachmittag habe ich daran weitergemacht, dann Sport, dann kam Charly. Mit ihm habe ich das Buch noch einmal durchgeknetet, anschließend eine

Mikrokassette für Raimund Weber mit wenigen Änderungsvorschlägen besprochen. Charly wird sie nach Hamburg mitnehmen.

Die Amerikaner haben heute als Vergeltung gegen die letzten Terroranschläge in Nairobi und Daressalam Bombenangriffe auf eine Chemiefabrik bei Khartum im Sudan und auf Ausbildungslager in Afghanistan geflogen, die unter dem Schutz der Taliban von dem Millionär Osama Bin Laden aus Saudi-Arabien organisiert und finanziert werden.

Frei 21.8.98

Marlene sagt: »Ich bin ein kleines Kaminchen, und du bist der Papa-Kaminchen.«

Ich sage: »Das heißt Kaninchen. Sonst wärst du ja ein kleiner Schornstein.«

»Dann bin ich eben ein Schornsteinchen«, sagt sie. »Ein Kaminchen. Hihihi.«

Abends fahre ich, eigentlich lustlos, zu Moeses hinaus nach Mahlsdorf. Es ist kurz nach 21.00 Uhr. Ich stecke die Fahrzeugpapiere ein, was ich sonst nie mache, nur bei Fernfahrten nach Italien oder nach Hamburg, und sage wörtlich zu Petra: »Irgendwie habe ich das Gefühl, daß ich den Papierkram heute brauche ...« Ich biege in die Lietzenburger Straße ein und fahre über die Nürnberger Straße bis zur nächsten roten Ampel, wo ich halte, da brummt nach etwa fünf Sekunden jemand hinten auf mich drauf. Es gibt einen Schlag. In Sekundenschnelle bin ich draußen. Mein Auto scheint nur wenig beschädigt. Ein dicklich-dunkelhaariger Mann steigt fluchend aus: »Du Arsch! Warum hältst du denn? Meine Frau ist schwanger, du Arsch ...« usw. Diesmal halte ich die Klappe und erwidere gar nichts. Ich schreibe mir seine Autonummer auf, die ich von hinten holen muß, weil ihm das Schild vorn fehlt. Wahrscheinlich abgefallen. Sein Ford sieht sehr zertrümmert aus, beide Lampen kaputt, die Kühlerhaube zerdrückt und hochgestellt. Der Mann spricht gut Deutsch. Seine Kinder schreien mich an, seine Schwestern schreien mich an, er schreit mich an, ich bleibe ruhig und schreibe den Tatort auf. Die

Beifahrerin, eine dicke ältere Frau, verzieht schmerzlich das Gesicht und hält sich den Bauch. Der Mann schreit: »Meine Frau ist schwanger, siehst du das nicht? Aus dem Weg! Ich muß ins Krankenhaus!« Der Verkehr staut sich. Die Leute kucken. Ein junger Mann hat ein Handy und ruft einen Krankenwagen, der mit Blaulicht und Horn in wenigen Minuten erscheint. Ein anderer junger Mann sagt plötzlich: »Ich habe danebengestanden, habe den Unfall gesehen. Der Mann ist ohne ersichtlichen Grund auf Ihren Wagen aufgefahren!« Er gibt mir seine Adresse: Die Polizei kommt, zwei Polizisten nehmen die Sache auf und überreichen mir einen Zettel, auf dem das Aktenzeichen steht. Die ersten beiden Ziffern geben den Polizeiabschnitt an, dann folgen Datum und Uhrzeit, die restlichen Daten sind geheimnisvoll. Plötzlich fragt mich der Rammer: »Bist du nicht der, der die Telekom-Reklame im Fernsehen macht?«

»Ja«, sage ich. Mehr habe ich nicht gesagt.

Ich kam um 22.10 Uhr bei Moeses an, wo alle um den Abendbrottisch saßen. Es gab Käse und Wein. Viele Geschichten. Man ging hinaus, sich den Schaden besehen. Um halb zwei Uhr suchte ich das Weite. Wenn man sich schon mal aus dem Haus wagt.

Sa 22.8.98

Otti hat eine hübsche Geschichte von einer seit langem bundesweit gesuchten Hochstaplerin und Trickdiebin erzählt, die auf der Insel bei einer Malerwitwe Quartier genommen, dann aber zwei Tage vor dem Termin ihre Koffer gepackt und die Zeche geprellt hat. Sie hatte sich als Schriftstellerin ausgegeben und zu vielen Menschen Kontakte geknüpft. Allen diesen Menschen hat anschließend etwas gefehlt. Eine Uhr, ein Schmuckstück, Geld. Und das geschah am Strand, im Hotel und sonst wo. Die Witwe ging zur Inselpolizei, man suchte nach der Verbrecherin, die frech genug war, nur den Ort, nicht aber die Insel zu wechseln. Unter einer Perücke und hinter einer Sonnenbrille versteckt, wurde sie von einem der Geprellten erkannt und in den Knast gebracht. Nett.

So 23.8.98

Manchmal passiert es mir noch heute, daß ich morgens aufstehe und denke: »Jurek brauchst du nicht anzurufen, der kuckt sich jetzt die Europameisterschaften der Leichtathletik in Budapest an.«

Heute mit Otti um 14.00 Uhr zu Kathrin Brigl und Siggi Schmidt-Joos gefahren. Sie hat Geburtstag. Als wir reinkamen, sah ich gleich Gitte Hænning am großen Tisch sitzen, ins Gespräch mit einer üppigen Blondine vertieft. Alle gaben uns ein kleines Nicken, nur Gitte und die Blondine nicht. Die wollten sich nicht für eine Sekunde ablenken lassen. Ich kenne das. Es kommt aus einer Art Rücksicht. Solche Menschen wollen kein Aufheben machen, eigentlich soll es ein Zeichen von Dezentheit sein. Trotzdem irritiert es ein bißchen.

Boris Jelzin hat wieder eine Regierung entlassen, diesmal die von Sergei Kirijenko, um den er, um ihn durchzusetzen, so hart gekämpft hat. Reinstalliert worden ist Wiktor Tschernomyrdin. Um Kirijenko ist es schon deshalb schade, weil er in Rußland eine Rarität ist: er säuft nicht.

Als die australischen Brüder Leahy 1930 zum ersten Mal in das Innere der Insel Neuguinea gingen, um nach Gold zu suchen, trafen sie auf den Stamm der Papuas, die bis dahin nie einen weißen Menschen gesehen hatten. Sie glaubten, ihre Ahnen seien erbleicht und als Götter zu ihnen zurückgekehrt. Erst nachdem sie die Fremden eine Zeitlang aufmerksam beobachtet hatten, sagten sie: »Ihre Haut ist anders, aber ihre Scheiße riecht wie unsere.«

Mo 24.8.98

Zehn Minuten vor 15.00 Uhr klingelt es an der Tür. Ich ahne irgendwie, daß es fremde Menschen sind, die mich belästigen wollen. Ich verstelle zum ersten Mal meine Stimme, färbe sie bis zur Unkenntlichkeit mit einem ungarischen Sprachklang ein und sage: »Bittä?«

Der Klingler: »Ich bin Journalist von der ›Bild-Zeitung‹. Herr Kerber, vielleicht können Sie mir weiterhelfen. Wir haben gehört, der Herr Krug soll am Freitag einen kleinen Unfall gehabt haben?«

»Icchh weiße nicchht. Icchh hier auf Bäßucchh.«

Und das war's. Wir leben in ekelhaften Zeiten. Bei Otti wurde ebenfalls geklingelt. Man habe einen Zettel in den Briefkasten geworfen. Otti fuhr runter und fand den Zettel: »Sehr geehrter Herr Manfred Krug, ›Bild‹ Berlin bittet um Ihre Stellungnahme zu dem Unfall am Freitag, 21.8.98 gegen 21.00 Uhr, Lietzenburger Str. Bitte melden Sie sich unter 2591-2507. Danke, Signum«

Als Otti und ich aus dem Kaufhaus kamen, sprach uns obendrein der Chef der kleinen Boutique im Parterre an, jemand, der sich als »Bild«-Journalist ausgegeben habe, sei bei ihm gewesen und habe sich nach meiner Garage erkundigt. Reiner Stasistil. Das wird vielleicht fürchterlich, wenn die rauskriegen, daß ich ein wunderbares Bankert habe, meine kleine Marlene.

Di 25.8.98

Ich habe den letzten Brief gefunden, den meine Oma Lisa einer Mitpatientin in Süchteln diktiert hat. Selbst schreiben konnte sie nicht mehr. Demnach muß sie am 6. April 1964 noch gelebt und die Geburt Daniels wahrgenommen haben:

»Ihr Lieben, Manfred Du hast die Sache gut angefangen. So etwas habe ich schon vermutet, weil ich zu Ostern keine Karte von Dir bekam. Darf ich neugierig sein wer ist die Glückliche? Vielleicht die Barthold (Brigitte Bardot) oder die Lehrerin? Das ist ja furchtbar für mich zu wissen, daß ich Dich verloren habe. Aber ganz vergessen werdet Ihr mich ja doch nicht. Wenn Du mir mal was schicken möchtest, hätte ich gern einen ›Rollschinken‹ von 1 ½ Pfnd. Daß Du einen Jungen in die Familie gebracht hast ist sehr erfreulich. Vater sagt, der Junge sei mir ähnlich. Kann das sein, da er doch ein Junge ist? Du willst die Angelegenheit verfilmen, da möchte ich Dir von der Kindheit einige kleine Anzeichen geben. Weißt Du noch, als Du in der Kinderschule warst, hat man Dich in den Keller eingesperrt, da Du so ruhig warst, haben die Schwestern nach Dir gesehen, Du warst am Tapezieren, mit 2 Jahren. Es hat Dir wohl im Keller gut gefallen. Wenn Du mir mal was vorgesungen hast, mußte ich Dir einen Groschen geben.

Weißt Du noch, wie Du mit dem ›Mäuschen‹ durch die Grenze gegangen bist? Und wie Du im Wald geschlafen hast. Ich wollte Dir nur einige Anzeichen geben für den Film. Es wäre mir lieb, wenn ich Dir helfen könnte, auch einige neue Schlager im Singen könnte ich Dir sagen. Ja Ihr Lieben, wenn man bedenkt, daß man so auseinander geht. Darum bitte ich Dich, liebe Ti! Sei gut zu ihm. Du hast das große Los gezogen. Das sind nur einige Erinnerungen. Er wird mir hoffentlich ein Kärtchen schicken mit den besonderen Marken. Was hat denn Deine Mutti zu dem Erlebnis gesagt? Dein Vater hat sich vor Schreck auf den Stuhl gesetzt. Ob wir uns wiedersehen werden, glaube ich kaum. Gott gebe, daß ich Euch im Sommer besuchen könnte. Ich möchte den Vater nicht so belasten, denn er hat ja genug zu tun mit dem Bauen. Obwohl ich Dich mal gerne singen hörte. Ich muß stets weinen, wenn ich eine ähnliche Stimme höre. Nun Ihr Lieben grüße ich Euch herzlich und wünsche guten Erfolg!

Eure Oma!«

Fanny hat angerufen und ihre Mutter gefragt, ob sie heute Daisy-Philine ein paar Stunden hüten wolle. Otti hat Ja gesagt und sich mit dem Baby stundenlang amüsiert. Otti legt Wert darauf, mir immer mal beiläufig zu sagen, wie sehr sie sich für alle Enkel interessiert. Damit will sie klarmachen, daß sie noch immer eine liebe, mütterliche Frauensperson ist, sofern es sich um legitime Nachkommen handelt.

Etwa um halb zwei mittags hat jemand, der sich als Journalist vom »Stern« vorstellte, bei Otti geklingelt, ob er sie mal sprechen könne. Nein, hat sie gesagt, und die Tür gar nicht erst geöffnet. Es ist zum Kotzen. Das Intimste und Privateste, was es nur geben kann, nämlich einen Auffahrunfall, an dem man nur als der duldende Partner beteiligt war, bei dem man nur als Rammbock gedient hat, darf man nicht für sich behalten. Und ausgerechnet mich trifft es, der am liebsten alles für sich behalten würde, ausgenommen Scheiße und Pisse.

Um 24.00 Uhr kam Otti noch auf eine Flasche Bier rüber. Sie sagte, vorhin sei ihr eingefallen, der angebliche »Stern«-Journalist unten an der Tür könnte auch ein zweiter Mann von der »Bild-Zeitung« gewesen sein, der mal prüfen wollte, ob andere ebenso abgewiesen werden wie gestern er selbst.

Frei 28.8.98

Marlene ist sprachlich auf eine Weise perfekt, daß man es nicht glauben möchte. Sie hat Humor, ist auf witzige Art frech. Angst und Bange kann einem werden, wenn man an die Zukunft und daran denkt, wie einem das Kind eines Tages übers Maul fahren wird.

Jelzin sagt, er wolle noch bis zum Jahr 2000 Präsident bleiben. Er sieht krank und versoffen aus.

Sa 29.8.98

Noch vor 20.00 Uhr kam Otti von der Schwester Leonore und zeigte deutlich an, daß sie heute einmal mit mir zu Abend essen möchte. Darauf rief ich die Kinder an, sie sollten lieber zu Hause bleiben. Kommt ja selten genug vor.

Wir aßen also nett zusammen.

So 30.8.98

Der Flohmarkt am Fehrbelliner Platz, auf dem ich mit Otti heute war, ist vollends zu Massentrödel für ganz arme Leute geworden. Dennoch haben wir ein paar gute Sachen billig gefunden: eine »Princess«-Reiseschreibmaschine für 15,– Mark, in bestem Zustand, mit Bedienungsanleitung. Ich habe sie mit Benzin gereinigt und eine Idee von einem Ölfilm an die entsprechenden Stellen gebracht. Sie ist sehr schön geworden. Aber was soll ich mit ihr machen?

Für 30,– Mark fand ich einen hübschen »Salon«-Wecker aus den Dreißigern von der Firma »Peter«, mit Leuchtziffern, in bester Erhaltung. Den kann ich wenigstens mal verschenken. Aber wer würde sich darüber freuen? Wenn man genau hinhört – er tickt. Und schließlich etwas, das ich gar nicht verschenken kann, weil niemand wüßte, wie schön es ist: ein französisches Kastenschloß mit raffiniertem Schlüsselbart, mit verdecktem Loch, mit feinem Messing-Riegel. Ich habe es geputzt und geölt. Nun liegt es in meinem Regal und erfreut mich insgeheim. Niemand wird je Anteil daran haben. Es ist Mitte 19. Jhdt. Und hat 38,– Mark gekostet. Freuden. Irgendwann kann ich nicht mehr laufen, dann ist es auch damit vorbei.

Am Nachmittag hat mir Otti alte Fotos gezeigt, die sie in Alben klebt. Sie war eine entzückende junge Frau, lieblich und mädchenhaft. Ich weiß, warum ich sie so sehr geliebt habe und warum ich sie – anders – immer noch liebe.

Mo 31.8.98

Otti ist zu einem Abend bei Kai eingeladen, um 19.30 Uhr kamen die Kinder; Marlene in prächtiger Kondition. Sie war bis 23.00 Uhr nicht zu stoppen. Wir sind zusammen, sie als Baby Fledermaus, ich als Papa Fledermaus, wenigstens eine Stunde lang auf dem Sofa mit ausgebreiteten Flughäuten unterwegs gewesen (»Flatter, Fleder, Flieg – Flatter, Fleder, Flieg«), um Abenteuer zu erleben. Wir schwimmen manchmal als Krokodile durch Flüsse, traben als Elefanten oder Giraffen durch die Steppe und fliegen als Tauben, Störche und heute als Fledermäuse über Wolken und Wälder.

Di 1.9.98

Clinton begrüßte Jelzin im Kreml. Bei der Umarmung wird der erstere einen kräftigen Wodkahauch des letzteren eingeatmet haben.

Mi 2.9.98

Otto Meissner bat um einen Anruf. Ich sei für den »Goldenen Löwen« NOMINIERT, der dies Jahr letztmalig verliehen wird, ausgerichtet und übertragen von RTL. Ich habe gesagt, daß ich keine Nominierung wünsche, das sei etwas für den »Oscar« in Amerika, nicht für jeden von den zehn Fuzzipreisen, die es mittlerweile in Deutschland und Österreich gibt. Alle diese Preise würden jetzt abgeschafft, nur der Deutsche Fernsehpreis bleibe übrig, sagt Otto. Gut, sage ich, wenn vollkommen klar ist, daß ich den

Preis bekommen soll, würde ich ihn mir abholen, sonst nicht. Und das Äußerste, was ich an Prunk zu bieten hätte, wäre ein dunkler Anzug, kein Smoking oder sowas. Verleihung und Übertragung soll am 3. Okt. sein, einem Sonnabend, sonst könnte ich wegen »Tatort« nicht kommen.

Sa 5.9.98

Am Abend mit dem Taxi zum Käthe-Kollwitz-Platz gefahren, um in der kleinen Kneipe »Lampion« Jutta und Peter Voigts 40. Jubiläum anhaltender Liebe zu feiern. An der Wand hängt noch das Foto von Kurtchen Mühle, der letztes Jahr im Juni gestorben ist.

Etliche Leute habe ich seit fast dreißig Jahren nicht gesehen. Zum Beispiel die einst von mir verehrte Tänzerin Hadmut Fritsche vom Ballett des Friedrichstadt-Palastes und ihren Mann, den ich auch schon seit damals kenne. Auch Christel Gloger, die ich nicht gleich wiedererkannte, in deren Wohnung, als sie mit Guy de Chambure zusammen war, Otti und ich oft zu Gast waren. Daniel war noch ein Baby, den brachten wir mit. Dort aßen wir zum ersten Mal im Leben Oliven.

Barbara Nix war da, sie ist noch immer einzig.

Ein schrecklicher Klarinettist dudelte den ganzen Abend Klezmer-Musik, begleitet von einer Akkordeonistin. Ein Triller am anderen, lauter endlose spitze Triller.

Etwa um Mitternacht mußte jeder Anwesende eine Schnurre aus dem Jahr 1958 erzählen. Einige weigerten sich. Otti erzählte, wie sie mich 1958 als Chef einer Gangsterbande am Bahnhof Friedrichstraße getroffen hat. Und Ähnliches …

Völlig betrunken wankte ich um 3.00 Uhr aus der Kneipe. Otti und ich tranken und aßen zu Hause noch ein bißchen weiter.

So 6.9.98

Der große Meister Akira Kurosawa, der Schöpfer von »Rashomon«, ist heute gestorben. 1959 haben Jurek und ich uns den Film vielleicht fünf Mal mit Genuß angeschaut. Damals machte ich mir noch was aus Filmkunst. Wahrscheinlich, weil es noch welche gab.

Mi 9.9.98

Boris Jelzin sitzt seit Tagen in seiner Residenz und schweigt. Er wird schon wissen, warum. Wahrscheinlich ist er so betrunken, daß ihn keiner mehr versteht.

Do 10.9.98

Tschernomyrdin hat endlich seine Kandidatur zurückgezogen, mit der Jelzin zwomal vor der Duma gescheitert ist. Installiert wird der studierte Ökonom und jetzige Außenminister Jewgeni Primakow (68). Jelzin fällt.

Clinton entschuldigt sich inzwischen dreimal täglich beim Volk, bei seinen Freunden und bei seiner Frau.

Frei 11.9.98

Um 14.30 Uhr waren Charly Schöps und Robert Schulte Hemming aus Hamburg zu Besuch. Sie wollen eine CD aus den »Tatort«-Liedern machen. Ich habe zugestimmt, verspreche mir nicht viel davon.

Sa 12.9.98

Nicolas Becker hat zum Abendessen eingeladen. Ganz spontan usw. Als er Otti anrief, hat er sie nicht an der Stimme erkannt und voller Befremden gefragt: »Bist du Ottilie?« Er habe offenbar gedacht, bei mir lebte inzwischen eine andere Frau. ☺

Abends um 20.00 Uhr gingen wir zu Beckers, wo wir Irene Dische zusammen mit ihrer Mutter Renate trafen. Mit am Abendbrottisch saß Michael Naumann, der aus New York nach Deutschland gekommen ist, um im Falle eines Wahlsieges der SPD-Kulturminister zu werden. Sie hatten aus einer arabischen Imbißstube allerlei Ölgebratenes auf den Tisch gebracht, das von einer polnischen Mamsell und Nicolas auf vielen Platten und Tellern den langen Gang von der Küche ins Zimmer getragen wurde.

Ansonsten Schnurren und Geschichten der weniger unterhaltsamen Art, Beteuerung der Freude bei einem hoffentlich baldigen Wiedersehen und Abschied kurz nach 22.00 Uhr.

Morgens um fünf sah ich zufällig die Wiederholung der Talk-Show »Riverboat« aus Dresden und entdeckte Charly Brauer. Ich wartete ab, bis er dran war und staunte über die respekt- und liebevolle Schilderung unserer Zusammenarbeit im »Tatort«. Gutes »Namedropping«, das muß ich sagen. Sogar einen Lacher und einen Applaus erzielte er, der ganz auf mein Konto kam, indem er über sein spätes Vaterglück berichtete. In dem Zusammenhang sagte er: »Manfred hat einen guten Satz dazu gesagt: Es gibt eben Leute, die machen sich ihre Enkel selbst ...«

So 13.9.98

Um 14.30 Uhr kam Charles Brauer zum Kaffee und erzählte, daß ihm eine 26-teilige Serie von Michael Baier (USA) angeboten worden sei, in der er den Patriarchen einer ins Schlingern geratenden Tuchfabrik spielen soll.[19] »Dallas« für Arme. Es könnte sein, daß er nicht mehr ganzjährig zur Verfügung stehe. Er habe wegen des »Tatorts«, den wir gemeinsam abgelehnt hatten, mit Doris Heinze telefoniert. Sie könne die Ablehnung nicht verstehen und habe das schwammige Wort »Atmosphäre« immer wieder in den Mund genommen: »Aber die wunderbare Atmosphäre!« Das Drehbuch werde auf jeden Fall verfilmt, es müsse ja nicht ein »Tatort« sein. Eben.

Anschließend fuhr er zu seiner 92jährigen Mutter, die noch immer ihren Haushalt allein schmeißt. Offenbar wollte Charly mir nicht unbedingt etwas von seinem Auftritt im »Riverboat« in Dresden erzählen. So bin auch ich nicht darauf zu sprechen gekommen. Vielleicht später einmal.

Mo 14.9.98

Über den Daumen gepeilt vergießt ein Mensch im Laufe seines Lebens 65 Liter Tränen. Fünf große Eimer voll. Geweinte Tränen und gelachte Tränen. Tränen des Hasses, der Ohnmacht, der

---

[19] Die Fernsehserie »Samt und Seide« wurde 2000 bis 2005 vom ZDF ausgestrahlt.

Trauer. Im Durchschnitt vergießt man pro »Anfall« etwa 28 Tränen. Woher ich das weiß? Von der BBC, aus dem Fernsehen.

Helmut Schmidt sagt: »Die Japaner sind nicht in der Lage, sich zu entschuldigen. Nicht bei den Chinesen, noch bei den Koreanern, noch vor der ganzen Welt. Sie können es nicht. Die Chinesen sollten ihnen in einer generösen Geste und weil sie ihnen in vielerlei Hinsicht überlegen sind, die Hand reichen. Das wäre ein Weg. Aber ich glaube, die Japaner würden eine solche Geste nicht als Wohltat ansehen, sondern als Demütigung. Die Deutschen, sagt Schmidt, hatten in Frankreich einen Nachbarn, der ihnen die Hand gereicht hat. Was mich angeht, so kann ich Helmut Schmidt erheblich besser leiden als die Japaner.

Do 17.9.98

»Papa?«

»Ja.«

»Wie geht's dir?«

»Ich will mich nicht beklagen«, ist seine stereotype Antwort.

»Wie wär es, wenn ich morgen komme?«

»Komm heute«, sagt er. »Heute lebe ich noch.«

Mich erschüttern diese Worte. Ich denke plötzlich an seinen Tod. Ich fahre sofort los.

Er liegt wie seit Jahren im Parterre in seinem Bett mit eingefallenem Gesicht, ein gefaltetes Taschentuch über den Augen, und schläft. Margret weckt ihn, wir hieven ihn gemeinsam aus dem Bett. Er stöhnt mit einer heiseren Fistelstimme, er hat Schmerzen. Anziehen will er sich nicht. Er setzt sich im Bademantel in seinen Lieblingssessel, verhutzelt, krumm, schmal. Ich setze mich ihm schräg gegenüber und höre ihm zu. Langsam fängt er fistelnd an zu sprechen. Ich unterbreche ihn kaum. Es scheint, als wollte er auch sagen: »Endlich, jetzt, da ich schwach bin, läßt er mir Zeit zu erzählen. Endlich sperrt er die Ohren auf.« Und allmählich erwachend, erzählt er zum hundertsten Mal sein Leben. Teile davon, an die er sich gerade erinnert. Heute schmückt er besonders seine Soldatenzeit aus. Sie muß kurz gewesen sein. Meine Frage, wie lange er Soldat gewesen sei, mißachtet er standhaft. Er erzählt drei Stunden lang. Anderthalb Stunden davon nehme ich auf Band auf.

Frei 18.9.98

Da ich seit fast einem Monat nichts von meinem Unfallgegner noch von dessen Versicherung gehört habe, andererseits aber – als Unfallfolge – meinen Kofferraum nicht mehr öffnen kann, habe ich mich heute um die entscheidenden Fragen gekümmert:

VHV – Vereinigte Haftpflichtversicherung.

Mit der Schadensnummer soll ich in die Werkstatt fahren und nach den voraussichtlichen Rep.-Kosten fragen. Sollten diese 3.000 Mark übersteigen, so muß ein Gutachten angefertigt werden.

Das sind die Ergebnisse halbstündiger Telefoniererei. Umgehend fahre ich jetzt in die Werkstatt.

Dort habe ich den Wagen abgegeben. Der Schaden grob geschätzt 7.000 Mark, es wird also ein Gutachter zu Rate gezogen.

Der Rechtsausschuß des amerikanischen Repräsentantenhauses (also die Republikaner) hat der Vorführung der Clinton-Videos im Fernsehen auf vier Kanälen zugestimmt. Das politische Amerika in Auflösung.

Kurt Hager, der »Tapetenwechsler«[20], ist seit heute in der Hölle.

Nachts habe ich im Ersten den (englischen) Film »Lolita« aus dem Jahr 1962 gesehen. Er ist nach dem 1955 erschienenen Roman von Vladimir Nabokov in der Regie von Stanley Kubrick mit James Mason und Shelley Winters gedreht worden. Was haben wir 1962 bei der DEFA gemacht? »Revue um Mitternacht«.

Sa 19.9.98

In der ZDF-Talk-Show »Conrad & Co.« ging es heute um den Tod von Kindern, sei es wegen Unfall oder einer Krankheit. Mir

20 In einem „Stern"-Interview vom 9.4.1987 sagte Kurt Hager, Chefideologe der SED, zu den Reformen Gorbatschows in der Sowjetunion: „Würden Sie, nebenbei gesagt, wenn Ihr Nachbar seine Wohnung neu tapeziert, sich verpflichtet fühlen, Ihre Wohnung ebenfalls neu zu tapezieren?"; daraufhin wurde er „Tapeten-Kutte" genannt.

hat der Fußballtrainer Udo Lattek imponiert, dem man ansah, daß er seinen hübschen 15jährigen Sohn sehr geliebt hat, und dem man ansah, daß ihn die Erzählungen auch der anderen Talk-Gäste tief berührt haben. Ein harter weicher Mann. Sein Sohn Dirk hatte Leukämie und zuletzt einen unheilbaren Darmverschluß. Er konnte schließlich nur noch hungernd und unter hohen Gaben von Morphium existieren. Vater Lattek hat am Ende einen Arzt gefunden, der im Haus der Familie Sterbehilfe geleistet hat. Der Junge starb in den Armen des Vaters. Und der Vater hat heute im Fernsehen darüber gesprochen. Ein Schritt weiter auf dem mühsamen Weg, die Gesellschaft dahin zu führen, daß eines Tages nach dem Willen der Kranken sanft gestorben wird.

Ich habe mehrmals geheult.

Am Schluß der Sendung brach selbst die Moderatorin in Tränen aus.

Um 18.45 Uhr bin ich zu Erika Schamoni gefahren. Dort eine illustre Runde. Ein israelischer Goldhändler mit Pferdeschwanz, eine Gymnastiklehrerin aus dem Osten, ein dicker Kneipwirt (Rouladenkoch) mit Frau und Sohn (5), Bott und ein Freund (Rouladenkoch) von ihm, die Gastgeberin (Rouladenköchin) und ein Pärchen, sie Bilder-Restauratorin und er Engländer, macht Kunst- und Buchauktionen für die Galerie Gerda Bassenge. Nette, intelligente Leute. Er hat zwei schöne irische Songs gesungen, sie das Lied von dem Schiff mit acht Segeln.

Die um die Wette gekochten Rinderrouladen waren natürlich alle vorzüglich. Kaum zu unterscheiden. Ich gab dem dicken Kneipwirt wegen der extra feinen Soße den Vorzug. Ein heiterer Abend. Zwei jüngere Damen hätte ich glatt heiraten können. Das heißt, sie hätten es mir wahrscheinlich erlaubt.

Mo 21. 9. 98

Heute ist 1964 der 1. Ministerpräsident der DDR, Otto Grotewohl, gestorben.

Dieser Tag ist auch der Welt-Alzheimer-Tag. Ich denke an meine Mutter. Was sie hatte, war gewiß eine Form von Alzheimer.

Sie hatte ein schreckliches Ende. Ich fühle schon jetzt, daß es mir kaum besser ergehen wird. Der Verlauf der Alzheimerschen Krankheit kann bei früher Erkennung und Behandlung gebremst werden. Ich sollte mich darum kümmern.

Schon vor 16.00 Uhr auf RTL Teile des Videobandes gesehen, das von Clinton aufgezeichnet wurde und in dem der Präsident durch freche Fragen der Staatsanwälte zum dummen Jungen gemacht wird. Die letzte Chance der Amerikaner ist, dafür zu sorgen, daß im November bei den Wahlen dieser brutale Kanonenschuß der Republikaner nach hinten losgeht. Es ist unwahrscheinlich, daß Clinton die Beschämung politisch überlebt. Die Amerikaner haben vor der Welt viel verloren. Aktienkurse und Dollar unter Druck.

Abends um 21.00 Uhr Ankunft in Hamburg, wo Felix und Larry Freisler mich vom Flugplatz abholten.

Charly saß wartend im Foyer, wir gingen selbviert ins »Blockhaus«, Steaks essen, dann zurück in die Lobby. Freisler erzählte, er wolle in einer kleinen Rolle in dem »Tatort« eine berühmte Person besetzen. Ich schlug aus Übermut, aber durchaus mit Hoffnung, Berti Vogts vor.

Do 24.9.98

8.00 Uhr erwacht. 9.00 Uhr rief wie immer der liebe Charly an, der mich, auch wie immer, mit zwei Hörnchen und einer Tasse Kaffee unten erwartete.

Larry Freisler kam mit der Nachricht, er habe Berti Vogts erreicht, und der habe zugesagt, die kleine Rolle aus Spaß zu spielen. Bretzinger hat eine gute Idee: Berti soll am Ende des Films mit den beiden Kindern Fußball spielen. Großartig. Ich freue mich, daß Vogts seinen Humor nicht verloren hat.

Frei 25.9.98

Nachmittags mit dem Zug nach Berlin. Zu Hause ein Haufen Schrottpost. Otti hat eine schöne Kohlsuppe gekocht.

Die Versicherung VHV hat mir wegen des Unfalls einen Riesenfragebogen geschickt. Meine Zulassung liegt bei der Werkstatt, wo mein KFZ-Brief ist, weiß ich noch nicht, muß ich suchen. Wahrscheinlich so gut weggelegt, daß ich ihn nie wiederfinde.

Im »Magazin«, der heutigen Wochenendbeilage der FAZ, ist ein rührendes Bild mit Christel Bodenstein und mir zu sehen, zwei, die sich zärtlich umschlingen. Angekündigt ist für Do, den 1.10.98 um 00.15 Uhr auf Vox der alte Schinken »Beschreibung eines Sommers« von 1962, und über mich heißt es so schön schrecklich: »... Uns aber begeistert er als Marlon Brando der DDR.« Wenn das meine Mutter noch gelesen hätte.

Sa 26.9.98

Erst um 7.00 Uhr ins Bett, nur bis 11.00 Uhr geschlafen. Dann die Post erledigt. Einen Brief an die VHV Haftpflichtversicherung geschrieben. Den KFZ-Brief habe ich gefunden, konnte also alle Angaben machen. Das hat mich einen halben Tag gekostet: Brief mit teilausgefülltem Fragebogen; Kopie von meiner VHV-Police; Kopie vom KFZ-Brief; Kopie von der polizeilichen Unfallaufnahme; Kopie vom Kaufvertrag meines Autos mit Rechnung; Kopie des Gutachterbriefes; Skizze des Unfalls. Da hat der Flegel sich noch nicht gemeldet, aber ich wühle stundenlang in alten Papieren.

Als die Kinder im Bett waren, ging ich zu Otti rüber, wir aßen und tranken noch ein bißchen und sahen den alten Film »Man braucht kein Geld« von 1931, mit Moser, Rühmann, Hedy Kiesler[21], Ida Wüst, Regie: Carl Boese. Da weiß man, wie es ohne die Nazis mit der deutschen Filmkomödie weitergegangen wäre: hoffnungsvoll.

Es gibt unter den Vereinigten Staaten von Amerika übrigens einige, in denen eine Ehefrau ihren Mann anzeigen dürfte, wenn er Oralverkehr von ihr verlangen oder erwarten würde.

Monica Lewinsky bekommt zu Weihnachten Knieschoner.

Auf eine Umfrage unter amerikanischen Frauen, ob sie eine Nacht mit Präsident Clinton schlafen würden, sollen sie geantwortet haben: Nie wieder.

---

21 Bekannter unter ihrem später angenommenen Künstlernamen Hedy Lamarr.

So 27.9.98

Ich hatte Petra nichts davon gesagt, daß ich erst morgen, am Montag, nach Hamburg reisen würde. Ottilie hatte sich darauf gefreut, mit mir heute den Wahltag zu erleben, deshalb dachte ich, es sei das Beste, wenn ich mit ihr allein sein könnte.

Ich machte ein Frühstück mit Spiegeleiern für sie und mich. Dann gingen wir zum Wählen.

Bis abends reparierte ich den Schrank im vorderen Zimmer und hängte die Bilderrahmen auf, die ich billig erworben hatte.

Schließlich kam um 18.00 Uhr die erste Hochrechnung: CDU 35 %; SPD 41 %; Grüne 6,5 %; FDP 6,5 % und PDS 5,0 %. Kohl war weg.

Wir verbrachten den Abend bei Rotwein und Bohnensuppe, wie wir es uns vorgenommen hatten. Ich spürte, daß Otti heute das Schweigen brechen wollte, daß sie einmal alles sagen wollte, was sie bedrückte. Sie lese gerade ein Buch, das die Tochter des berühmten Sigmund Freud geschrieben habe. Ich hätte doch nun ein viertes Kind, da würde mich die Quintessenz des Buches vielleicht interessieren. Man solle die Fehler von Kindern annehmen, dann könne man ihre Stärken genießen. Es fing also ganz harmlos an.

Da sie auf Marlene zu sprechen gekommen war, sagte ich, sie solle mir Bescheid sagen, wenn der Tag komme, da sie Marlene kennenlernen wolle.

Es könne sein, daß dieser Tag niemals kommen würde.

Das sei nicht zu ändern, dann solle sie meinen Vorschlag ruhig vergessen.

Daraus entwickelte sich ein unwürdiges Gespräch nicht über Marlene, es ging eine Stunde lang hin und her. Ottilie war sehr laut.

Schließlich bin ich hinübergegangen und habe überlegt, ob ich endgültig den Schlüssel abgebe. Ich finde, Ottilie hat ein wunderbares Leben.

Mo 28.9.98

Heute morgen um 6.00 Uhr beendete ich den Brief an Ottilie. Die Nacht, die ich darüber geschlafen habe, war kurz. Um 9.00 Uhr wachte ich auf, las den Brief noch einmal, schloß drüben die Tür auf, aus der Küche hörte ich Lizas Kaffeetasse klappern, und schob den im geschlossenen Kuvert steckenden Brief unter Ottilies Tür durch. Uns beiden ist alles bekannt, was drinsteht. Nur ist es so deutlich nie ausgesprochen worden. Und nun haben wir es beide gar schriftlich. Ich möchte mir im Alter keine Szenen mehr machen lassen. Die Zeit ist kurz geworden.

Es klingelt. Ottilie kommt herüber. Wir sprechen uns aus, sie bedauert, das gestrige Gespräch angezettelt zu haben. Das will sie nicht wieder machen. Sie will ohne Murren dulden, daß Marlene mich besuchen kommt. Ich werde die Rücksichten weiter nehmen, die ich ihr gegenüber bisher genommen habe.

Di 29.9.98

9.00 Uhr Abholung zum Drehen. Mit Volker Lechtenbrink ein 4.45 Minuten langes Bild gedreht. Für ihn war es der letzte Drehtag. Freundlicher Abschied. Abends bei letztem Licht und strömendem Regen versucht, das Schlußbild zu drehen, in dem Berti Vogts, der im Ausland Urlaub macht, gedoubelt werden sollte. Das haben wir wegen des Wetters aufgegeben. Ich schlug vor, diese Szene mit Berti in einem Vereinslokal und mit einem Tischfußballspiel zu drehen. Das ist sofort vom Regisseur Jürgen Bretzinger akzeptiert worden. Nun muß es nur noch von Berti akzeptiert werden.

Mi 30.9.98

In der »Frankfurter Allgemeinen Zeitung« von heute ein ganzseitiges Inserat mit der Schrift: »Er hat's allen gezeigt:« Darunter sind zwei stehende Tuben der Firma »Perlweiß« zu sehen, einmal »das neue Schönheits-Zahnweiß« und einmal »das neue Raucher-Zahnweiß«. Darunter die Schrift »Schöne Zähne sind perlweiß«. Und darunter, sogar in Rot, die Schrift: »Jetzt mit Advanced Whitening Formel«. Man schaut hoch und sieht auf einem 30 mal 22 cm großen Foto das Lachen eines Menschen, der viele übergroße, aus Porzellan modellierte, scheinbar irgendwie mit Gewalt in seine Kiefer geschraubte, auf jeden Fall aber Furcht einflößende Zähne trägt. Dieser herbmäulige Mensch ist der neue Bundeskanzler Gerhard Schröder.

Frei 2.10.98

Um 17.55 Uhr konnte ich von Hamburg abfliegen.

In der »Hamburger Morgenpost« von heute finde ich folgenden Beitrag: »Berliner Forscher haben in der Nase ein Organ für den Duft der Liebe entdeckt. Das zwei bis acht Millimeter lange und bis zu zwei Millimeter dicke Organ liegt auf der rechten und linken Seite im unteren, vorderen Teil der Nasenscheidewand. Bisher hatten Forscher die Funktion des Organs nur bei Säugetieren untersucht. Jetzt sind die Menschen dran. ›Bei Verliebten könnte es der Grund für eine erste Anziehung sein‹, vermuten Wissenschaftler des Klinikums Charité.« Da kann ich nur sagen: sind die spät dran, die Wissenschaftler. Hätten sie mal ihre eigene Nase zum Einsatz bringen und ihr folgen sollen. Vielleicht wußten sie aber gar nicht, daß Tiere und Menschen verwandt sind.

Sa 3.10.98

Um 12.00 Uhr ruft Otto Meissner an und sagt, daß er und ich den Preis bekommen hätten. Also suche ich meinen Anzug raus.

Mit Ottilie bin ich abends um Punkt 17.00 Uhr von einem Fahrer abgeholt worden.

Es ging ins Theater des Westens. Bei der Ankunft hatte RTL auf ganz amerikanische Art einen kreischenden Jungmädchen-Chor parat. Ich dachte, man hätte mich mit Michael Jackson verwechselt. Die Schreigruppe stand mitten im Regen, man holte uns mit Schirmen vom Auto ab. Dann, als wir reinkamen, war es mit der straffen Organisation allerdings vorbei: Otti stand eine halbe Stunde vor der Garderobe, ich versteckte mich recht und schlecht vor den Kameras, verweigerte wie immer Interviews. Von einigen Leuten dort auf dem Flohmarkt der Eitelkeiten fühlte ich mich etwas geschnitten, andere stürzten sich ausgehungert auf mich, vor allem solche, die mit Frau Herzog den harten Kampf an der Mukoviszidose-Front kämpfen. Die Veranstaltung dauerte zwei

Stunden und vierzig Minuten, im Saal war es frisch, ich saß neben Otto Meissner und Ulrich Mühe, hinter der Gedeck.

Bei der Verleihung holte ich einen Zettel raus und las:

»Meine verehrten Damen und Herren, ich bin stolz und glücklich, daß mir ein so schöner Preis, der ›Goldene Löwe‹, zuerkannt worden ist.

Dafür danke ich der Jury, dem treuen Produzenten Otto Meissner und dem Publikum, das unsere Serie ›Liebling Kreuzberg‹ immer so freundlich aufgenommen hat.

Vor allem aber danke ich dem wichtigsten und ersten Mann, meinem Freund Jurek Becker, der viel zu früh aus unserem Team ausgeschieden ist und der uns allen sehr fehlt.

Sobald wir ein Genie wie ihn gefunden haben und es der Wunsch des Publikums ist, machen wir mit ›Liebling Kreuzberg‹ weiter.

Vielleicht darf ich auch einen kleinen persönlichen Gruß an meinen 91jährigen Vater senden, der neulich gesagt hat: ›Die kriegen alle die schönen Goldenen Löwen, und du?‹ – siehste Papa, was lange währt, wird endlich gut.

Danke.«

Auf der Feier traf ich auf den Boxer Henry Maske, der sich als ganz lieber und natürlicher Mensch erwies. Ich traf Georg Feil, der sich dafür entschuldigte, daß er mich damals bei »Auf Achse« schmählich im Stich gelassen habe. Ich traf auf Fritz Pleitgen, der der alte gute Freund geblieben ist. Ein paar nette Bemerkungen kamen von Günther Jauch und anderen. Alfred Biolek nimmt übel, daß ich noch nie in seiner Quasselshow gewesen bin. RTL-Intendant Thoma hatte ein paar gute Worte für mich. Regina Ziegler meinte, wir sollten nochmal von vorn anfangen. Es gab einen Fototermin für die Presse. Harald Juhnke meinte einmal mehr: »Wir sollten ma wat zusammen machen …« Mit Günter Lamprecht einige versöhnliche Worte gewechselt. Der österreichische Schauspieler Peter Weck kam kurz vorbei, um anzudeuten, daß Otto und ich den Preis auch ihm zu verdanken hätten, er sei Mitglied der Jury gewesen. Martin Semmelrogge, mit dessen Vater Willy ich in Griechenland noch »Auf Achse« gespielt hatte, kam in seiner drolligen

Art auf ein paar Worte vorbei, und wir erinnerten uns, daß wir einmal in Saarbrücken gemeinsam ein Hörspiel gemacht haben.

Erst am Tisch mit Otto und Ottilie habe ich mich einigermaßen wohlgefühlt. Es gab Gänseleber auf Apfelscheiben und andere vorzügliche Kleinigkeiten, es gab guten roten und weißen Wein.

Als die Musik zu laut wurde, packten wir ein und gingen noch zum »Diener«, wo im Laufe des Abends auch andere Teilnehmer der Feier eintrafen. Otto ging erst um 2.00 Uhr nach Hause.

Di 6.10.98

9.00 Uhr Abholung, Drehtag nur mit Charles Brauer und mir. Bilder 79 und 91 – Scheune. Ich habe mir eine ganz schöne Auflösung und eine optische Pointe für die bedrohliche Maiserntemaschine einfallen lassen. Hoffentlich funktioniert es so.

Abends in der Lobby Rotwein und Zigarre mit Charly. Wir haben über Milošević und Holbrooke, über das Elend der Albaner, über den Krach zwischen Syrern und Türken und über vieles andere gesprochen.

Allein auf dem Zimmer die beiden Liedchen »Und der Himmel hängt voller Geigen …« und »Stormy Weather« eingeübt.

Mi 7.10.98

Traum: Es sollte bald ein Konzert beginnen. Ich saß im Orchestergraben mitten unter den Musikern. Die Notenpulte waren aber massive, vierfüßige Tischchen. Ich saß auf einem dieser Tischchen und liebäugelte mit einer offenbar japanischen Musikerin, die eine altmodische Art Flöte zu spielen hatte, ein Gerät aus blondem Holz mit Elfenbein-Einlagen. Noch ehe der erste Ton gespielt wurde, küßten wir uns. Irgendwie war alles ganz natürlich und gewöhnlich. Als ich mich umsah, entdeckte ich andere Konzertbesucher, die ebenfalls auf den Tischchen saßen und mit Musikerinnen anbandelten. Und festlich gewandete Damen waren aus dem Publikum herabgestiegen, um den Musikern ihre Gunst zu zeigen. Es schien »Tag der offenen Tür« zu sein …

Do 8.10.98

Abfahrt 9.30 Uhr. In der Dekoration ›Kommissariat‹ vier Bilder gedreht – bis 18.00 Uhr. Langer, harter Tag. Charly und ich haben für das Team eine italienische Brötchenklappe für 340,– Mark (ohne Getränke) gekauft. Ganz schön teuer. Viel Gemüse, wenig und nur eine Sorte Wurst, noch weniger Schinken. Der Tip kam von einer Vegetarierin.

Abends im »Blockhaus« Lachs und Salat gegessen. Dann in der Lobby mit Charly lange über unsere Jugend gesprochen, Thema diesmal: Filzläuse. Er sprach sehr komisch über eine alte Jugendliebe, die ihn, als er neunzehn war, einmal mitten aus einer Gesellschaft heraus vor die Tür bat und ihm zuflüsterte: »Du hast Filzläuse.«

»Woher weißt du das?«

»Ich sehe sie.«

»Du siehst sie? Um Gottes willen! Wo?«

»In deinen Augenbrauen.«

Charly hatte bis dahin gar nicht gewußt, daß es das gibt. Er hat sich zu Tode geschämt, ist mitten in der Nacht in eine Apotheke gegangen und hat sich zu Hause verkrochen. In den Brauen hatte ich sie nie. Aber der Ekelausbruch bei ihrer Entdeckung ist mir wohlbekannt.

Frei 9.10.98

8.15 Uhr Abholung. Wieder in der Dekoration ›Kommissariat‹ gedreht. Etwas langweilige Bilder. Man kann nichts machen. Ich habe keine Lust, dauernd in dem blöden Büro herumzulaufen, nur damit etwas passiert. Also bin ich sitzen geblieben. Ich habe mich damit getröstet, daß »Derrick« die international bestverkaufte Serie Deutschlands ist, und der macht auch keine Ballette.

Ich konnte einen Flug früher fliegen, mußte mich mit all den kupfernen Blumentöpfen für Ottilie in ein kleines Turboprop-Flugzeug zwängen und den ganzen Schrott auf den Knien festhalten.

Otti hat sich aber gefreut. Die Rippchen habe ich nicht gegessen. Ich habe Otti gesagt, daß ich abends das Kind sehen will. Otti hat darauf sofort Regine angerufen, als habe sie auf diese gute Nachricht gewartet, und ist stante pede in die Stadt gefahren, wo sie bis 2.00 Uhr geblieben ist.

Die Kinder kamen. Marlene hat sich entzückend über das Wiedersehen gefreut.

Sa 10.10.98

Die Ansinnen werden immer entlegener. Die Evangelische Kirche will, daß ich eine Predigt halte; jemand will auf der »EXPO« eine musikalische Zeitreise mit Kurt Weill machen, und ich soll singen und ansagen; das Liverpool Royal Philharmonic Orchestra will eine Tournee mit Schlagern von Offenbach, Grieg, Bernstein, Lennon/McCartney, Mahler, Tschaikowski u. a. machen, mit mir als Moderator; das Postmuseum will alle Kritzeleien haben, die ich beim Telefonieren so mache ☺; Jazzradio 101,9 will meine Lieblingsplatten und dazu eine mehrstündige Moderation; »Spiegel-TV« will mal wieder 45 Minuten über »die dramatischen Ereignisse« (Maueröffnung) labern. Und das jede Woche. Man will die blödesten Reklamen, Filme, Moderationen, Galas, Konzerte usw. machen. Ich kann das nicht alles beantworten. Dazwischen kommen Gratulationen zu dem goldenen Bleilöwen. Ich habe alles Ottilie gegeben, die sich Montag ans Telefon setzen und mit ihren zärtlichsten Worten alles absagen wird.

Mo 12.10.98

Abholung 9.15 Uhr. Letzter Drehtag in der Dekoration ›Kommissariat‹ in Hamburg-Bahrenfeld. Drei eher langweilige Bilder gedreht. In einem davon habe ich mich über vier Stühle gelegt. Was Besseres fiel mir nicht ein, es waren reine Informationsbilder, wenig unterhaltsam für das Publikum.

Abends Treffen mit Raimund Weber, Kerstin Ramcke, Doris Heinze, Rolf »Larry« Freisler und Charles Brauer im »Elsaß«. Mit der Heinze ins Gespräch über das Lied »Und der Himmel hängt voller Geigen« gekommen, das ich in dem »Tatort« kurz angeträllert habe.

»Das kennt doch jeder«, sagte sie.

»Das kennt kaum noch ein Mensch«, sagte ich.

»Das kennt jeder«, sagte sie.

»Sie wissen«, sagte ich, »daß ich im Grunde ein scheuer Mensch bin. Sonst würde ich in der Kneipe herumfragen. Aber wenn's um eine kleine Wette ginge, würde ich es tun.«

»Fünfzig Mark wäre es mir wert«, sagte sie.

Sofort stand ich auf und fragte an den nächsten Tischen Männer und Frauen. Kein Mensch kannte das Lied, nicht einmal, nachdem ich es den Leuten vorgesungen habe. Fünfzig Mark.

Di 13.10.98

Abends Anruf von Barbara Beauvais, sie will mit mir essen gehen. Ich lade sie in den »Franziskaner« unter den Colonnaden ein, wo ich ein Rieseneisbein vertilge, aber nur das Fette. Sträflich. Barbara erzählt unter anderem von einem Fest in Hamburg, wo sie zufällig neben Alt-Bundeskanzler Helmut Schmidt zu sitzen kam. »Schmidt weiß alles«, sagt Barbara Beauvais. Aber sie habe den Eindruck gehabt, er sei auf nichts mehr neugierig. »Herr Schmidt, sind Sie noch auf etwas neugierig?« hat sie ihn gefragt. »Ja«, hat er gesagt, »aber nur erster Klasse.« Kann ich verstehen.

Frei 16.10.98

8.00 Uhr Abholung. Bilder 72, 73, 74. Unterwegs mehrere Varianten für Berti Vogts geschrieben, darunter auch eine für den Fall, daß er sich weigert, etwas Komisch-Selbstironisches über seine Trainerzeit zu sagen.

Charly und ich haben ein paar Mini-Slapstick-Nummern versucht, wissen aber selbst nicht, ob sie in den Film passen. Wir machen gewöhnlich eine Klappe als die »Pflicht« und andere als »Kür«.

Heute hatten wir einen seltenen Schauspieler, der uns einen Vortrag darüber hielt, wie er die Rolle anlegen wollte, und als es losging, stemmte er die Hände in die Seite wie eine Waschfrau und bewegte sich nicht mehr. Mir knallte dann was im Kopf durch. Ich fing an, nach dem Produktionsleiter zu schreien: »Larry, Larry, wo bist du?« Ich rannte aus der Dekoration in den Garten und rief: »Larry, schaff sofort irgendeinen Schauspieler hierher, oder ich breche ab!«

Dieser Leierkasten von Schauspieler kriegte einen Schreck und fing an, sich zu bewegen.

Ich konnte das Flugzeug um 17.55 Uhr noch erreichen und flog nach Hause.

Sa 17.10.98

In der Zeitung fand ich ein Zitat des niedersächsischen SPD-Innenministers Gerhard Glogowski, der über rechtsextreme Parteien sagte: »Zwischen NPD, Republikanern und DVU unterscheide ich nicht. Das hieße, Scheiße nach dem Geruch zu sortieren.«

So 18.10.98

Im ZDF ein älteres Interview mit dem am Montag mit 93 Jahren viel zu früh verstorbenen Bernhard Minetti. Ein Nazisympathisant. Sonst weiß ich nicht viel über ihn, außer, daß er diesen DDR-Sohn Hans-Peter hat und jedenfalls ein grandioser Schauspieler ist. Er hat eine schöne Antwort auf die Frage, was eigentlich das Handwerk des Schauspielers sei, gegeben: Vor allem, sagt er ungefähr, muß man lernen, die drei Sorten »S« richtig auszusprechen, das stimmhafte in »Sagen«, das spitze »Z« und das stimmlose in »Maus«. Mir scheint, Minetti spricht druckreifen Wahnsinn. Und wieder auch nicht. Wahrscheinlich ist er druckreif wahnsinnig. Gibt's das? Er spricht privaten Text noch besser als geschriebenen. Leichter. Zieht weniger Schnuten. Aber privaten Text gibt es nicht bei Minetti. Das ist der Wahnsinn. Er hat nie ein privates Wort gesprochen. Er erinnert mich entfernt an den genialen XXY[22], der im Kabarett immer den Postbeamten spielt.

---

22 Vermutlich ist der Schweizer Kabarettist und Schauspieler Emil Steinberger gemeint.

Um halb zwei Uhr nachts spricht Claus Peymann so klug und so trauernd über Minetti.

Dann läuft Peymanns Inszenierung des »Weltverbesserers« aus Bochum mit Minetti und Edith Heerdegen. Sie hat erheblich weniger Text als er.

Ich sollte zu Otti auch einmal sagen: »Meine Lebensgefährtin, mein notwendiges Übel, mein Höllenkind!«

Mo 19.10.98

Komme am Flugplatz zum 11.00-Uhr-Flug nach Hamburg an. Gate 16 wird bei Gate 18 abgefertigt. Drei Frauen und zwei Männer von der Bombenkontrolle stehen arbeitslos herum. Außer mir niemand da. Der Kontrollakt findet statt. Ich habe meinen Pullover ausgezogen und in die Plastikschachtel gelegt. Mit der Tasche zusammen passiert er den Röntgentunnel. Ich habe nur ein Oberhemd an. Der dünnere der beiden Männer fährt mit seinem Elektronik-Pieper über meinen Brustkorb und läßt es drei Sekunden lang piepen. Ich denke an nichts. Der Mann riecht ein bißchen, sonst denke ich an nichts. Der Mann fährt mit dem Pieper noch einmal über die Stelle und läßt es diesmal sechs Sekunden lang piepen.

»Was haben Sie denn da?« fragt er laut und vernehmlich und so, daß ich das Gefühl habe, er will mir ein schlechtes Gewissen machen. Erst jetzt fällt mir mein Herzschrittmacher ein. Plötzlich verachte ich diesen Mann.

Ich sage laut und überdeutlich: »Einen Herzschrittmacher habe ich da! Was dachten Sie denn?«

Der Idiot zeigt auf ein entsprechendes Piktogramm an der Pappwand und sagt: »Das müssen Sie ansagen. Hier steht es doch!«

Ich sehe ein Herz-Symbol und ein kleines Ding, das wohl einen Impulsgeber darstellen soll.

»Wenn Sie aus der Brust eines älteren Mannes, der seinen Pullover abgegeben hat und im Hemd vor Ihnen steht, einen Piepton hören, dann können Sie ihn schon beim ersten Mal fragen, was er dort hat. Und zwar bevor Sie seinen Herzschrittmacher ein zweites Mal anpiepen.«

Ohne zu zögern, gibt der Idiot zum ich weiß nicht wievielten Male seine eingelernte Antwort: »Ich bin kein Mediziner.« Dabei kennen mich die Leute, sie haben mich schon oft abgefertigt. Ich frage mich, wie würde sich eine solche Szene abspielen, wenn bei diesen Arschgeigen ein Hauch Vorsicht trainiert worden wäre und nicht diese eklige deutsche Lust, das Publikum zu schurigeln. Die fünf Nichtmediziner hatten während der Wartezeit von fünfzig Minuten noch sieben Passagiere abzufertigen.

Ich flog, wahrscheinlich mit einem dejustierten Herzschrittmacher, nach Hamburg, wo Charly Brauer und Larry Freisler mich erwarteten. Dann erwarteten wir gemeinsam Berti Vogts. Der kam nach einer halben Stunde angeflogen und war mir auf Anhieb sympathisch. Plötzlich zwei Kamerateams des Fernsehens, Leute vom NDR, die fragten den Berti dummes Zeug. Viele undichte Stellen. Jeder kann der Verräter gewesen sein. Schon am Wochenende stand das Wichtigste in der Blödzeitung, was man über den »Tatort« »Habgier« sagen kann: Berti spielt mit. Wir setzten uns ins Auto, und auf der Fahrt ins Hotel »Atlantic« agitierte ich Vogts. Ich sagte ihm, daß wir verstehen würden, wenn er sich dem Thema Fußball verweigerte. Für den Fall hätten wir einen Nachbarn, der dem kleinen Jungen in dem »Tatort« das Leben rettet, indem er ihm sein Kaninchen wiederbringt und ihn damit vor dem Selbstmord bewahrt. Dieser Nachbar könnte jetzt mit dem Jungen spielen. Sie könnten zusammen das Kaninchen dressieren.

»Und die andere Variante?« fragte Vogts.

»Die andere Variante könnte der ehemalige Bundestrainer Berti Vogts sein, der mit den Kindern Tischfußball spielt und ein paar selbstironische Bemerkungen macht«, sagte ich.

»Welche Bemerkungen?«

Ich spielte Berti Vogts die Szene vor, die ich vor ein paar Tagen dem Charly diktiert hatte:

Axel: Sag mal, kann jeder Fußballspieler werden?

Berti: Jeder.

Axel: Kann jeder Europameister werden?

Berti: Das ist schon viel schwerer.

Axel: Und Weltmeister?

Berti: Das ist fast unmöglich …

Stöver: … Es ist schon unmöglich, gegen die Türken zu gewinnen …

Berti: Ehe man Fußballer wird, sollte man einen anständigen Beruf lernen. Sonst geht es dir so wie mir. Nachdem ich Fußballspieler war, mußte ich als Trainer arbeiten. Und das war wirklich hart.

Berti Vogts entschied sich sofort für die zweite Variante. Er schrieb den Text (leider) ein bißchen um und spielte die Szene.

Der Mann hat Humor. Ich war sehr froh. Aber Berti Vogts ist einfach jemand, der ganz und gar echt und ehrlich ist. Er kann sich nicht verstellen. Er kann nur er selbst sein und nicht der Hochstapler, der in jedem brauchbaren Schauspieler steckt. Das heißt, Schauspieler kann er beim besten Willen nicht sein. Aber er hat es gespielt, so gut er konnte. Hochachtung.

Ich erreichte durch eine bravouröse Rennfahrt von Felix Gregor das knallvolle Flugzeug um 17.55 Uhr mit knapper Not und flog nach Hause. Ich hatte nicht einmal die Zeit, mich von Berti zu verabschieden.

Über die Art, wie der NDR schon am ersten Tag seiner Zusage die Medien alarmiert hatte, habe ich mich sehr geärgert. Es wäre zu schön gewesen, wenn Berti einfach als Überraschung in dem »Tatort« vorgekommen wäre, als Bonbon. Nein, es mußte ausposaunt werden und zwar obendrein zu früh, wodurch die Wirkung verpufft. Blöde. Es gibt keine Überraschungen mehr, keine Heimlichkeiten. Alles muß sofort zu Quote gemacht werden.

Mi 21.10.98

Nachmittags in der Sendung »Brisant« im Ersten endlich ein TV-Beitrag über die Teilnahme Hans-Hubert Vogts' als Schauspieler in dem »Tatort« »Habgier«. Er hat ein paar freundliche Sätze gesprochen, denn er ist aus tiefster Seele freundlich. Auch Bretzinger sprach ein paar Worte. Und das war's. Jedenfalls war es weniger schlimm, als ich befürchtet hatte. Aber der Witz an der Sache ist weg, da nützt alles nix.

Etwa 16 % der Kinder in Deutschland sind von Armut betroffen. Armut ist da, wo ein Fünftel der Dinge in einem Haushalt nicht vorhanden sind: eine trockene Wohnung, WC, Bad oder Dusche, eine Waschmaschine und Geld, um die Stromrechnung zu bezahlen. Menschen, die Kinder aufziehen, werden finanziell dafür auch noch bestraft.

Do 22.10.98

Abholung und 45 Minuten Reise nach Wedel zu »Markenfilm«. Dort schminken, umziehen und ins Atelier, wo die Ausstatterin einen Kamin mit künstlichem Feuer per Gasflamme gezaubert hatte. Dort sollte ich sitzen und meinen Spot bringen.

»Ich muß Ihnen was erzählen, das mit Werbung zu tun hat …« In diesem Moment sollte meine Zigarre zu zischen anfangen, ich sollte sie entsetzt in den Kamin werfen, wo sie explodieren sollte. Weiter im Text: »Man muß schon sehr aufpassen, daß einem nichts untergejubelt wird. Wie bei der Werbung … Man denkt, die ist von der Telekom, und dann ist sie gar nicht von der Telekom. Sondern von der äh äh Mogelkom ääh … Warum die so was machen? Na, die wollen Sie für dumm verkaufen! Merken Sie sich: zu verschenken hat keiner was. Und wenn Sie einer mit einem Lockangebot ködern will, dann passen Sie auf! Sonst zahlen Sie woanders drauf …« Zündet neue Zigarre an. »Wissen Sie was: Bleiben Sie bei der Telekom. Da wissen Sie, woran Sie sind. Mogeln tun die nicht!«

Die Zigarren waren zum Zischen vorbereitet. Das konnte ich probieren, und es funktionierte halbwegs. Was ich aber nicht wußte, war, daß jemand eine Sprengladung in dem Kamin, das heißt mitten im Feuer, deponiert hatte. Das konnte ich nicht probieren, denn ich wußte es nicht. Niemand hatte mich gewarnt, auch der Depp von Pyrotechniker nicht. Und plötzlich ging die Ladung hoch. Mir flogen die Phosphorfetzen um die Ohren und in die Schuhe. Ich ließ mir für den linken Fuß ein Pflaster mit Brandsalbe bringen und machte den Jungs einen gewaltigen Einlauf, den sie nicht vergessen werden. Es war gerade noch gutgegangen.

Frei 23.10.98

Um 16.30 Uhr Fanny mit Daisy-Philine zu einem Besuch Marlenes eingeladen. Beide Schwestern haben sich sehr gefreut. Es ist erstaunlich, wieviel Gefühl die kleine Marlene für Verwandtschaft hat. Sie scheint schon jetzt zu spüren, daß Verwandtschaft etwas Besonderes ist. Als ich im Gespräch zu Fanny sagte: »Marlene ist unsere süße kleine blonde Nachzüglerin …«, sagte Marlene: »Das kommt von Gott.« Man merkt, daß sie in einem evangelischen Kindergarten ist. Die beiden Schwestern redeten und spielten lange allein miteinander. Die Kleine hatte scheinbar die Welt vergessen. Es fehlte ihr nicht Vater noch Mutter.

_Sa 24.10.98_

Netanjahu und Arafat haben sich unter Aufsicht Clintons und unter gutem Zureden des vom Tode gezeichneten jordanischen Königs die Hände geschüttelt.

_So 25.10.98_

Heute spürte ich zum ersten Mal einen gewissen Widerwillen gegen all den Trödel auf dem Flohmarkt und all das Geschwätz, das man dort zu hören kricht.

Ich habe trotzdem zwei sowjetische Marineflaggen gekauft, eine große und eine kleine. Den Flaggen sieht man noch an, was es in den zwanziger Jahren für wunderbare Grafiker und Künstler gab. Auf leinenfarbenem Grund unten das rote Emblem »Hammer und Sichel«, darüber der fünfzackige rote Stern, an einer der Längsseiten ein breiter Streifen Blau. Eine schöne Fahne. Sie warnt jeden Feind, der sich von See her mit den Arbeitern und Bauern anlegen will. Was bedeutet der Stern nicht alles auf den vielen Fahnen der Welt?

Schon um 20.00 Uhr kam Otti von der Reise. Ich machte ihr Bratkartoffeln und Eier mit Speck und zeigte ihr die kleine und die große sowjetische Marineflagge. Wir saßen dann bis Mitternacht zusammen, sprachen über unsere Kindheiten und über die Zeit unserer Liebe.

Mi 28.10.98

Bei Papa. Er liegt flach. Es gibt nur noch vier Menschen, auf die er nicht mehr schimpft: Großmutter Johanna, Mutter Elisabeth, Freund August Kentischer und Freund Sepp Amberger. Alle anderen sind Huren und Hurensöhne. Ich hatte mein Mikrofon vergessen. Schade. Er sagte: »Ein Leben lang hat man gesprochen und gesprochen, und das Wichtigste hat man nicht gesagt.« Wenn ich ihn gefragt hätte, dann hätte er es nicht gesagt, was das Wichtigste sei. Wenn mein Vater etwas sagen will, was er sagen will, dann sagt er es auch, ohne gefragt zu sein.

17.30 Uhr holte mich Jörg Stempel ab, und wir fuhren in das Musikstudio »Nucleus«, wo wir den sehr sympathischen Trompeter Till Brönner und den Chef des Studios Jens Kuphal trafen. Wir unterhielten uns über die CD, die wir eventuell machen wollen. Zum ersten Mal habe ich das Gefühl, bei einem Musiker mit Geschmack auch dann gut aufgehoben zu sein, wenn es um Arrangements geht. Sie spielten mir ein paar noch ungemischte Lieder von Hildegard Knef vor. Wir haben verabredet, alte und neue Lieder aufzunehmen. Aber wie und was? Ach, ich bin müde. Nichts gefällt mir.

Do 29.10.98

Um 14.00 Uhr kamen Helmut Sakowski und Helga Korff-Edel zu Besuch. Natürlich wollten sie etwas. Helmut hat aus dem Drehbuch, das er ursprünglich für mich geschrieben und zu dem ich ihn ermutigt hatte, einen 350 Seiten langen Roman gemacht. Den wollte er im Aufbau Verlag herausbringen, aber dort wird gezögert. »Ich habe also jetzt ein Buch geschrieben, Prosa sozusagen, in das ich Teile der alten ›Daniel Druskat‹-Geschichte eingebaut habe.[23] Das Ganze ist aus den alten Drehbüchern und aus den neuen

23 Die fünfteilige Spielfilmproduktion »Daniel Druskat« des Fernsehens der DDR, die im Zeitraum zwischen 1975 und 1976 entstand, beruhte auf dem gleichnamigen Roman Helmut Sakowskis. Der Tagebucheintrag vom 26/27.12.96 erwähnt, dass Sakowski als Fortsetzung ein Drehbuch mit dem Titel »Wendenburg« verfasst hat, das er MK zu lesen gibt.

zusammengefügt. Ich könnte es vielleicht loswerden … Was hältst du davon, wenn ich die Briefe, die wir gewechselt haben, anstelle eines Vorworts dem Roman voranstelle? Und das Buch könnte heißen ›Der Fürst von Wendenburg‹, Untertitel ›Eine Rolle für Manfred Krug‹.«

Otti konnte kaum ihr Gesicht in Ordnung halten. Und auch meine Lippen könnten von leisem Ekel gekräuselt worden sein. Eine dumme Sache. Zuerst wollte ich ihm einfach sagen: Kommt nicht in Frage. Ich mußte an den schleimigen ND-Artikel denken, den Sakowski damals bei der Biermann-Ausweisung vom Stapel gelassen hatte. Und an den sozialistischen Großschriftsteller im Rang eines ZK-Mitgliedes, bei dem man kaum eine Textänderung durchsetzen konnte. Dann tat mir der immer noch stattliche ehemalige Förster fast leid. Er ist jetzt 75 Jahre, sicher gehen die Geschäfte nicht so gut. Alle möglichen Leute hängen sich an einen dran. Warum soll er sich nicht auch ein bißchen dranhängen. Macht mir doch nichts. Nützt nicht, schadet nicht. Andere haben auch auf das jeweilige »Buch zum Film« mein wertes Porträt vorne draufgepappt. (Dafür war ich schlau genug, es auf mein eigenes Buch nicht draufzupappen.) Also seien wir christlich, soll er's machen.

Sakowski hat eine hübsche Geschichte erzählt: In der Daniel-Druskat-Zeit war eine Regierungsdelegation am Drehort. Man sprach über die quasi industrielle Viehzucht.

Ich soll den Staatssekretär gefragt haben: »Wieviel Hektar haben wir denn hier?«

Der hat geantwortet: »5.000.«

Ich habe gesagt: »Und was wird der nächste Schritt sein?«

Da hat der Staatssekretär gesagt: »10.000!«

»Und dann?« habe ich gefragt.

»15.000 oder 20.000 Hektar!« hat der Staatssekretär geantwortet.

Und ich soll gesagt haben: »Aber dann müßt Ihr langsam Schluß machen. Dann kommt die polnische Grenze!«

Die Briefe muß ich erst lesen. Da weiß ich noch nicht, was ich machen soll. Ich bin aber wohl gegen die aufgeblasene Brieforgie.

Eine Stunde später. Ich habe die Briefe gelesen, sie sind, wie nicht anders zu erwarten, gut. Aber will ich sie einfach umsonst hergeben? Und sie damit für eine eigene Biografie quasi unbrauchbar machen? Ich muß nachdenken, und darin bin ich nicht mehr der Schnellste.

Sa 31.10.98

Um 18.00 Uhr habe ich Helga Korff-Edel angerufen und ihr gesagt, daß ich gegen die Verwendung meiner Briefe nichts einzuwenden habe. Sie solle aber Streichvorschläge wegen meiner negativen Äußerungen zu Personen und Sendern machen, und der Verlag soll für meine Briefe an eine Kinder-Organisation zahlen. Außerdem möchte ich das Cover des Buches vorher sehen, um zu beurteilen, ob zwischen dem eigentlichen Titel »Ein Fürst in Wendenburg« und dem Untertitel »Eine Rolle für Manfred Krug« der nötige Größenunterschied besteht, denn Sakowski würde sich vor dem Publikum selber schaden, wenn der Eindruck entstehen würde, daß er sich an einen Namen hängt.

So 1.11.98

Die Kinder im Regen nach Hause gefahren, dann zu meinem Vater. Papa sagt mit einem letzten Hauch von Stimme:

»Bis ich vierzehn war, habe ich jeden Tag vor meinem Bett gekniet und gebetet. So wurde ich erzogen. Aber ach, die Kirche, ein solcher verkommener Jammerhaufen. Unproduktive Menschen, die sich gegenseitig die Taschen vollhauen. Und die Menschen sind dumm genug, hinter all den Gurus herzulaufen. Jeder glaubt an einen anderen Gott. Ich auch. Aber nur in der Phantasie. All die Schwindler. Na ja, uninteressant war's ja nicht.

Der einzige Mensch, dem man glauben kann, ist meine Mutter.« (Tränen laufen über seine Wangen.)

Ich sage: »Da kommt man am Ende des Lebens dazu, nochmal an die Mutter zu denken …«

»Nee, nicht am Ende. Immer. Wenn ich in Not und verlassen und allein war, dachte ich an meine Großmutter. Sie hatte vier eigene Kinder von vier verschiedenen Vätern, war taubstumm, alle haben sie nur mißbraucht, war ja ne hübsche Frau. Meine Mutter hatte zwei Kinder von zwei verschiedenen Vätern. Und alle haben sie ihre Kinder bei meiner Oma abgeladen. Und haben sich verflüchtigt. Alle. So hat meine Oma sechs Kinder durch Wäschewaschen am Leben erhalten.«

»Schade, daß ich die nicht kennengelernt habe …«

»Oh, da wärst du anders geworden. Dann hättest du das Leben anders sehen gelernt.«

Mo 2.11.98

Ich habe mir drüben etwas Fernsehen gegönnt. Zuerst sah ich »Old Zitterhänd« Hansjörg Felmy (67) im Interview. Er hat kurz davon erzählt, wie er mal bei »Hitchie« (so nennt er Hitchcock) in Amerika war. Sein Papa ist Fliegergeneral gewesen. Als Felmy Schauspieler werden wollte, mußte er seinem Papa versprechen, »nicht das ganze Ballett zu schwängern«.

Die Interviewerin: »Und das haben Sie eingehalten?«

Felmy mit Süffi-Lächeln: »Sagen wir mal so: es ist gut gegangen …«

Was soll man in einer solchen Sendung schon reden. Sagen wir mal so: nur Scheiße.

Di 3.11.98

Marlene ist dabei, sich zu wandeln. Der Kindergarten, den sie seit einigen Wochen besucht, mag ihr dabei helfen, sich anderen Kindern gegenüber durchzusetzen. Das mag von Nutzen sein. Aber sie ist schrill geworden. Wenn sie ein paar Minuten da ist, fängt sie bald an, mir auf die Nerven zu gehen. Sie ist wichtiger als die ganze Welt. Das wird wohl normal sein. Aber leicht zu ertragen ist es nicht.

19.45 Uhr kam Jörg Stempel und holte uns mit seinem Wagen ab. Eine halbe Stunde später kamen mit Till Brönner die Musiker. Wir erzählten ein bißchen über Peter Herbolzheimer. Brönner konnte den dicken Meister besonders gut nachahmen. Er habe mit

15 Jahren dem Peter, damals Chef des »Bujazzo« (Bundesjazzorchester), auf der Trompete vorspielen wollen. Obwohl er zu jung war, sei er endlich an die Reihe gekommen. Herbolzheimer habe in seiner netten Art gesagt: »Na, du kleiner Scheißer?«, und dann habe Brönner etwas vorgeblasen. Peter habe danach eine Weile geschwiegen. Offenbar habe er über etwas nachgedacht. Endlich habe er den Mund aufgemacht und den Brönner beiläufig gefragt: »Hast du eigentlich einen Smoking?«

So 8.11.98

Otti und ich waren auf dem Flohmarkt am Ostbahnhof, wo wir Willy und Maria Moese trafen. Großes Hallo. Moeses nahmen uns dann mit auf einen Flohmarkt in Treptow, der uns schon von außen mißfiel. Es sah aus, als handelten Osteuropäer mit alten Startern und Vergasern. Wir fuhren also auf den 17. Juni, wo wir Moeses verloren, dafür aber Tilo Prückner mit seiner Brigitte trafen. Wir wechselten mit ihnen ein paar Worte. Plötzlich stellte sich eine jüngere Frau vor mich hin, unterbrach das Gespräch und sagte etwas Unverständliches, Wichtiges. Ich drehte mich unwillkürlich um, weil ich glaubte, jemand anderer sei gemeint. Nein, ich war gemeint. Jedenfalls überkam mich eine Wut. Die Frau sagte nur: »Sie sind Manfred Krug. Sie sind Manfred Krug!«

Ich sagte plötzlich und laut: »Eh! Du bist es! Süße! Entschuldige, daß ich dich nicht als erster begrüßt habe!« Dabei umfaßte ich sie, küßte sie auf beide Wangen.

Sie fing an zu erschrecken. Ich fuhr ihren Rücken runter, griff mit beiden Händen ihre Arschbacken, ich sah, wie sie sich, schon in Panik, nach jemandem umdrehte, wohl nach ihrem Mann.

»Süße, wie schön, daß wir uns endlich wiedergesehen haben …« Ich drehte mich um und ging meiner Wege.

Nach einer Weile kam Otti: »Der Prückner hat gestaunt. Der dachte, du kennst die Frau … Der hat den Mund nicht mehr zugekriegt …«

Wir fuhren nach Hause und aßen Sauerkraut und Blutwurst.

Di 10.11.98

Ich kann nicht alle DDR-Menschen, die ihren Dienst am Sozialismus ernst genommen haben, zurückweisen. Ich hatte mir eine Grenze gesetzt, bei der ich bleiben will: wer mich direkt angeschwärzt oder bei der Stasi verpfiffen hat, wer Berichte über mich oder meine Freunde geschrieben hat, der ist für mich erledigt. Wollte ich mit allen anderen, zum Beispiel den »Angepaßten«, ebenso verfahren, dann käme noch ein halbes Dutzend Menschen in Frage, mit denen ich hadern müßte. Sakowski hat immerhin mein Talent erkannt und genutzt. Er hat für mich Rollen geschrieben, in denen mich manche Kulturfunktionäre nicht sehen wollten. Und ich konnte mit dem Mitglied des Zentralkomitees Sakowski über seine Vertraute Helga Korff-Edel sogar Textveränderungen ertrotzen. Klar war er ein Angepaßter, das zeigte schon sein Artikel zum Biermann-Rausschmiß im »Neuen Deutschland«, aber da war er in der Gesellschaft von noch viel Schlimmeren.

Mi 11.11.98

Ich überredete Otti, mit mir nach Hennigsdorf zu meinem Vater zu fahren. Sie verschob eine Verabredung mit Regine für eine Stunde und fuhr widerwillig mit. Sie ist eine treue Seele. Dabei hat mein Vater nie ein gutes Haar an ihr gelassen. Sie war einfach nicht die Frau mit den großen Titten, die er bevorzugt hätte. Das war ihr Fehler.

Als wir im Krankenhaus ankamen, blieb Otti vorerst im Warteraum.

Papa schien mir besser beisammen als gestern.

Ich legte unauffällig meinen Kassettenrecorder zurecht. Es könnte jeder Tag der letzte sein. Dann holte ich Otti herein. Seine ersten an sie gerichteten Worte waren: »Hast du mir verziehen?«

Otti hielt eine Stunde lang seine Hand. Er sagte die liebsten, freundlichsten Sachen seines Lebens:

»Wollen wir alles vergessen?«

»Ja, das wollen wir«, sagt Otti. »Hast du Schmerzen?«

»Ja. Und wie. Und wie. Die Jahre haben deiner jugendlichen Frische nichts ausgemacht. Du bist ja auch ein tapferes Mädchen. Mußt mir nicht böse sein. Kann ich dich noch drücken?«

»Ja.«

»Weißt du ... Verzeihen ist etwas Schönes. Ich freue mich, daß wir uns wiedersehen.«

»Ich freue mich auch ... Ich wußte nicht, ob du mich sehen willst.«

»Mein ganzes Verhalten ist eine Dummheit der Jugend. Das hätte anders sein können. Aber wenn man jung ist, macht man manchen Quatsch, unnötigen Quatsch. Ja ... Zu spät sieht man es ein. – Bleibt mal schön zusammen.«

»Machen wir. Das machen wir.«

Papa: »Du hattest ja auch keinen leichten Stand. – Und doch einen leicht zufriedenzustellenden Mann. Der hatte keine Bocksprünge im Kopf. Nur Spielereien. Richtig betrachtet: nur Spielereien. Augenblickliches Glück, das augenblicklich wieder vergeht. Nicht, Manfred?«

Otti: »Du hast doch einen tüchtigen Sohn.«

Papa lacht mühsam: »Mensch Junge ... Da wär was drüber zu sagen, aber ich halte lieber meine Schnauze. – Eines waren wir: unerschrocken, fleißig, und wir haben alle strammstehen lassen. Auch wenn wir allein waren: die Menschen hatten vor uns Respekt. Obwohl wir allein waren. Die Leute hatten einen Respekt vor uns. Das war viel wert. Nicht, Ti? Laß dir nicht zu viel gefallen.« Er lacht unter Atemnot.

Otti: »Manfred hat mir eben das Haus gezeigt, wo ihr im Krieg gewohnt habt, in der Marwitzer Straße, wo du einmal den Bunker gebaut hattest.«

Papa: »Ich war eigentlich ein fleißiger Mensch. Ich mußte immer was tun. Manchmal haben sie mich ausgelacht. Und dann waren sie froh, mich zu kennen. Ich hatte gute Ideen und war allein. Hatte immer gute Ideen. – Ihr hört nur zu. Ihr denkt, laß den mal quatschen.«

MK: »Ja. Endlich hör ich dir mal richtig in Ruhe zu. Und quatsche nicht immer selbst. Das muß angenehm sein. Warum dich unterbrechen? Dein Gedankenfluß ist trotz der Krankheit so klar, Papa. Mein Papa.«

Papa: »Ich unterbreche dich auch nicht gern. Ich höre dir gern zu. – Du weißt auch 'ne Menge. – Ach, Junge. Aber wie es auch kommen wird und kommen mag: vor dem Ende haben wir keine Angst.«

Otti: »Kraft hast du noch …«

Papa: »Wenn's hart auf hart geht, da halten wir noch zueinander. Wer weiß, wie oft oder wie wenig wir noch so zusammen plaudern. – Aber eine schöne Zeit war's. Eine wunderbare Familie. Wenn ich dem Manfred gesagt habe: Geh in den Garten, und hau dem Jungen, der da links steht, was auf die Fresse, dann hast du das kommandomäßig durchgeführt. (Er lacht unter Atemnot, aber sehr amüsiert.) Und ich stand am Fenster und hab mich gewundert über deine Courage. Angst hast du überhaupt nicht gehabt. Und wie du mit dem russischen Lötkolben zu Hause ankamst, und statt eines Schweines hast du eine Kuh mitgebracht, die dir gar nicht gehörte, und der Russe hat sie dir wieder weggenommen … Geschichten, da könnte man einen Roman schreiben. – Du hast immer Glück gehabt. Ob es die Russen waren oder sonst wer. Du bist mit allen Nationen ausgekommen.«

Er schweigt längere Zeit.

MK: »Willst du ein bißchen ruhen, Papa? Und ich komm morgen wieder?«

Papa: »Mußt du aber nicht, wenn du keine Zeit hast.«

MK: »Ich habe Zeit. Ich habe jeden Tag Zeit. Und ich komme auch jeden Tag.« Und leise rutscht mir heraus: »Bis daß der Tod uns scheidet … Morgen um dieselbe Zeit komme ich wieder, mein Süßer. Halt dich tapfer.« Ich küsse ihn auf die Stirn.

Papa: »Ich freue mich, ich freue mich, daß ich dich habe.«
(zu Otti:) »Aber wir sind uns nicht mehr böse, was?«

Otti: »Nein, wir sind uns nicht mehr böse.«

Mich rührten seine Worte über die glückliche »Familie« von einst, die es eigentlich kaum gegeben hat. Der Tod und die Liebe haben etwas miteinander zu tun. Ich habe lange seine erkaltenden Füße gestreichelt.

Mein Vater hat seinen lichtesten Moment seit vielen Jahren.

Frei 13.11.98

Papa ist tot.

Heute um 9.15 Uhr ist er eingeschlafen. Um Viertel vor zehn hat Margret es drüben auf Anrufbeantworter gesprochen. Um halb eins hat es Otti überbracht.

Das wunderbare Gespräch am Mittwoch war also eigentlich sein Vermächtnis. Ich werde die Aufzeichnung des Gesprächs heute oder morgen von der Kassette abschreiben.

In wenigen Minuten kommen Krista Maria Schädlich und ihre Chefin zu Besuch.

Ich habe nichts von Papas Tod erwähnt, kam aber, als ich einen Teil meiner Kindheitserinnerungen und besonders »Johanna«[24] vorlas, ein paarmal ins Schluchzen.

Der Hauptaufgabe, nämlich der Chefin klarzumachen, daß ich nur wegen Krista Maria Schädlich und ihrer 18 Jahre währenden Beharrlichkeit bei ECON gelandet bin und daß ich jetzt, nach dem Verkauf an Axel Springer, nur ihretwegen dem Verlag »treu« bleibe, entledige ich mich mit Bravour.

Sie wollen hundert Gedichte von mir herausbringen. Moritz Götze will Buntstiftzeichnungen dazu machen.

Eigentlich würden sie alles von mir nehmen, was immer ich mache: meine Briefe, mein Tagebuch, meine Kurzgeschichten, meine Erinnerungen. »Wenn Sie nur mehr machen würden!« sagt die Chefin. Sie fragt mich, ob ich damit einverstanden sei, »Jurek Beckers Neuigkeiten« als Paperback für 20,– Mark zu veröffentlichen. Ich habe Ja gesagt.

---

[24] Die Kapitel »Johanna« über Manfred Krugs Urgroßmutter sind 2003 in dem Buch »Mein schönes Leben« im ECON Verlag erschienen.

Ausgerechnet heute kam die verbilligte Armbanduhr von Franck Muller mit dem zu kurzen Lederarmband. Sie ist wirklich wunderschön, ich freue mich, daß ich sie habe. Sie wird mir ein Andenken an Papas Sterbetag sein.

Mit Margret telefoniert. Sie will unbedingt das erfüllen, was Papa sich in der letzten Zeit so heftig gewünscht habe: keine Beerdigung, keine Trauergemeinde, keine Benachrichtigung, keine Kirche, keine Trauerrede. Nur Einäscherung und Versenken des Aschegefäßes in einem anonymen Urnenfeld. Ich habe den Groll meines Vaters gegen die ganze Welt nicht so ernst genommen. Es schienen mir eher Rachegedanken zu sein. Er hatte sich angewöhnt, den Tod als persönliche Schlappe anzusehen. Er wollte nicht, daß sich jemand daran weiden könnte, wie sein Sarg in die Erde fährt. Die Phantasie hätte meinem Vater genügt. Am Ende wäre ihm eine richtige Beerdigung mit allem Brimborium sicher am liebsten gewesen.

Sa 14.11.98

Erst um 7.00 Uhr legte ich mich ins Bett. Der Morgen dämmerte schon. Im Einschlafen dachte ich: Jetzt bist du eine Waise. Immer wieder stellte ich mir den trostlosen Raum vor, den ich als Kriminalkommissar viele Male im Film gesehen hatte: den Leichenschauraum. Da lag jetzt der kalte Körper meines Vaters.

So 15.11.98

Ich habe ein altes Foto von mir gefunden, auf dem ich Marlene sehr ähnlich sehe. Links sitzt mein Vater mit Schlips und Anzug auf einer sommerlichen Waldwiese. Er hält mich zärtlich mit beiden Händen fest. Ich habe nichts als ein leichtes Pufhöschen mit Oberteil an, und bis auf die abstehenden Ohren kann man sagen, daß ich ein hübsches Vorschulkind bin. Links neben mir sitzt Oma Wilhelmine, die Mutter meiner Mutter mit krausem Haar, großen Brüsten und großen Händen. Sie war wohl schon aus Duisburg evakuiert worden nach Hennigsdorf. Ich zeigte Marlene das Foto, sie ist aber nicht darauf gekommen, daß der kleine, ihr ähnliche Junge der Papa ist.

Di 17.11.98
Ich wünschte mir ein Hundertstel der Kraft und der Ausdauer von Stefanie Graf. Die alte Dame gewinnt gerade im Madison Square Garden in Neu York live das Achtelfinale gegen Jana Novotná. Hoffentlich. (3.20 Uhr). Ja, Novotná tut ein bißchen beleidigt, weil sie verletzt ist und – verliert.

Frei 20.11.98
Die Russen haben das erste Modul zu der neuen Raumstation »ISS« von Baikonur aus mit Hilfe einer bewährten »Proton«-Rakete ins All geschossen. Sie sind inzwischen derart verarmt, daß sie sich den Treibstoff für den Start von den Amerikanern erbetteln mußten: sechzig Millionen Dollar. Russen und Amerikaner wollen die Station gemeinsam bauen, sie soll im Jahr 2004 fertig sein. Die fußballfeldgroße Anlage soll hundert Milliarden Dollar kosten.

Sa 21.11.98
Ich hole mir Marlene ins Haus, sooft ich sie kriegen kann. Es ist mir eine Freude, mit dem intelligenten Kind zusammenzusein.

So 22.11.98
Es ist Totensonntag. Ich denke an Papa.

Margret hat gestern angerufen, die Urnenbeisetzung könnte am 8.12. stattfinden. Ob mir das recht wäre. Dann wolle sie, mit Rücksicht auf mich, eine kleine Feier in ihrem Haus machen, nicht in einem Lokal. Feier traue sie sich gar nicht zu sagen, aber es sei allgemein Sitte, daß man zur Beerdigung etwas ausrichtet, ein Essen oder so. Darüber solle sie sich keine Gedanken machen.

Udo Martini hat angerufen: Die Telekom will am 6. oder 7.12. in Bonn einen Spot mit mir aufnehmen. Auf meine Frage, ob es im nächsten Jahr weitergeht, sagt er: »Sie werden von Herrn Sommer geliebt, Sie werden von Herrn Kindervater geliebt, und wir lieben Sie auch. Natürlich gibt es auch Leute, die sich etwas Neues vorstellen könnten. Wir haben über die Markt- und Werbeforschung ein Diagramm machen lassen. Alle Ergebnisse weisen auf einen großen Erfolg mit Ihnen hin. Für mindestens noch ein Jahr bleiben wir zusammen.«

»Ich frage Sie deshalb«, sage ich, »weil einer der obersten Geldeintreiber der ARD zu mir kommen und nach einer Zusammenarbeit mit mir fragen wird.«

»Arbeiten Sie mit ihm zusammen, wenn Sie wollen. Geben Sie Rat, entwerfen Sie Ideen. Aber bitte, gehen Sie nicht als Sympathieträger ins Fernsehen. Da brauchen wir Sie.«

Eine klare Sache.

Mo 23.11.98

Um 14.00 Uhr waren pünktlich die Verlagsleiterin von rororo Berlin und noch eine Dame zu Besuch. Sie wollten sich was anhören. Ich habe ihnen ein paar Seiten »Johanna« und zwanzig Seiten »Nichts Genaues« vorgelesen, dazu ein paar Kurzgeschichten und einige Gedichte. »Johanna« hat ihnen am besten gefallen, was ich verstehen kann. Es ist ja auch das Beste. Aber genommen hätten sie wohl alles. Ich habe ihnen erklärt, was mich an Krista Maria bindet. Dafür hatten sie Verständnis. Ich habe beiden je einmal »Jurek Beckers Neuigkeiten …« geschenkt. Sie kannten es nicht. Sollen sich schämen.

Abends habe ich beim Zappen in »Das unsichtbare Visier« Gerhard Rachold wiedergesehen. Was ist aus dem geworden? Lebt er noch? Ich erinnerte mich an die gemeinsame Arbeit an dem tschechoslowakischen Film »Der Boxer und der Tod«, in dem ich unter der Regie von Peter Solan einen KZ-Kommandanten spielte. Solan lehnte trotz mangelhafter Deutsch-Kenntnisse einen Dolmetscher ab. Eines Tages berichtete er mir über eine nach seiner Ansicht gelungene Sequenz dieses Films, den er am Schneidetisch schon bearbeitet hatte.

Er sagte in gebrochenem Deutsch: »Ich habe diese Szene schon geschn…nutten? Richtig?«

»Ja, richtig«, sagte ich. »Das ist im Deutschen ganz klar geregelt: singen – sang – gesungen; springen – sprang – gesprungen; ficken – fack – gefucken; schnitten – schnatt – geschnutten.«

Danach hatte Peter Solan nie wieder Probleme mit der Vergangenheitsform. Gerhard Rachold hatte tagelang immer wieder darüber gelacht, aber nichts verraten.

Di 24.11.98

Die Russen sind dermaßen heruntergekommen, daß man an jeder Straßenecke für ein paar Rubel einen Mörder dingen kann. Man muß ihm nur versprechen, daß er einen anständigen Menschen umbringen darf, wie zum Beispiel Galina Starowoitowa, die einer von wenigen anständigen Menschen in der russischen Politik war.

Mi 25.11.98

Moritz Götze hat mir sein neues Buch »Wasja Götze beziehungsweise Moritz Götze« geschickt, sehr schön und bunt und frech und dekorativ. Er freut sich auf das Gedichtbuch, schreibt er. Er will zu den Gedichten Buntstiftzeichnungen machen. Hab ihm zurückgeschrieben, mir laufe das Wasser im Mund zusammen. Der wird bald berühmt sein. Wenn er's nicht schon ist. Beeilung!

Do 26.11.98

Ich habe bis 3.00 Uhr morgens die »Gedichte« nachgebessert und bin bis Nr. 44 gekommen. Die Schädlich will sie gefaxt haben. Morgen schaffe ich sie alle. Sie sind eigentlich ganz nett.

Sa 28.11.98

Barbara Brecht-Schall, die einstige Herrin über Ja und Nein, wenn es um die Frage ging, ob an irgendeinem Theater ein Stück von ihrem Papa aufgeführt werden durfte, steht jetzt bei Biolek in der TV-Küche und kocht mit ihm. Biolek quatscht und quatscht, sie kommt fast zu nichts.

»… Ja, Ingwer ist ein herrlicher Geschmack«, sagt sie. Biolek quatscht, und sie sagt hundertmal Ja jaja.

»Haben Sie jemals für Papa gekocht?«

Sie: »Ja, einmal mußte ich. Ich wollte gern Schauspielerin werden. ›Dann mußt du 'ne Rindersuppe kochen können! Man muß was können!‹ Er konnte nämlich Schauspielerinnen nicht leiden, die auf der Bühne nicht wissen, wie sie mit den alltäglichen Dingen umgehen sollen.«

Do 3.12.98

Nach 24.00 Uhr läuft auf VOX der Film »Fünf Patronenhülsen« von 1960, unterbrochen von diesen Nuttenvideos »Gierige Nymphomanin …« usw. Walter Gorrish würde sich im Grabe umdrehen. Der hatte doch so hehre Kommunismusgefühle.

Der große Fred Düren, jetzt als Rabbiner in Israel tätig, war sich nicht zu schade für einen anderen Satz: »Wenn Sie mir sagen können, wieso ein Roter ohne Wasser leben kann, und Sie und ich nicht, dann werde ich Sie für eine Beförderung vorschlagen«, oder so ähnlich.

Ein schöner Märchenfilm. So war uns allen damals zumute. Edwin Marian und Ernst-Georg Schwill, Uli Thein, Mueller-Stahl, Günter Naumann, der alte Knabe; daß Geschonneck noch lebt – unglaublich. Und alle die Bulgarenköpfe und die Bulgarenhäuser. Und ich mit den blonden, falschen Bartstoppeln und dem gebleichten Schütterhaar. Und die hundert Eimer Kalk, von der Malerbrigade zur Aufhellung an die Felsen des Harzes gesprenkelt. Zu viele Musikeffekte. Und der Ebro, das ist die Elbe. Und nach Geschonneck der beste Genosse, das ist natürlich der Genosse Marian.

So 6.12.98

Ich kucke mir auf BR den erschütternden Lebensbericht der Maria Callas an. Habe jedes Wort verstanden. Habe verstanden, warum sie etwas getan oder unterlassen hat. Eine wunderbare Frau. Häßliches Speckentlein nimmt einen halben Zentner ab, wird beste Sängerin der Welt, lernt in (ausgerechnet) Onassis den ersten Liebhaber ihres Lebens kennen, nimmt diesen Schwanz zu ernst und wird verraten. 1965 letzter Auftritt (wenn man von einer mißglückten Tournee absieht). Ein Interviewer kommt auf »die Legende Callas« zu sprechen.

Callas: »Ich bin ein Mensch. Ich bin menschlich. Wäre ich es nicht, hätte ich wahrscheinlich besser gesungen.«

Sie nahm mehr und mehr Schlaftabletten und sagte einmal zu einem Freund: »Jeder Tag ist ein Tag weniger …«

Eigentlich hatten sie alle im Stich gelassen. Aber konnte man die Callas woanders lassen als im Stich? Sie war groß und einsam. Immer. Am 16.9.77 ist sie an Herzversagen um halb zwei Uhr mittags gestorben.

Di 8.12.98

Evelyn Künneke wollte mich nur zu ihrem Geburtstagskonzert im Renaissance-Theater am 15.12. einladen, sonst nichts. Geh ich natürlich hin.

Mi 9.12.98

Der englische Innenminister Jack Straw hat entschieden: Augusto Pinochet bleibt unter Arrest, das Auslieferungsverfahren an Spanien kann beginnen und sich hinziehen. Er soll 4.000 Menschen in Chile ermordet haben.

Die anständigsten Leute sind Hausfrauen, Künstler, Arbeiter, Bauern und die meisten Wissenschaftler, zum Beispiel Höhlenforscher. Schauspieler ganz besonders.

Es sind noch ganz kleine Jungs, halbe Babies, fünf Jahre alt vielleicht, und ich hasse sie jetzt schon. Denn es werden die verdammten Kerle sein, die eines Tages meine kleine Püppi unglücklich machen werden. Und in einige dieser Arschgeigen wird sie sich vielleicht sogar verlieben. Gott sei Dank muß ich das nicht mehr mit ansehen.

Do 10.12.98

Heute ist Urnenbeisetzung. Die Asche von Papa wird in einem anonymen Loch versenkt, wie er es sich gewünscht hat. Aber eigentlich hat er es nicht gewünscht. Er hat gedückscht und gehadert. Ich muß sterben, da sollen die nicht auch noch auf dem Friedhof herumstehen. Kommt sowieso keiner, sind ja alle tot. Und die noch leben, können mich nicht ausstehen. Nein, gewünscht hat er sich Tausende von Menschen, die den Waldfriedhof von Birkenwerder hätten schwärzen sollen. Alles dankbare Stahlwerker und ihre Witwen. Eine Delegation aus Indien und den höchsten postumen Orden dafür, daß er die Stahlindustrie dort gerettet oder angekurbelt oder in Ordnung gebracht hat oder was. Und bin ich nicht auch so? Finde ich nicht auch, die Menschheit habe mir mehr zu verdanken, als sie mir dankt?

Otti begleitete mich. Als wir am Friedhofsportal ankamen, trafen wir Daniel mit Frau und Kind, Fanny mit Kind und Fine mit Julius. Ich begrüßte sie und ging langsam den kurzen Weg hinauf. Der Totengräber, sein Mercedes gleich neben der kleinen Grube, wartete schon mit der Urne. Er versenkte sie feierlich. Ich gab ihm unauffällig 50,– Mark. Dann warfen alle drei Händchen Sand auf die Urne. An dem anschließenden Essen nahmen Otti und ich nicht teil. Wir fuhren nach Hause. Unterwegs fiel Otti eine Reifenwerkstatt auf der Bismarckstraße ein, wo ich nach zwei Jahren endlich den abzischenden linken Hinterreifen austauschen ließ. So hatte die Fahrt wenigstens etwas Praktisches.

Gestern hat ein junges Arschloch mit der Faust auf mein Auto geschlagen. Ein brutales Geräusch. Und ein Durchdringen meines personalen Raums irgendwie. Als hätte einer in mein Ohr geschrien. Der hat mein Blech berührt, meine Haut. Wie gewaltig muß die Empörung eines Ritters gewesen sein, dem der Feind aufs Blech haute.

Frei 11.12.98

Anruf von Martini, eine Katastrophenmeldung: die Mobilcom hätte heute einen Spot gesendet mit ungefähr dem Inhalt »Die Wahrheit über Manfred Krug! Manfred Krug benutzt selbst die Vorwahl von Mobilcom, um seine Ferngespräche billiger zu machen! Hier sind die Beweise!« Es folgen Aufnahmen von Abrechnungen. Man sieht, daß Manfred Krug wirklich viel über die Mobilcom telefoniert. Am Ende kommt raus, daß es sich nicht um mich handelt, sondern um einen Namensvetter Manfred Krug.

Das ist ein uralter Hut. Vor Jahren gab es in den USA eine Reklame, auf der ein netter, graumelierter Herr neben einem VW Käfer zu sehen war. Darüber groß der Plakattext »Selbst Mister Henry Ford findet den Käfer gut.« Ganz unten konnte man dann lesen, daß es sich tatsächlich um Henry Ford handelte, nicht aber um den berühmten Autobauer.

Ohne aufgefordert worden zu sein, versicherte ich Herrn Martini, daß weder meine Frau noch ich jemals die Firma Mobilcom in Anspruch genommen haben. Nun wollen sie mit ihren Anwälten drohen: »Wenn Sie die Persönlichkeitsrechte von Herrn Krug tangieren, kann es teuer werden!« Soll mir alles recht sein …

So 13.12.98

Ich hatte mir den Wecker gestellt. Otti und ich fuhren bei Regen los zum Deutschen Theater. Dort traf ich im Foyer auf den Altkämpfer Hans Modrow.

»Wenn du Lust hast, können wir gern über alles reden, das liegt ganz in deinem Belieben.«

»Du willst nur meine schönen Erinnerungen korrigieren, und das wäre schade«, sagte ich.

»Was denn für Erinnerungen?«

»Zum Beispiel die Erinnerung, daß du in einem offenen Pritschenwagen, wie ihn die Polizei in den zwanziger Jahren hatte, vor dem ›Klub junger Künstler‹ vorgefahren bist. Du bist mit deinem Dutzend Helfer abgesprungen. Ihr habt mich in euren Kampfjacken umzingelt, aus denen die Kragen der Blauhemden herauskuckten, und ihr habt den Klub noch in derselben Nacht geschlossen. Wir dachten, der Sender Gleiwitz wird gestürmt. Wir waren froh, daß wir nicht deportiert worden sind. Frierend standen Heinz Kahlau, Jens Gerlach und ich vor dem Klub, wir hatten keine Heimat mehr.«

»So war es aber nicht.«

»Doch, so war es. Ein paar Einzelheiten stimmen nicht, aber die sind so schön, daß ich sie in meiner Erinnerung so falsch lassen möchte, wie sie sind.«

Ein Stündchen lang wurde Inge Keller auf unterschiedlich geschickte Weise elogiert. Dann fuhren Otti und ich wieder nach Hause. Man hatte nicht den Eindruck, daß ein ganzes Keller-Leben in der DDR stattgefunden hat. Die DDR kam mir nur deshalb in den Sinn, weil Karl-Eduard von Schnitzler in der zweiten Reihe saß, und der war mal ihr Mann. Und Dieter Mann machte einmal die politisch gemeinte freche Bemerkung, er müsse neuerdings den Wessis erst erklären, daß Usedom, wo sein Wochenendhaus stehe, die östlichste der Ostseehalbinseln sei. Und das Publikum, das in vielen DDR-Jahren das Pointenfischen gelernt hat, das auch noch die Stecknadel von einer politischen Pointe in den Heuhaufen der DDR-Theater gefunden hat, war wieder und immer noch zur Stelle und hat über den Scherz kräftig abgelacht. Kein Ossi in dem Saal weiß, wie die westlichste der Ostfriesischen Inseln heißt. Ich habe auch erst nachgekuckt: Borkum.

Mo 14.12.98

Eine Geschichte ist laut Dürrenmatt erst dann richtig, wenn sie ihre schlimmstmögliche Wendung genommen hat.

Di 15.12.98

Mit 15minütiger Verspätung ging im Renaissance-Theater die Veranstaltung zum 77. Geburtstag von Evelyn Künneke los. Im ersten Teil traten verschiedene musikalische Künstler auf. Und dann kam zu meiner Überraschung der merkwürdige Peter (Pat) Friedrich heraus und las etwas ziemlich Langweiliges von dem israelischen Satiriker Ephraim Kishon vor, dessen Geschichten immer zu lang sind. Auch diese Geschichte war wieder zu lang.

Brigitte Mira hingegen ist eine große Künstlerin, das hat sich wieder gezeigt.

Nach der Pause hat nur Evelyn Künneke gesungen. Sachen von ihrem Papa und für ihren Papa Eduard Künneke (»Ich bin nur ein armer Wandergesell«), den sie sehr liebgehabt hat.

Dann waren wir in ihrer verruchten und verrußten Wohnung. Alle waren lieb zu ihr, und ich auch. Und ich hatte mir vorgenommen, zu allen Gästen lieb zu sein, und das ist auch gelungen. Die Gäste waren fast alle jung und hübsch, und von ihren gerontophilen Gefühlen profitierte auch ich, denn auch zu mir waren die jungen Leute von ausgesuchter Freundlichkeit.

Do 17.12.98

Für Max Streibl (»Amigo«) gab es heute in Bayern eine Trauerfeier. Ich habe damals herzhaft gelacht, als er bei der Verleihung des Bayerischen Filmpreises an Jurek Becker und mich unsere Namen verwechselt hat.

Jelzin, Primakow (spricht sehr gut Arabisch) und einige andere stehen im Kreml und kucken auf eine zerknitterte Landkarte, die auf dem Tisch liegt. Sie wollen wissen, wo in Bagdad die amerikanischen und englischen Raketen eingeschlagen sind. Das muß hart für die Russen sein, daß sie nicht mehr gefragt werden.

Frei 18.12.98

Die Amerikaner und Engländer haben über Bagdad wieder ihre Strafbomben abgeladen. Bis Ramadan wollen sie mit dem Nötigsten fertig sein, sonst verscherzen sie es sich mit den Mohammedanern in aller Welt.

Sa 19.12.98

Marlene ist, wenn mich nicht alles täuscht, ein kleines Genie. Alles, was wir nicht zur Verfügung haben, stellen wir uns vor. Durch pures Augenschließen machen wir uns Illustrationen, Illusionen, Städte, Dörfer, Requisiten, Personen – alles. Leider hat die Kleine schreckliche Wörter aus dem Kindergarten mitgebracht, aber allmählich merkt sie auch ohne Druck, was ankommt und was eher nicht.

Wir haben viele Lieder gemeinsam gesungen, auch das zu Herzen gehende »Sah ein Knab ein Röslein stehn«, das sie begreift, und auch »Du, du liegst mir im Herzen«. Noch trifft sie wenige Töne, ist aber rhythmisch ganz hervorragend.

Abends eine Sendung über Claude Lorrain gesehen. Welch ein Genie. Welch eine Pinselführung! Seine Skizzen und »monochromen Aquarelle« scheinen unglaublich modern. Und seine Blicke in die Sonne! (Erinnerungen an den 200 Jahre späteren van Gogh). Was ich alles nicht weiß – beschämend. Muß man dem Fernsehen nicht dankbar sein? Man kann so viel nachholen. Und dazu genügen die ersten beiden Öffentlich-Rechtlichen, die Dritten, 3sat und Arte. Alles andere kann man weglassen.

So 20.12.98

Abends mit Otti in den Rundfunksender in der Nalepastraße gefahren, wo ich vor über dreißig Jahren zum letzten Mal gewesen bin und wo Ernst-Ludwig Petrowsky an der Seite von Uschi Brüning seinen 65. Geburtstag feierte. Es waren viele Leute da, die ich seit einem Vierteljahrhundert nicht gesehen habe: Wolfgang »Büchse« Winkler, Heinz Becker, Karlheinz Drechsel, Werner Sellhorn, Uli Gumpert, zu meiner Überraschung Björn Engholm, der mit Luten befreundet ist und ein Faible für Free Jazz hat, Rolf Römer und viele andere.

Uschi sang ein Liebeslied für Luten, und sie hat ihn auch sehr, sehr lieb, wie er sie. Ein tolles Pärchen. Dann blies er die bekannten schrecklichen Tröt-Töne auf dem Saxofon, und zwar zur Begeisterung der meisten Anwesenden, besonders Engholm war ganz aus dem Häuschen. Uschi insistierte ein bißchen, ich sollte singen, tat ich aber nicht. Wir plauderten ein paar Runden, aßen und tranken etwas und fuhren glücklich nach Hause.

Der Intendant der Schinkelschen Konzerthalle (Schauspielhaus) am Gendarmenmarkt wollte mich als Sänger anheuern, eine junge Dame mit hübschen Titten von der PDS aus Gotha wollte mich heiraten, aber ich hab mich nicht lassen.

Mo 21.12.98

Im Jahre 1879 ist heute Josef Wissarionowitsch Stalin unter dem Namen Dschughaschwili geboren.

Di 22.12.98

Heute sah ich beim Radfahren zufällig einen Beitrag in der Sendung »Brisant«, wo ich zwischen erpresserischen Bahnanschlägen, einem Familienmörder und Uriellas Steuerhinterziehung als verarschter »Sympathieträger« der Telekom an der Reihe war. Es ist fast der ganze Spot mit dem falschen Manfred Krug umsonst gesendet worden, womit die Mogelkom ihr Ziel erreicht hat, nämlich ganz massiv Werbung zu machen.

Eher gelassen reagierte der Sprecher von Mogelkom: Wer austeile, müsse auch einstecken können. Krug habe die Mobilcom als »Mogelkom« beschimpft, da könne er sich nicht wundern, wenn zurückgeschlagen werde. Sollte die Telekom allerdings den wahren Manfred Krug entlassen, dann würde die Mogelkom sich freuen, in den gekündigten Vertrag einzusteigen und Herrn Krug die Gelegenheit zu geben, »für eine Telefonfirma wie uns auch Werbung machen zu können«. Gut gegeben.

Do 24.12.98

1918 haben an diesem heiligen Tag fiese konterrevolutionäre Truppen im Berliner Marstall die Volksmarinedivision angegriffen.

Otti brutzelt singend an den Gänsen herum.

Am Abend war wie immer Bescherung, nur Daniel und seine Petra waren mit dem Kind an der Küste bei Familie Reese. Alle anderen waren da: Leonore und Schiller, Julius und Josephine, Fanny mit Mann und Daisy-Philine, die sich als ein ganz besonders komisches und gelassenes Baby erwies. Ottis Gans war hervorragend wie auch ihre beiden Enten, es war ein großes Festmahl.

Mit Leonore und Schiller saßen wir noch bis 4.00 Uhr zusammen und unterhielten uns über seine Arbeit. Er hat vier Wochen hindurch in einem Moskauer Archiv gearbeitet und 1000 Seiten Briefe abgeschrieben, die 1937 bis 1939 zwischen den westlichen Emigranten und den Moskauer Apparatschiks hin und her gingen. Nun hat er all das Material und findet keinen Plot und keine Form der Zuspitzung, um etwas daraus zu machen.[25]

Frei 25.12.98 1. Weihnachtstag

Ich bin schwach, deprimiert, lustlos, unkonzentriert, müde, mir fällt nichts ein. Meine Hände ertauben, die Muskeln lassen nach, wie sie bei meinem Vater (allerdings in seinem Leben 25 Jahre später) und bei meiner Mutter ebenfalls nachgelassen haben. Sie fuhr die letzten Jahre im Rollstuhl. Hinter mir läuft der Fernseher, die »Lütte« Angelika Mann und Alfred Müller machen etwas Unkomisches im Friedrichstadt-Palast und ich bin einfach neidisch auf ihn, weil er noch springt und tanzt und den Text behält, und das mit über siebzig Jahren.

Du kannst so alt sein, wie du willst, wenn dein Vater stirbt, wird er dir fehlen. Mein Vater fehlt mir einfach, weil er weg ist. Und nicht wiederkommt. Aber daß ich in den letzten Jahren mit ihm etwas anfangen konnte, kann ich nicht sagen. Es war zu viel, was er nicht mehr verstand. So viel Mühe ich mir gab, er verstand es einfach nicht. Was er sagte, waren keine Ratschläge mehr. Aus Liebe verbrachte ich Stunden und Tage damit, ihm bei all den Wiederholungen zuzuhören. Er war glücklich darüber. Manchmal setzte ich mich am Abend einfach aus Erschöpfung ins Auto, weil ich in der Heimfahrt Erholung fand.

So 27.12.98

Meinen alten Dampfdruckkochtopf habe ich nochmals gereinigt. Nun sieht er prächtig aus, nämlich so, wie ich mir eine Seemine aus dem Ersten Weltkrieg vorstelle oder aus einem noch früheren Krieg. Etwas Magisches verbindet mich mit diesem Eisen. Der Topf zieht meinen Blick an. Immer starre ich hin, wie ein geiler Freier auf eine Nutte starrt. Ich sehe die Entstehung vor mir, die Form, das Feuer, den Schweiß der Männer, das Einbrennen der Glasur

---

25 Tatsächlich sind aus dem Material später zwei Bücher und mehrere wissenschaftliche Aufsätze entstanden

und das Sauberschleifen, und ich sehe die Werkhalle, fast noch ein Biedermeierschuppen, in dem das alles geschehen ist. Ich glaube, das können nur wenige Menschen nacherleben. Das heißt, nacherleben kann ich es auch nicht, ich habe es ja nicht erlebt. Und deshalb kann ich diesen herrlichen Topf mittags um zwei für 80,– Mark auf dem Flohmarkt kaufen, und niemand schnappt ihn mir weg.

Mo 28.12.98

Die Iraker feuern mit Raketen auf angloamerikanische Flugzeuge, welche die »Flugverbotszonen« durchfliegen. Die Flugzeuge feuern dann auf die Raketenstellungen. Das kann heiter werden.

Am Abend habe ich, nicht zum ersten Mal, den Boxkampf Muhammad Ali gegen George Foreman gesehen. Foreman in der achten Runde k. o. Jeder weiß es, und alle haben es schon gesagt, also auch ich wieder: Ali ist der Größte! Wer hätte damals gedacht, daß das alles so kurze Zeit dauern würde, um so lange her zu sein?

Mi 30.12.98

Otti hat nachmittags 26 wunderbare Kohlrouladen gemacht, denn wir werden morgen mit dreizehn Personen bei uns Silvester feiern, da muß es schmecken. Otti macht die besten Kohlrouladen.

Do 31.12.98

Nach dem Sport, der immer anstrengender wird, total erschöpft. Lege mich um 16.30 Uhr eine Stunde schlafen. Von den Knallkörpern, die auf der Straße explodieren, werde ich wach. Otti hat einen Zettel unter der Tür durchgeschoben: »Lieber Manfred, ich habe mich auch nochmal hingelegt. Die Gäste kommen um 20.30 Uhr. Jutta und Peter Voigt haben abgesagt, Jutta ist krank.«

Als ich die Tür aufmache, finde ich ein mit Reißzwecken bedrucktes und besticktes Küchenhandtuch an die Tür der großen Wohnung gepinnt: »Fünf sind geladen / zehn sind gekommen / Gieß Wasser zur Suppe / heiß alle willkommen.«

Abends kamen um 20.00 Uhr Pröbrocks als erste, dann Schmidt-Joos, Gabi Katwan, Lünings und schließlich Beyer/Kiwus.

Die Kohlrouladen von Otti waren vorzüglich, und alle haben gegessen, so viel sie konnten.

Es waren wieder Gespräche, die sich um vergangene Zeiten drehten. Ich fragte Beyer ganz harmlos: »Stimmt es, daß du ursprünglich Dramaturgie studiert hast?« Darauf hielt Frank Beyer einen gründlichen Vortrag über seine Jugend, den ich schließlich nach einer Stunde mit einem entschuldigenden Blick in die Runde der Zuhörer mit den Worten beendet habe: »Da sieht man's, man stellt eine einfache kleine Frage …«

Frank Beyer erinnerte sich an eine Begegnung vor zwanzig Jahren in West-Berlin. Ich glaube, es war die Auszeichnung des Films »Solo Sunny« mit dem »Silbernen Bären«. Alle Kultur-Ossis, die rüber durften, waren da, auch Frank Beyer. Dort habe er zufällig gehört, wie ich den damaligen Chefkritiker des »Neuen Deutschland«, Horst Knietzsch, mit den Worten begrüßt hätte: »Herr Knietzsch, wir hatten doch nie Knatsch, wir könnten uns mal knutschen …« Beyer meinte, er habe mich damals um meine Schlagfertigkeit beneidet. Tja – alles dahin.

1999

Frei 1.1.99

Otti und ich verzehrten eine Portion Kohlrouladen mit Kartoffeln, die ich völlig fettfrei aus den gestrigen Resten gebraten habe.

Ich rief Pröbrocks an und wollte wissen, wie sie nach Hause gekommen seien. Ganz schlecht. Sie mußten am Zoo ewig auf Taxis warten. Die Wessis stürzten sich dann auf die Wagen und entschwanden. Sie seien sehr spät und völlig durchfroren zu Hause gewesen, Karin habe sofort heiß gebadet.

Sa 2.1.99

Sebastian Haffner, geboren als Raimund Pretzel, (»Anmerkungen zu Hitler«) ist mit 91 gestorben. Jurek und ich haben seine Fernsehkommentare während der sechziger Jahre so oft wie möglich gesehen.

Wenn ich das Wort Arbeit nur denke, wird mir schlecht. Ich bringe es nicht über mich, den neuen »Tatort« zu lesen. Kriminalgeschichten ekeln mich schon lange an, jetzt aber wird der Ekel unüberwindlich.

Mein Leben stürzt in sich zusammen, ich schlaffe ab. Ich spüre, wie alle Kraft mich verläßt. Ein einziger genußvoller Moment ist mir fürs erste geblieben, nämlich der wunderbare Augenblick am Abend, wenn ich die Pelzigkeit und den Schmerz in Arm und Bein nicht mehr so deutlich spüre und mich zum Einschlafen für eine Zeit auf die geliebte rechte Seite drehe und mich in den Kissen zurechtrucke. Aber nicht zu lange. Nach ein paar Minuten muß ich auf die andere Seite wechseln, weil der Herzschrittmacher drückt, der einige Zentimeter unter dem Schlüsselbein in meinem Brustfleisch vergraben liegt. Er ist etwas kleiner als eine Streichholzschachtel, aus teflonbeschichtetem Edelstahl, mit abgerundeten Kanten. Wenn ich auf der Seite liege, glitscht er unter meiner Haut mal hier hin, mal dort hin und drückt.

Otti hat in meinem Terminkalender gelesen »Ankunft Marlene«, deshalb hat sie sich etwas vorgenommen.

So 3.1.99

Marlene wollte erklärt haben, was das heißt: »Wer anderen eine Grube gräbt, fällt selbst hinein.« Ich habe es erklärt, so gut es ging, und sie hat es wohl verstanden, so gut es ging. Dann wollte sie noch mehr hören. Ich mußte den 1. Band der »Sprichwörtlichen Redensarten« rausholen und ihr welche vorlesen. Manchmal hat sie gelacht, um mir eine Freude zu machen; sie spürt, daß ich stolz auf ihre Klugheit bin. Dann lacht sie mir zu Gefallen, obwohl sie nichts verstanden hat. »Aus einer Mücke einen Elefanten machen …«, das hat sie verstanden. »Den Sozialismus in seinem Lauf hält weder Ochs noch Esel auf …« hat sie nicht verstanden. Das Sprichwort von Erich Honecker kann ich auswendig. Marlene hat gelacht.

Um 21.00 Uhr bin ich zu Otti hinübergegangen, und um 23.30 Uhr habe ich ihr diese Wahnsinnsuhr von Lange geschenkt. Sie hat sich sehr gefreut. Ich habe sie ihr gern geschenkt.

Mo 4.1.99

Otti hat heute Geburtstag, sie wird 57.

Als ich für Liza, Otti und mich drei frische Eier zum Frühstück aus der kleinen Wohnung holen wollte, fielen mir zwei vom Teller und landeten auf den wunderbaren Drachen- und Lotusteppichen aus Nepal. Sofort brachte ich die beiden bedotterten Stücke auf die Terrasse und wusch sie mit dem Gartenschlauch, dem Schrubber und flüssiger Seife. Dann legten Otti und ich zum Trampeln Handtücher auf und trockneten die Teppiche so weit wie möglich, um sie in frisch erglühten Farben ins Bad und in die Nähe der Heizung zu bringen. Schon nach anderthalb Stunden konnten wir frühstücken.

Martini rief an. Die Firma Mogelkom habe die einstwelligen Verfügungen akzeptiert und als »für die Dauer verfügt« anerkannt. Nun gehe es nur noch um den Schadensersatz.

Nachts kam Otti rüber und kuckte sich mit mir den ersten »Tatort« an, den ich je gemacht habe (Erstsendung 23.4.1984). Das hatte ich Hartmut Griesmayr zu verdanken, mit dem ich schon einige Jahre »Auf Achse« hinter mir hatte. Ihn haben sie damals gefragt, ob er nicht einen Hamburger Kommissar wüßte, und er hat mich vorgeschlagen.

Dieser erste Tatort hieß »Haie vor Helgoland«, unter den Mitspielern Dietrich Mattausch, Ferdinand Dux und Ilse Biberti, die einst von dem vorletzten lebenden Mitglied der »Comedian Harmonists« Robert Biberti adoptiert worden ist. Der »Tatort« fing um 23.30 an und war 0.55 Uhr zu Ende. Miserable 16 mm-Filmqualität. Ich tauchte erst nach 25 Minuten in dem Werk auf und hatte bis zum Ende 11 Bilder. Heute müssen die Autoren sehr darüber nachdenken, wie sie mich schon am Anfang ins Bild kriegen.

Di 5.1.99

Pünktlich um 16.00 Uhr kam Till Brönner und fand meine Ideal-Tonart heraus. Wir entschlossen uns, fürs erste zwei Stücke aufzunehmen, »Close To You« und »Still Crazy«. Für beide soll ich versuchen, deutsche Texte zu machen.

Der Germanist W. Daniel Wilson kommt aus Kalifornien nach Weimar, stöbert in den dortigen Akten und findet, daß Goethe verdammt »staatsnah« war, daß er ein Unterdrücker der Meinungs-, Presse- und überhaupt ganz allgemein der Freiheit war, ein Dichterfürst und Fürstenknecht, der als Minister eine amtliche Akte über den Kollegen Schiller angelegt, der Herder eingeschüchtert und die Entlassung des Philosophen Fichte betrieben hat, der rein aus Schnüffelgründen Freimaurer geworden ist … Mit einem Wort: »IM« Goethe. Da wird natürlich ein Buch draus gemacht.

Mi 6.1.99

Michel Petrucciani ist an einer Lungenentzündung im Alter von 36 Jahren gestorben. Der geniale Pianist sah aus wie sechzig.

Große Feier zum 80. Geburtstag von Helmut Schmidt, der damit angab, daß er »Loki« schon siebzig Jahre kenne und mit ihr 56 Jahre verheiratet sei. Davon sollten sich Lafontaine und Schröder ’ne Scheibe abschneiden, sagte er lachend.

Do 7.1.99

Als die Kinder heute morgen aufgestanden waren, während ich noch schlief, hat Petra die Marlene gefragt, warum sie so traurig kucke.

»Ich kucke nicht traurig, ich kucke sehnend.«

»Wonach sehnst du dich denn?« hat Petra gefragt.

Und Marlene hat geantwortet: »Nach Papa.«

Frei 8.1.99

Heute bekam ich vom »Studio Hamburg« einen Brief, den ein Karl-Heinz Foest dorthin geschrieben hat: »... Ich bin ein Verwandter von Jurek Becker und hätte gern eine Nachricht an Manfred Krug übermittelt ...«

Ich dachte, mich trifft der Schlag.

In dem eigentlichen Brief an mich kam dann heraus, daß der Mann ein Neffe der verstorbenen Frau Dora Großpietsch ist, mit der Jureks Vater Max nach dem Krieg länger als zwanzig Jahre zusammengelebt hat. Auf fünf Schreibmaschinenseiten schildert Foest sein Leben und sein Verhältnis zu »Tante Dora«, die zwölf Kinder gehabt haben soll und ihn, das Kind ihrer Schwester, obendrein aufgezogen hat. Interessant ist eine Stelle, in der Max Becker als »polnischer Strumpffabrikant« bezeichnet wird. Tante Dora habe in höchsten Tönen von diesem Mann gesprochen, der ungewöhnlich nett und mit dem sie glücklich gewesen sei. Sie habe auch von dem erwachsenen Sohn Jurek gesprochen.

Ich werde dem »Verwandten« das Buch »Jurek Beckers Neuigkeiten« schicken. Mit dem übrigen Brief kann ich nicht viel anfangen.

Immerhin ist mir bei der Gelegenheit die Tonbandspule wieder eingefallen, die ich in den fünfziger Jahren mit der Stimme von Max Becker heimlich aufgenommen habe. Die Qualität ist so schlecht, daß wohl eine technische Bearbeitung nötig ist, um den Text verständlich zu machen. Ernst Bergner, der »Bruder« von Otti, ist Tonmeister und hat sich neulich bereiterklärt, es zu versuchen.

In »Spiegel TV« die schönsten Farbbilder aus der Kamera von Eva Braun gesehen. Toll.

Die meiste Zeit hatte Hitler die Dienstmütze auf, mit dem braunen Plastikschirm. Er wollte seine blauen Augen nicht so direkt vorzeigen.

Obwohl Adolf eine Mama hatte, die ihn gesäugt und geliebt, die ihn geherzt und gekost, mit ihm gekuschelt und die Wiege geschaukelt hat, bis er seine blauen Augen schloß, und die Klara, geborene Pölzl hieß, und einen Papa, den Alois Hitler, uneheliches Kind der Maria Anna Schicklgruber, hat er trotzdem gesagt, er wolle nur der Volksgemeinschaft angehören, er sei ein unsippisch veranlagtes Wesen. Ei wei. Ich zum Beispiel will der Volksgemeinschaft gar nicht angehören, und bin doch ein unsippisch veranlagtes Wesen.

Sa 9.1.99

Heute ist die Feier zu Ottis Geburtstag. Otti trägt ihre neue Armbanduhr und den wunderbaren alten Schmuck aus Bratislava. Ich trank mir sehr schnell einen an, um die ganze Arschbande besser ertragen zu können. Die Leute aßen und tranken, was das Zeug hielt.

Im letzten Jahr hatte mir Christel Bodenstein ein besonderes Geschenk mitgebracht. Es war ein buntes Relief aus gebackenen kleinen Plastikwürstchen und sollte unverkennbar ein Porträt von mir sein. Ich küßte sie damals überschwänglich, dankte beiden, Hasso von Lenski und ihr, wußte aber sofort, daß ich das Ding in den Müll schmeißen würde. Heute nacht, ich denk an nichts Schlimmes, fragt Christel:

»Mein Porträt von dir sehe ich nirgends.«

Heftiger Denksturm in meinem Kopf, dann komm ich drauf. »Nein«, sage ich, »das habe ich drüben in der Werkstatt, wo ich es immer sehen kann.« Ich fange an zu lachen, unweigerlich. In meinem Kopf denke ich: auf welcher Halde, in welcher Tiefe mag dieses abscheuliche Teil seiner Verrottung entgegendämmern?

Da sagt Christel: »Ich wollte dich nämlich fragen …«

»Ja, was?« sage ich. »Wolltest du es dir von mir leihen für eine Ausstellung?«

»Ja«, sagt sie eher scheu.

Ich sage: »Das gebe ich dir nicht … äh äh äh, das gebe ich niemandem, das bleibt für immer bei mir. Back dir meinetwegen ein neues – meins äh äh äh gebe ich nicht her …« Und dann folgte ein fürchterliches Lachen, das ich nicht unterdrücken konnte, ich lachte und lachte immer mehr, und als ich zwischendurch das erstaunte Gesicht von Christel sah, kam ich an die Schmerzgrenze. Ich hörte vor Schmerz auf. Was mag Christel denken?

So 10.1.99

Nach dem Aufstehen den russischen Film »Okraina« mit Jelena Kusmina von 1933 gesehen. Regie: Boris Barnet. Interessant war, daß der DEFA-Schauspieler und DEFA-Mitgründer Hans Klering dort in der Rolle eines deutschen Kriegsgefangenen (Erster Weltkrieg) zu sehen ist, in den sich ein russisches Mädchen verliebt. Klering war also tatsächlich schon in frühen Jahren als Kommunist in der Sowjetunion und hat dort gespielt. Alle Achtung.

Ich kannte ihn nur als alten klapprigen Mann, der mir und anderen viele Male mit seiner stinkenden Zonen-Zigarre im Auto die Fahrt von Berlin in die DEFA zur Qual machte. Er hatte die Haltung: Wenn's mich nicht gäbe, dann gäbe es keinen Arbeitsplatz für diese jungen Hüpfer. Sollen sie ruhig in der fahrenden Räucherkammer sitzen. Ich habe im Leben größere Opfer gebracht.

Di 12.1.99

Abends mit Otti einen schrecklichen 30-Minuten-Beitrag im ZDF gesehen. »Wo Saubermacher machtlos sind« hieß der Film, der über »Messies« berichtet, das sind kranke Menschen, die in ihrer Wohnung im Müll und im Chaos verkommen, bis sie völlig einsam sind. In vielen Passagen habe ich mich wiedererkannt, zum Beispiel haben diese Leute oft die Neigung, auf Flohmärkte zu gehen. Und sie machen sich auch nicht viel aus Gesellschaft …

Heute habe ich die Kinder ausgeladen, weil ich spürte, daß Otti nicht allein sein wollte.

Mi 13.1.99

Ich habe den ganzen Tag die kleine Wohnung aufgeräumt. Der Film von gestern geht mir nicht aus dem Kopf. Verloren bin ich noch lange nicht: ich habe das Schlimmste nach einem Tag hinter mir. Es gibt viel zu viele Bücher in meiner Wohnung, ein Drittel muß verschwinden. Die Regale quellen über, alles steht in zwei Reihen und übereinander da, und vor den Büchern stehen Kameras, Kassetten, Bahnsignale, alte Gläser, türkische Kännchen – alles sehr hübsch, aber man findet kein Buch.

Do 14.1.99

Von der Gauck-Behörde gab es nachgereichte Post: Unter dem Indianernamen »Ritter« war Dr. Gerstner natürlich »IM« der Stasi. Er hatte dasselbe Gespräch aufgeschrieben, das man in »Abgehauen« lesen kann. Gerade aus diesem Gespräch hatte ich damals, vor der Übergabe an Lamberz, ein paar Gerstner-Stellen, die ihm hätten schaden können, herausgeschnitten. Ich werde nie vergessen, welch großes Entsetzen der alte Gauner damals zur Schau gestellt hat: »Ich? Bei der Stasi? Um Gottes willen!«

Sa 16.1.99

Ich bin todkrank. Wenn heute nacht mein Herz stehenbleiben würde, sollte es mich morgen früh nicht wundern.

Trotzdem bin ich in das »Nucleus«-Studio gefahren und habe den Aufnahmen der Urbänder beigewohnt, die von den Musikern um Till Brönner, Frank Chastenier – Klavier, Peter Tiehuis – Gitarre, Wolfgang Haffner – Schlagzeug, Tim Lefebvre – Bass, gemacht wurden. Alles erstklassige Leute. Sie zeigen dieselbe leichte Arroganz und das Selbstbewußtsein, das ich schon eine Generation früher bei der Fischer-Truppe in der DDR kennengelernt habe. Musiker. Heute sind sie alte Männer, die Hände werden gichtig, ihr Stil ist nicht mehr ganz so gefragt. Das Operettentheater

»Metropol« haben sie geschlossen und damit dem Wolfgang »Zicke« Schneider den Schlagzeugschemel unterm Hintern weggezogen. Wolfgang »Eddie« Greiser, der wunderbare Tubist und Bassist, arbeitet nicht mehr als Musiker, Freddie Baumert hat keine Arbeit, Mario Peters ist Drechsler und Gelegenheitskomponist, nur Fischer konnte sich nach Irland durchschlagen, wo er von der GEMA ganz gut leben kann. Seine Doppelvilla am See soll vermietet sein.

Mein »Freund«, der ehemalige Finanzminister, Theo Waigel, hat als CSU-Vorsitzender den Abschied genommen und damit den Ab-Stoiber noch gestärkt. Waigel in der Abschiedsrede: »Der Euro trägt meine Handschrift, und auch der Name stammt von mir.«

Bei der PDS war Parteitag. Sahra Wagenknecht in einer Rede: »Mir graut vor dem Tag, an dem auch die PDS ihren »Schily« oder ihren »Fischer« hervorgebracht haben könnte.«

So 17.1.99

Wenn die Mädchen vom Stamme der Ayt Hdiddu, das sind Berber, die im Hohen Atlas in Marokko leben, geschmückt auf den alljährlichen Hochzeitsmarkt gehen, halten sie mit dem potentiellen Bräutigam Händchen und flirten und schließlich bedienen sie sich der Floskel: »Du hast meine Leber erobert.« ☺

Di 19.1.99

Günter Strack ist heute im Alter von 69 Jahren an Herzversagen gestorben. Ich habe mit ihm nur in dem zweiteiligen TV-Film »Phantasten« zusammengespielt. Alle haben im Fernsehen was Trauriges gesagt, Quadflieg jun., Pfitzner, Juhnke, Hunold, alle.

Mit Ottilie einen schweren Krach gehabt.

Mi 20.1.99

In einem merkwürdigen Traum aufgewacht. Ich war in Frankreich, wo man mich kaum verstand. Mir war jedenfalls klar, was man von mir erwartete. Ich sollte bei Nacht nackend auf einem

Fahrrad durch eine unbekannte Gegend fahren. Dazu sollte ich auf die Bühne kommen, den Morgenmantel abwerfen und mich auf das Fahrrad setzen. Dann würden sie ein großes Tor ins Freie aufmachen, dort sollte ich auf die Ansagen warten. Ich sollte den zuständigen Leuten vertrauen, schließlich gäbe es ja ein sehr gutes Honorar. So geschah es. Das Fahrrad hatte offenbar mehr als zwei Räder, wie viele, war nicht auszumachen, denn draußen empfing mich gleißendes Licht, das aus mehreren Scheinwerfern kam, die mich umgaben und mit mir wanderten. Eine Stimme sagte: Versuchen Sie, immer in dem Licht zu bleiben, dann kann nichts passieren. Während der Fahrt konnte ich nichts erkennen, nicht einmal meine eigene Nacktheit. Ich bin überzeugt, sogar etwas gedacht zu haben während des Traums: So muß den Piloten zumute gewesen sein, im Krieg, wenn sie in die Scheinwerfer geraten sind, habe ich gedacht. Aus dem Dunkel hörte ich zustimmende Laute und Klatschen. Es gab offenbar ein Publikum. Wie einem Boxer wurde mir ein seidener Prunkmantel umgehängt, als hätte ich einen großen Kampf gewonnen.

Schon vor einer Woche ist in aller Stille Karl Lieffen, der in einem böhmischen Dorf als Carel František Lifka geboren wurde, mit 72 Jahren gestorben. Schauspieler, ob schlank oder dick, scheinen nur selten die achtzig zu schaffen. Minetti ist eine Ausnahme, und Heesters ist mehr 'ne leewe Jong.

Grigori Pasko, Presseoffizier bei der russischen Marine, hat gefilmt, wie Matrosen aus einem riesigen Kahn viele Tonnen Granatwerfermunition im Meer versenkt haben. Dafür soll er jetzt unter Ausschluß der Öffentlichkeit für zwanzig Jahre in den Kahn. Ich liebe die Russen, weil sie uns von Adolf dem Schrecklichen befreit haben, aber alte Dreckschweine sind sie allemal.

Frei 22.1.99

Ich kann kaum den Blick von Marlene wenden, so süß ist sie. So, so honiggrün und klug und blank sind ihre Augen. Ich habe Angst, daß ihre bis jetzt wunderbare und edle Nase später sonstwohin erblüht …

Das Fernsehen ist voll von Günter Strack. Die Wiederholungshonorare werden den Schmerz von Claus Theo Gärtner (»Ein Fall für zwei«) sicher ein bißchen mildern. Strack hatte im Gegensatz zu Karl Lieffen eine große Beerdigung, die Kirche war so voll, daß die Trauerrede ins Freie übertragen werden mußte. Viele Kollegen sah man deutlich leiden: der wichtigste Leidtragende war nach meinem Eindruck der Regisseur Dieter Wedel, dessen kunstvoll aufwärts toupiertes Haar mich an Arndt von Bohlen und Halbachs Löckchen erinnert. Schon deshalb könnte ich mit dem nicht zusammenarbeiten. Auch der ehemalige DDR-Sänger und Moderator Gunther Emmerlich und andere trugen Leid. Witta Pohl war klug genug, ihre Schmerzqualität vor der Kamera nicht weiter zu erläutern.

So 24.1.99

Hans-Peter Minetti spielt in einem Kölner Theater den Sigmund Freud und scheint guter Dinge. Er sagte in einem Interview, er habe seinen Vater Bernhard (dessen Silberhaarausbreitungstechnik auf den gesamten Schädel er exakt übernommen hat) oft im Scherz getröstet, er müsse niemals die Konkurrenz des Sohnes fürchten, weil dieser nun mal der altmodischere Schauspieler von beiden sei. Na ja. Das Zerstörteste in Hans-Peters Gesicht scheinen mir die Augen zu sein, wunde, scheue Augen, denen man ansieht, was sie gesehen und erduldet haben und wie oft sie zugedrückt worden sind.

Am Abend einige alte »Werbesendungen« aus dem DDR-Fernsehen gesehen. Da erblickte ich Klaus Bergatt (Schauspielschule Berlin), Willi Neuenhahn (und kommt ein Film mal gar nicht an, dann liegt's an Willi Neuenhahn), Bodo Schmidt als Koch für Trockensuppen und Karl Sturm als Sprecher. Ein ganzes Volk verarscht sich selbst, so gut es kann, und lacht müde dazu.

Di 26.1.99

Abends habe ich noch ein bißchen mit Otti geraucht und Bier getrunken. Wir haben uns gemeinsam die Biografie der armen Eveline Kuffel angesehen. Dreckiger als ihr konnte es einem Menschen im geteilten Deutschland nicht gehen. Sie war zwei Jahre älter als ich. Ich wohnte mit meinen Eltern in der Marwitzer Straße in Hennigsdorf. Dort wohnte auch sie. Sie war die Schwester meines Spielfreundes Udo Kuffel, und ich habe sie als Kind bewundert und wollte sie eines Tages heiraten.

Do 28.1.99

Ich dachte, daß ich so gut wie alle Filmdokumente über das Morden während der Nazizeit gesehen hätte. Aber nein. Ich sah zusammen mit Otti im »Ersten« den Film »Drei deutsche Mörder. Aufzeichnungen über die Banalität des Bösen«. Der Film entstand schon 1978 und enthält Interviews mit den SS-Schergen Oswald Kaduk, Josef Erber und Josef Klehr, die während der Frankfurter Auschwitz-Prozesse verurteilt worden waren. Man sieht es bei keinem, daß er Mörder ist, da kann man noch so genau hinschauen. Sie sagten alle dasselbe: »Was sollte man machen?« Der primitivste war Kaduk, ihm war noch immer Freude anzumerken, daß er ein Herrenmensch gewesen ist. Und gerade er, ein Kattowitzer, sprach den oberschlesischen Anklang, den ich an meiner Oma Lisa so geliebt habe. Sie war aus Kattowitz.

Frei 29.1.99

Marika, die Kosmetikerin von Ottilie, nahm uns in ihrem Mercedes mit nach Birkenwerder, wo Karl Sturm seinen 64. Geburtstag feierte, zu dem auch sie eingeladen war. Die von den Pröbrocks beigesteuerte Frau Herzberg hat das Abendbrot wunderbar hergerichtet, darunter vorzügliche frisch eingelegte Bratheringe.

Kalle ist in einem Schützenverein, in den er Charly Pröbrock hineingeworben hat. Beide haben jetzt Waffenscheine und dürfen ihre Pistolen mit nach Hause nehmen.

Ich aber nahm um 23.30 Uhr Otti mit nach Hause. Hab immer noch die Erkältung, huste mich zu Tode.

Sa 30.1.99

Die Menschen, auch meine eigene Frau, ahnen nicht, wie oft sie in den Genuß meines natürlichen Taktes kommen. Ich spende ihn so unauffällig, daß sie nichts davon ahnen und ihn mir nicht anrechnen können. Erst recht ahnen sie nicht, daß mir diese Dinge bewußt sind. Weil ich andererseits besonders geradeaus und ehrlich bin, zählen sie mich zu den groben Klötzen. Ja, sie halten mich, wie es sogar mein Freund Jurek tat, für einen der taktlosesten Menschen in ihrer Umgebung.

So 31.1.99

Im Fernsehen etliche kokette Worte von Elfriede Jelinek, darunter: »… Man soll als Künstler nicht berühmt, sondern im Verborgenen sein. Berühmt sein macht kaputt.« Sag ich doch.

Mo 1.2.99

Nachts habe ich der Barbara Beauvais gefaxt, daß ich den »Pater Brown« nicht spielen werde. Das Exposé hatte ich vorher gelesen, es ist genau so harmlos und altmodisch geworden, wie ich gefürchtet hatte. Ich wüßte nicht, was ich dem Rühmann da »hinzufügen« sollte. Wenn überhaupt, sollte der Pfaffe von einem jungen Mann gespielt werden, für den es ein Opfer wäre, zölibatär zu leben.

Di 2.2.99

Heute war unter der Post ein Brief von einer »Werkstatt Berlin«. Es geht um das »Toleranzedikt von Berlin«.

Unterschriften außer Grass: György Konrád (Präs. der Akademie der Künste), Dr. Annette Fugmann-Heesing (Senatorin f. Finanzen), Dieter Scholz (DBG-Vors. von Berlin-Brandenburg). Ich habe nicht unterschrieben. Die Gutdeutschen werden immer toleranter und die Bösdeutschen immer böser. Ich wünsche mir von den Zuwanderern was anderes als die Austragung ihrer nationalistischen, ethnischen und religiösen Kämpfe auf deutschem Boden. Ihre Kinder, vor allem die Jungs, sollen anfangen, bei Otti zu lernen, auch Deutsch.

Martini rief an und wollte wissen, ob ich was dagegen hätte, wenn Charles Brauer künftig in den Telekom-Spots mitspielen würde. Ich sagte nein und gab ihm die Adresse. Charles wird sich freuen. Ich versuchte Martini den Floh einer Gesangsnummer ins Ohr zu setzen. Das will er alles dem Herrn Kindervater vortragen …

Nachts sehe ich den armen Horst Frank, der sich von dem schleimigen Jürgen Fliege ausfragen läßt. Schrecklich. Er hat 500 Filme gemacht und keine einzige Mark übrig. Das Arbeitsamt gibt ihm kein Geld mehr, es schickt ihn zum Sozialamt. Ein guter Mann, ein Profi. Noch immer. Er sieht besser aus als je zuvor, beinahe wie der ältere Fred Astaire. Und kein Schwein ruft ihn an.

Mi 3.2.99

In meinem Faxgerät verbrauche ich nur Papier, das einseitig schon benutzt ist. Plötzlich kommt Uwe Barschel aus dem Fax. Nachdem ich die Botschaft gelesen hatte, gab ich das Barschel-Porträt zum Ausschneiden für Marlene frei. Das macht sie gern. Sie schneidet also mit meiner Nasenschere den Barschel aus und sagt:

»Ist der böse?«

»Ja.«

»Warum?«

»Er hat gelogen und dann das Ehrenwort gegeben, daß er nicht gelogen hat.«

»Und dann?«

»Alle haben mit dem Finger auf ihn gezeigt und gesagt: Der hat gelogen.«

»Und dann?«

»Dann hat er Gift genommen.«

»Warum?«

»Weil er sich geschämt hat.«

»Und dann?«

»Dann ist er mit dem Gift im Bauch in die Badewanne gestiegen und hat gewartet, bis er tot ging.«

Nach einer Weile sagt sie:

»Nackt?«

»Nein, angezogen.«

»Aber etwas gut war er doch …«

»Warum?«

»Weil er sich geschämt hat.«

Sa 6. 2. 99

In der Post ein Geburtstagsgruß von Reiner Vogels, beigelegt eine Todesanzeige:

Jürgen Birkenfeld

* 13.10.1936 † 6.1.1999

Es leben aus der Bande nur noch Wolfgang und Manfred Althaus, Karl-Georg Lankes, Hännes Schrapers, Helmut Krämer, Reiner Vogels und ich.

Der Tonmeister Ernst Bergner, »Bruder« von Ottilie, hat das alte Tonband, das ich vor über 35 Jahren von Max Becker aufgenommen hatte, technisch so weit bearbeitet, daß man den Vater von Jurek wieder gut verstehen kann. Es ist das einzige Tondokument des Dichtervaters, wie auch mein Porträt-Foto von Max Becker das einzige aus späteren Jahren ist. Das Band werde ich so gut wie möglich abschreiben, eine Arbeit für mehrere Tage. Leider kann ich es nicht mehr für Jurek tun. Den alten Max habe ich immer heimlich geliebt. In seiner Sprache hörte ich dieselben Melodien wie in Jureks Sprache.

So 7. 2. 99

Die Russen haben, um uns von dem Monster zu befreien, allein auf deutschem Boden ca. 120.000 Soldaten verloren. Die Freiheit haben sie uns nicht geschenkt.

Seit drei Tagen hängt an meiner Küchentür ein großer roter Brief von einem Jungen namens Arne Weise aus Bad Hersfeld. Der Brief hängt stolz da, wie früher die Auszeichnungsurkunden an den Wänden der faulsten und bestechlichsten Handwerker der DDR hingen. Das las sich so: »Die Klempnerbrigade Heinz Schulze erhält die Auszeichnung ›Sozialistisches Kollektiv‹.« Der rote Brief von Arne, den ich heute wieder entfernen werde, beginnt mit den Worten: »Lieber Manfred Krug, ich bin ein großer Fan von Dir. Ich finde, Du bist einer der besten Schauspieler aus der ganzen Welt.«

Drei Stunden das Band von Max Becker abgeschrieben. Dann mit Otti, die um 3.00 Uhr früh aus Gran Canaria kam, zwei Stunden Karneval in Rio angeschaut und die Musik angehört. Ich weiß jetzt wieder, warum ich den Karneval in Erfurt und den Tuntenball und den Opernball und den Kriminalpolizei-Ball in Berlin und Düsseldorf, den Karneval in Rostock, Köln, Mainz, Duisburg und die Love Parade und all den Scheiß doch nicht so toll finde. Jung möchte ich noch einmal in Rio de Janeiro sein. Ich danke Gott, daß ich einmal in Brasilien den Karneval erlebt habe. Mit Maria Sebaldt und der wunderbaren Evelyn Hamann in Santarém und in Belém und in Manaus am Amazonas.

Mo 8.2.99

Otti hat mir einige entzückende Geschenke gebracht, die ich alle schon kannte, weil sie mir irgendwo in der Stadt schon einmal begegnet waren und ich sie in Ottis Gegenwart gelobt habe: vom Flohmarkt ein winziges emailliertes Gußeisenpfännchen, sehr wertvoll; und ein Griffelkästchen mit Lederhandgriff, auch als Lineal zu benutzen, und ein Buch von 1896 über die Königin Luise, mit wunderbaren und märchenhaften Chromotypien.

Geburtstagspost von Heinze, Kellermeier, Stempel mit Flasche Krug-Champagner, Udo Kuffel, ADVOCARD, SEA-Team mit 'ner Kiste Havannas und High-Tech-Zigarrenschneider, Blumen von Otto Meissner, »Tatort«-Team mit sechs Flaschen vom besten italienischen Rotwein, Bodenstein, Katwan, Uschi Brüning, Prellis, Wiechmanns usw.

Abends um 20.15 Uhr lief auf WDR3 »Der einzige Ehrliche«, die letzte Folge von »Liebling Kreuzberg«. Sarah will Pelzer heiraten, heiratet ihn dann aber nicht. Liebling bricht zusammen. Ich habe mehrmals fast geweint, vor allem über die rührende Anja Franke. Die letzten Worte im Abspann: »In memoriam Jurek Becker«. Als die Folge gedreht wurde, lag Jurek im Sterben. Ich weiß nicht, ob er das Drehbuch noch gesehen hat. Besser nicht. Ich hatte das halbe Buch umgeschrieben.

Nachts um 1.00 Uhr kam Otti nach Hause. Ich machte den Fehler, sie herüberzuholen. Sie war auf Krach aus. Als ich in einem unverfänglichen Zusammenhang von »unseren drei Kindern« sprach, rastete sie aus, sie könne das nicht mehr hören »unsere drei Kinder …«!

Di 9. 2. 99

Ich holte von drüben die Post und sagte Otti, sie solle sich überlegen, ob ihr Leben wirklich so unerträglich sei.

»Ich kann und will das Kind nicht rückgängig machen, und ich liebe es. Basta. Ich will mir den Rest meines Lebens nicht vergällen und mir ein schlechtes Gewissen machen lassen. Komm runter auf die Erde. Freue dich. Dir geht es gut.«

Frei 12. 2. 99

Heute kam ein Brief vom Pol. Präs. Berlin. Gegen mich laufe ein Ermittlungsverfahren wegen Beleidigung, die ich »im Haus« am 2.2.99 begangen haben soll. Ich habe um den Tathergang gebeten, weil ich nicht weiß, was die wollen.

Allerdings hatte ich mich an dem Tag mit zwei Handwerkern »im Haus« gestritten, weil die dauernd den Lift als Transportmittel für Bauschutt aus dem 3. Stock benutzen und lange blockieren.

Otti arbeitet mit Liza in der großen Küche an den Enten und am Kartoffelsalat.

Sa 13. 2. 99

Günter Naumann mit Frau und Pat Pohl haben abgesagt. Werden nicht mehr eingeladen. Ich hasse Leute, die so kurz vor dem Termin absagen.

Larry Freisler war um 13.00 Uhr hier und hat zum Geburtstag einen spanischen Humidor aus Wurzelholz abgeliefert und einen hübschen Blumenstrauß.

Dauernd ertappe ich mich bei der Vorfreude auf Jurek …

Der erste Gast war Christoph Hofrichter. Nach anderthalb Stunden waren alle da: Thonkes, Heinrichs, Boesmanns, Poches,

Pröbrocks, Brünings, Schönfelds, Sturm mit Tochter, Christel Gloger, Monika Friedrich, Hannah Zinn.

Die Küche war zum Bersten voller Speisen, darunter die Klassiker Kartoffelsalat, Bouletten, Ente mit »Jü«, eingelegte Paprikabrätlinge und Vieles mehr bis hin zu den schönsten Quark- und Schokoladentorten.

Uschi Brüning hat mir empfohlen, über folgende Lieder nachzudenken: »Schau mich bitte nicht so an«, »Send in the Clowns«, »People«, »Papa, Can You Hear Me«, »Die kleine Stadt will schlafen gehn«, »Der Mai ist gekommen«.

Gipsy Schönfeld schien endlich überwunden und verziehen zu haben, daß ich ihren Mann und damit auch sie einst aus dem schönen, weiten Canadierland zurück in die enge Heimat gelockt hatte. Sie schien zu entdecken, daß ich »doch ein netter Mensch« sei.

Viele Geschichten, darunter das mit Hofrichter gemeinsam erzählte seemännische Abenteuer im Golf von Mexiko, bei dem immer deutlicher herauskommt, daß er eigentlich ein Kapitänspatent besessen und mir das Leben gerettet habe.

Um 3.00 Uhr ging Friedhelm auf Ottis und Gipsys dringenden Wunsch ans Klavier und spielte die Lieder aus der Jugendzeit. Ich bat ihn, sie alle zu sammeln und sobald wie möglich zu arrangieren, denn ich finde ganz reizende Stücke darunter, die ich alle aus der Kindheit kenne. Die Amerikaner haben auch deshalb so viele Evergreens, weil sie ihre guten alten Schlager nicht auf den Müll werfen, sondern immer wieder etwas dafür tun.

Eine Augenweide war Hannah! Da fällt mir Willy Schneider ein:

Man müßte nochmal zwanzig sein.

So 14. 2. 99

Mit Otti ein herzhaftes Kartoffelsalat-Frühstück reingeschwelgt. Dann den Abend durchgehechelt, Ergebnis: war sehr nett. Dann die teils fürchterlichen »Geschenke« vom Klavier heruntersortiert und diesmal gnadenlos alles weggeworfen, was ich nicht brauche. Und das war ausnahmslos alles.

Klaus Poche hat mir einen Zug Zinnsoldaten im Original-Schächtelchen von 1937 geschenkt. Er habe sie bekommen, als er zehn Jahre alt war, also im Jahr meiner Geburt. Die habe ich natürlich nicht weggeworfen. Aus Pietät. Aber reif wäre ich dazu. Ich habe ihm ein mit Emailfarben bemaltes, eher dörfliches Biedermeier-Tintenfäßchen aus Milchglas geschenkt, das er nicht sonderlich zu schätzen wußte.

»Für dich«, sagte ich. »Weil du Schriftsteller bist, ein Tintenfaß.«

Er kuckte es sich an und fragte allen Ernstes: »Aus China?« Tja.

Heute im »Zweiten« einen Teil der Übertragung »Goldene Kamera« gesehen. Dietmar Schönherr hat den Walser einen »Großdichter« genannt, das wird der hoffentlich als Ironie verstanden haben. Obwohl, wissen kann man's nicht.

Mo 15. 2. 99

Heinz Schubert ist gestorben. Er war ein liebenswürdiger, manchmal auch giftiger Kollege, der sich die Butter nicht vom Brot nehmen ließ. Ich lernte ihn 1955 am Berliner Ensemble (»Held der westlichen Welt«) kennen und spielte 1961 mit ihm in dem DEFA-Film »Auf der Sonnenseite«. Er hatte eine feine Art von Verachtung gegen schlechte Regisseure. Aber er wurde verstanden. Schade. Schade.

Vor dem Bau der Mauer waren Otti und ich mal bei dem Ehepaar Schubert in West-Berlin zu Gast. Wir alle waren arm. Die Schuberts holten bei »Hühner-Hugo« ein Grillhähnchen und luden uns dazu ein. Wir hätten es nicht bezahlen können, es hätte den fünffachen Preis gekostet.

Di 16. 2. 99

Die Witwe eines Redakteurs, Gisela Schlase, hat mir aus seinen nachgelassenen Papieren ein Telegramm geschickt:

»2.3.1964
Herrn Hans Schlase
Hotel International

Fernsehredakteur Magdeburg
Bin Vater geworden stop zum 1. Mal stop Volltrunken stop
Kann nicht kommen stop Seid mir nicht boese stop =
Euer Manfred Krug«

Dazu ein netter Brief. Es sei damals um die Unterhaltungssendung »Besuch im Hotel« gegangen. Das damals neue »Interhotel Magdeburg« sollte vorgestellt werden.

Das ganze Ding rahme ich ein und gebe es Daniel zum Geburtstag.

Nachts wurde die Abschrift des Tonbands mit Max Becker von 1963 fertig, es sind 69 Seiten. Etwa 10 %, vor allem die Gespräche im Hintergrund, sind unverständlich. Der alte Becker war mir nicht unverwandt: er weiß alles besser und will immer recht haben. Ich zeige stolz Antiquitäten und Schmuck vor, man sieht, daß ich schon damals bemüht war, von dem hart verdienten Spielgeld so viel wie möglich in ein späteres Leben hinüberzuretten. Jurek beteiligt sich wenig am Gespräch und freut sich auf einen drittklassigen Cowboy-Film im Fernsehen.

Frei 19. 2. 99

Fast drei Stunden war Friedhelm bei mir, wir haben uns über Unterhaltungsmusik und Arrangements unterhalten. Dann gingen wir rüber ans Klavier und besprachen Einzelheiten über »Die kleine Stadt will schlafen gehn« und »Bei dir war es immer so schön«. Ich habe ihm ein für alle Mal gesagt, daß ich alle Nebenkosten übernehme, daß er also ruhig Noten und Texte und Telefonate auslegen könne. Wir haben uns auf eine moderate Musikart geeinigt und gemeinsam einige Fragen der Harmonisierung geklärt. Es läßt sich gut an.

Otti und ich haben uns vorgenommen, einmal wieder eine Tradition aufleben zu lassen, die durch Jureks Vater Max in unser DDR-Leben gekommen war: das seltsame jüdische Gericht »Tscholent«, zu dem es eine herrliche Legende gibt. Die Juden dürfen am Sabbat kein Feuer anmachen. Aber sie dürfen das Feuer, das in der Nacht schon flackert, am Leben halten und Scheite nachlegen.

Wenn's sein muß, bis zum nächsten Tag. Also haben sie reihum eine Wache aufgestellt, das Feuer zu füttern, damit sie am Feiertag ein gutes Mahl hatten. Und dieses Mahl hieß »Tscholent«. Man legt drei Lagen folgender Zutaten in einen großen Kochtopf mit Deckel: Unten ganze geschälte gleichgroße Kartoffeln, den Boden bedeckt. Darüber eingeweichte weiße Bohnen oder Saubohnen. Darüber eine dünne Lage geschälte Knoblauchzehen. Darüber eine Lage geschälter gleichgroßer Zwiebeln. Darüber gemischtes Gulaschfleisch aus Rind und Lamm. Dazwischen Pfeffer, Salz und einige Lorbeerblätter. Das Ganze, je nach Topfgröße, zwei- oder dreimal schichten. Die letzte Lage sollten wieder Kartoffeln sein. Man gießt Wasser auf, bis die obersten Kartoffeln gerade unter Wasser sind. Dann deckelt man das Ganze und stellt es bei kleiner Flamme, nicht mehr als 110 Grad, 7–8 Stunden in den Backofen.

Man beobachtet den Topf, ob er zu kalt oder zu heiß steht. Er darf nicht kochen oder blubbern, nur ziehen. Allmählich dampft etwas von dem Wasser ein und die obersten Kartoffeln werden sichtbar. Dann ist es richtig. Wenn zu wenig Salz in dem Gericht ist, kann man etwas salziges Wasser nachgießen.

Ein wunderbares, sehr exotisches Essen, das es bei Jurek alle zwei Monate einmal gab.

Sa 20.2.99

Im Fernsehen läuft mal wieder der amerikanische Farbfilm »Heimweh« (»Lassie Come Home«) von 1943, in dem die damals etwa neunjährige Elizabeth Taylor einige Szenen hat. Sie macht das so einfühlsam, daß man sagen möchte: Was du als Schauspieler dazulernen kannst, ist wenig. Es ist eine Naturgabe wie die Musikalität. Es ist ein wertvolles Geschenk, das so viele Menschen an sich selbst nicht erkennen oder nicht achten.

Ich packe, mißmutig, meinen Koffer, um zu dem neuen »Tatort« nach Hamburg zu fliegen. Am liebsten würde ich zu Hause bleiben, hin und wieder zum Trällern in ein Musikstudio gehen und ein paar Zeilen schreiben. Ich bin reif für den Lebensabend.

So 21.2.99

Peter Herbolzheimer hat aus einem Städtchen am Bodensee angerufen, wo er mit dem Bujazzo[26] unterwegs ist. Er habe mit Caterina Valente telefoniert, daraus sei eine ganze Stunde geworden. Sie habe sehr herzlich mit ihm gesprochen und erzählt, daß sie nun keine Aufritte mehr mache, aber von Zeit zu Zeit würde sie noch ins Studio gehen und was singen. Sie habe ein schönes, erfülltes Leben gehabt, vielleicht manchmal ein bißchen Kokolores gemacht, aber auch sehr viel Schönes, auf das sie gern zurückblicke. Sie habe »den Deckel auf einem vollen Topf«. An mich könne sie sich sehr wohl erinnern. Jederzeit sei sie bereit, vor der Kamera ein paar freundliche Worte über mich zu sagen. Ich solle ruhig mal anrufen.

Mo 22.2.99

1. Drehtag.

Charles und ich hatten Textprobleme. Ich spüre, daß auch meine Auffassung, was Gänge und Positionen angeht, nicht mehr so rasch wie früher ist.

Abends im »Blockhaus« mit Charly gegessen. Plötzlich wurde ich unruhig, ließ ihm das Geld zum Bezahlen da und ging zurück ins Hotel »Marriott«, weil ich das Gefühl hatte, mit jemandem verabredet zu sein. Ich wollte Otti bitten, zu Hause im Notizkalender nachzusehen, um wen es sich handelte. Sie war nicht da. Ich wartete also in der Lobby, wo ich mich meistens verabrede, und wartete. Charles kam dazu, ich ging aber unruhig aufs Zimmer. Das Telefon klingelte. Ein Kellner fragte, wo ich denn bliebe. NDR-Intendant Jobst Plog warte seit 20.00 Uhr in dem Lokal »Cölln's Austernstube« auf mich. Ich stürzte in ein Taxi, der Hamburger Fahrer wußte nicht, wo das Lokal ist. Fragerei bei anderen Fahrern. Endlich kam ich um 21.10 Uhr vor dem Lokal an. Große Entschuldigung und Erklärung. Plog war entzückend und versicherte, mir

---

26 Bundesjazzorchester, nationales Jugendjazzorchester der Bundesrepublik Deutschland mit Sitz in Bonn

verziehen zu haben. In dem Séparée waren wir allein. Ich konnte nichts essen, weil ich vom »Blockhaus« noch satt war.

Es kam heraus, was ich schon wußte: daß Ron Sommer und Kindervater von der Telekom mich als Werbefigur mit anderen nicht teilen wollen. Plog sagte, er wolle trotzdem alles versuchen, mich für die GEZ-Werbung zu engagieren. Ich sei eigentlich der einzige geeignete Mann dafür, weil ich wahrscheinlich der einzige sei, der wirklich noch nie für die »Privaten« gearbeitet hätte. Es sei ihm wichtig, einen Mann zu haben, der helfen könne, die fehlenden 20 % der Gebühren einzutreiben.

Er wußte viel über Jurek und mich, über »Abgehauen« und das »Postkartenbuch«[27] und war überhaupt ehrlich begeistert. Man sollte sich von Zeit zu Zeit sehen, und ich könne auch gern mal nach Frankreich kommen, wo er ein Haus habe.

Ein sportlicher, angenehmer, intelligenter Mann, der übrigens auch der Intendant des Senders Arte ist.

Do 25. 2. 99

Drehtag in Lütjensee mit Brauer und Peter Sattmann. Ich habe eine Szene verbessert durch den Vorschlag, mit Brauer gemeinsam in den Ehebetten eines Dorfhotels zu schlafen. Niedlich. Hat es im »Tatort« noch nicht gegeben. Auch eine schöne Szene mit Brauer und einem Angelwurm ausgebaut. (»Der war so schön fett, den hätte ich am liebsten selbst gegessen.«)

Frei 26. 2. 99

Der Regisseur Ulrich Stark, der sich mit seinen Wünschen an die Schauspieler immer laut und deutlich äußert, hat es offenbar nicht so gern, wenn diese ihm ebenso deutlich antworten, vor allem dann nicht, wenn Wünsche begründet abgelehnt werden. Er hat mich heute verdächtigt, ich »hätte gern Publikum«. Ich aber fürchte Publikum.

---

27 »Jurek Beckers Neuigkeiten an Manfred Krug & Otti«

Sa 27.2.99

Abends waren Otti und ich zum 60. Geburtstag des Kontrabassisten Horst Würzebesser eingeladen, der einige Jahre bei den »Jazz Optimisten Berlin« und damit auch für den Sänger Krug gespielt hat. Wir fuhren also Richtung Osten aus der Stadt heraus in ein Restaurant, wo sich Freunde von ihm und etliche Musiker eingefunden hatten. Ich kannte aus alten Tagen die Sängerin Ruth Hohmann, die Posaunisten Heinz Lippold und Hartmut Behrsing, den sehr guten Bassisten Hans Schätzke, den Trompeter Wolfgang »Bongo« Müller, 67, Reiner »Mäcki« Gäbler, Sax. und andere. Es gab viel Dixieland, gute Bouletten und gutes Bier. Die Hohmann sang unter vielen Titeln »It Had To Be You«, »Bye, Bye, Blackbird«, »Deed I Do«, »Makin' Whoopie« ... Wunderbare Stimmung. Alle haben sich gefreut, daß Otti und ich gekommen waren, und wir haben uns gefreut, ans Ende der Welt gefahren zu sein.

So 28.2.99

Heute kam ein erstes Belegexemplar der Taschenbuchausgabe von »Jurek Beckers Neuigkeiten«. Es sieht sehr edel aus und kostet 24,90 Mark. Die vier später gefundenen Postkarten von Jurek sind aus bindetechnischen Gründen hinten angefügt. Auf der Rückseite leider zwei Kritikausschnitte aus »Die Welt« und »Berliner Morgenpost«. Davon hätte ich abgeraten, wenn ich gefragt worden wäre. Man merkt, daß Springer den ECON Verlag gekauft hat.

Mo 1.3.99

Mit Uli Stark versöhnt und ihn gefragt, ob er nicht dies Jahr noch einen »Tatort« machen wolle.

Nach dem Essen auf Charlys Zimmer im Foyer gesessen und Zigarren geraucht, Rotwein getrunken und über die letzten vierzig Jahre unserer jeweiligen Karrieren gesprochen.

Di 2.3.99

Heute in der Anatomie einer Hamburger Klinik eine bitter-komische Szene über den Verzehr von Leichen durch

Schmeißfliegenmaden gedreht. Ist nett geworden. Jetzt habe ich eine Woche lang Pause. Schon um 15.00 Uhr auf dem Flughafen gesessen und auf den Abflug um 17.40 Uhr gewartet. Ich habe mir die Zeit mit den vielen wechselnden Wichtigtuern vertrieben, die in der Wartehalle sind und laut in ihre Handys quatschen. Ich schlürfte deshalb, mit den Ohren ganz dicht an ihren Mündern, meine Tasse Kaffee und hörte zu. Es muß für Beobachter komisch gewesen sein. Wäre was für »Vorsicht Kamera!«. Dann in das kleine, enge, volle Propellerflugzeug nach Berlin geklettert.

Mi 3.3.99

Auch während des Ersten Weltkriegs wurde alles gesammelt, Wolle, Pelze, Metalle – alles. Sagt einer: »Meine Frau hat 'n silbernes Lächeln, 'n goldenes Herz, 'ne eiserne Gesundheit und 'n bleiernen Schlaf. Eijntlich könnt' ick ihr zur Metallsammelstelle bringen.«

Frei 5.3.99

Der Rambo-Pilot, der im italienischen Cavalese mit seinem Flugzeug eine Seilbahngondel rasiert hat, weil er zu schnell und viel zu tief geflogen ist, ist freigesprochen worden. Damit bleibt ungeklärt, ob und von wem an die Hinterbliebenen der zwanzig Opfer gezahlt wird. Arroganz der amerikanischen Regierung. Für den Piloten ist es die Gnade der späten Geburt, sonst hätten ihn unsere vietnamesischen Freunde damals schon abschießen können.

So 7.3.99

Langes Telefonat mit Peter Herbolzheimer, der inzwischen von Schöps die Kassette mit den »Tatort«-Titeln erhalten hat und grundsätzlich zustimmt, die Aufnahmen mit Brauer und mir zu arrangieren und zu beaufsichtigen. Er hat vernünftige Ansichten.

Mo 8.3.99

Der gestrige Bayern-Tatort »Starkbier«, gedreht von dem Regisseur Peter Fratzscher, mit dem ich mal in Chile an der Vorabendserie »Auf Achse« ziemlich unglücklich zusammengewirkt habe, hat 9,57 Mio Zuschauer bei 26,5% Quote eingespielt. Die sind uns dicht auf den Fersen, und das ist schade.

Di 9.3.99

Gegen 11.00 Uhr brachte ich den Müll runter und sah auf dem Hof eine große dampfende Wasserlache, die gemächlich auf den Gully zufloß. Ich sah, daß aus dem Hoffenster des 3. Stocks wie aus einem großen Aquarium Wasser entströmte, das dann über die Scheiben des darunter liegenden Fensters floß. Den ganzen Vormittag hindurch hatte es gehämmert. Vielleicht haben die Handwerker, die nicht mehr das sind, was sie einmal waren, mit dem Meißel die Wasserleitung getroffen und wollten wissen, woher der eiserne Widerstand kam.

Um 20.20 Uhr pünktlicher Flug von Tegel und in Hamburg korrekte Abholung durch Felix Gregor.

Do 11.3.99

Abends Verabredung mit Udo Martini und Thomas Holstein. Zum ersten Mal war Charly dabei.

Außer einem Spot war alles Schrott. Sie hätten aus den beiden Figuren zwei Charaktere machen sollen, einen Schlauen und einen Doofen oder einen, der dagegen ist, und einen, der dafür ist; oder einen, der sich für nichts interessiert, und einen, der sich für alles interessiert. Jedenfalls einen Herrn »Hü« und einen Herrn »Hott«. Es könnte so kommen, daß das Publikum sagt: »Seit die zu zweit sind, ist es mit der Werbung langweiliger geworden.«

Oskar Lafontaine hat sich heute Nachmittag verpisst. Staatsraison.

Sa 13.3.99

Yehudi Menuhin gestern in einem Berliner Krankenhaus gestorben.

Gestorben ist auch Herta (*26.9.1914, †5.3.1999), die Mutter von Reiner Vogels, dem ich einen fast heiteren Trostbrief geschrieben habe. Die Frau hatte mich 1946/47 als Duisburger

Schmuddelkind ausgegrenzt und mich von ihrem Sohn Reiner, den ich sehr mochte, zunehmend ferngehalten.

Nachts, als alle schliefen, habe ich mir noch mal die CD mit den Gedichten angehört. Ich war erstaunt, was ich als Schauspieler aus ihnen herausgeholt habe. Je älter ich werde, ein desto besserer Sprecher werde ich.

Dann nochmal das Arrangement von Friedhelm gehört. Wenn wir uns anstrengen, können wir mit dafür sorgen, daß viele Stücke wieder zu Evergreens werden. Warum sollte das, was einmal gut war, achtlos behandelt werden? Wir müssen unsere deutschen »Standards« Stück für Stück herausfinden und dann besser auf sie aufpassen. Wenn man die Nazis subtrahiert, und das sollten wir auf einigen Gebieten allmählich wagen, dann bleibt vieles von einer Unterhaltungskunst übrig, die ihren Charme hatte. Eindeutige Durchhaltelieder muß man freilich aussortieren. Vielleicht werden sie von der Zeit allmählich gereinigt. Wenn die Kinder heute hören »Ich weiß, es wird einmal ein Wunder geschehn …«, ahnen sie ohnehin nichts mehr. Mit »Das kann doch einen Seemann nicht erschüttern, keine Angst, keine Angst, Rosmarie …« sieht die Sache schon anders aus. Aber auch hier sollte man wenigstens die gängigen Soldatenlieder aus der Nazizeit kennen, um den richtigen Verdacht zu haben. »Liebe kleine Schaffnerin …« hingegen ist eine sehr schöne Schlagerantiquität. Das sollte wiedererweckt werden. Es gibt keine fahrkartenzwickende Schaffnerin mehr, kein »Kling kling kling …«.

So 14.3.99

Heute vor zwei Jahren ist Jurek gestorben.

Di 16.3.99

Brauer brachte mir eine CD und eine Vinyl-Doppel-LP mit alten deutschen Schlagern mit. Große Freude. Auf der CD »Die kleine Stadt will schlafen gehn«, gesungen von Ilse Werner, auf der LP »Liebe kleine Schaffnerin«, 1941 gesungen von Rudolf Carl.

Brauer schlägt ein neues Wort für jemanden vor, der aus bestimmten Gründen nicht mehr mitspielen will: »... den Lafontaine machen.« Ich habe es sofort in die Schluß-Szene eingebaut.

Mi 17.3.99

In der Wohnung fand ich das berühmte Hildegard-Knef-Buch »Der geschenkte Gaul«. Immer wieder las ich den ersten Satz, um herauszufinden, was daran so schlecht ist. Ich habe es herausgefunden. Und dann fand ich noch mehr solche Sätze.

Do 18.3.99

Goethe war 1,69 m groß. Ich dachte, größer. In seinem Schädel haben DDR-Knochenbleicher 1970 eine »staubartige Masse« gefunden. Was denn sonst?

Im »Focus« diese Woche ein Interview mit Otto Meissner. Er habe damals dem RTL je eine Serie mit M. Krug und Robert Atzorn angeboten. Ex-Chef Helmut Thoma sei ganz begeistert gewesen, dann sei aber dessen Programmdirektor zu dem Gespräch hinzugekommen und habe gefragt:

»Was soll ich eigentlich mit den beiden alten Herren Krug und Atzorn anfangen?«

Da habe sich Otto verabschiedet.

Frei 19.3.99

Abends lief auf 3sat die Übertragung der Grimme-Preise. Frank Beyer bekam den Preis für »Abgehauen«. Alle haben sich bedankt, daß es im Fernsehen noch Filme gibt, die etwas mit unserem gesellschaftlichen Leben zu tun haben.

Er wünscht sich, daß es so bleibt.

Elia Kazan soll zu Joseph McCarthys Zeiten »linke Spione« und andere Kommunistenschweine wie Dashiell Hammett und den Schauspieler Samuel Joel »Zero« Mostel verpfiffen haben. Jetzt kricht er den Ehren-Oscar. Überall dasselbe.

Sa 20.3.99

Nachmittags zwei CDs mit einigen Arrangements von Peter Herbolzheimer angehört, die er mir zugeschickt hat. Alles sehr könnerhaft, aber zu viel des Guten. Ich kann nur der Sänger sein, der weniger macht und es schon darin anders macht. Ich kann, außer dem Singen, Text gestalten. Ich kann singen und sagen. Will kein Weltmeister im Viele-schnelle-Töne-singen sein. Und die Big Band nicht gar so big und wichtigtuerisch. Und der Arrangeur auch nicht. Wir müssen nichts mehr beweisen. Das Minimale suchen. Darin groß sein. Die Leute zum Hören bringen, zum Aufhorchen.

Die Serben hauen drauf, sie plündern und schicken Tausende Albaner bei klirrender Kälte auf die Landstraßen des Kosovo.

Abends haben wir in Elkes Geburtstag reingefeiert. Das Essen, an dessen Vorbereitung Otti gestern abend mitgewirkt hatte, war exzellent. Die Gäste waren allesamt angenehm, bis auf den Feuerwehrmann, der seinem Hohner-Akkordeon tausend Lieder entlockte, und nicht ein einziger Akkord war richtig. Falsche, schreckliche Harmonien, unter denen niemand zu leiden schien. Ich wußte nicht, wo ich hinfliehen konnte; den schönen Sessel, auf dem ich glücklich saß, wollte ich nicht verlieren. Als ich am Ende der Party leise von unserer letzten Einstellung im Tatort »Traumhaus« und von dem Lied »As Time Goes Bye« erzählte, schnappte er sich wiederum die Quetschkommode, um mir den Gefallen zu tun. Da es nun gerade eines meiner Lieblingslieder ist, stoppte ich ihn und bat um Schonung. Und das verstand keiner unter den Gästen, die noch da waren, nicht mal Otti. Ich passe nicht in diese Welt. Die Welt paßt nicht zu mir. Oder vielleicht besser: ich kann mir nicht jeden Tag den kleinen Teil der Welt zusammensuchen, in den ich passe. Das war früher leichter, aber Jurek ist tot.

So 21.3.99

Otti war abends noch aus, aber schon um 22.00 Uhr wieder zu Hause, so daß ich meinen Plan, auf ein Bier ins »Diener« zu gehen, aufgab. Stattdessen habe ich mir mit ihr zusammen den zwei Stunden langen, von Peter Lilienthal gedrehten Film »David« von 1979 angesehen, an dessen Drehbuch nach Tagebuchaufzeichnungen von Joel König Jurek mitgeschrieben hatte und dabei nicht besonders glücklich war. Der Film zieht sich hin. Wir haben ihn uns quasi als Pflichtübung bis zu Ende angesehen. Lang, langatmig, langweilig. Die übliche Geschichte, ausgewalzt, die wir uns als gelernte Holocaust-Zuschauer aus der DDR eigentlich nicht nochmal antun wollten. Wir haben es auch Jurek zum Gedenken getan.

Di 23. 3. 99

Herr Jörg Stempel war da, er hätte nichts dagegen, wenn ich die »Intercord« fragen würde, ob sie mir die Platte »Da bist du ja« verkaufen würde. Die Platte sei schon mehr als zwanzig Jahre alt. Stempel hat »Die kleine Stadt will schlafen gehn« gehört, und das hat ihn nicht sonderlich beeindruckt: zu altmodisch, meint er, könnte moderner sein. Wie das gehen soll, weiß er auch nicht. Er habe nicht übel Lust, mit Schöps zusammenzuarbeiten und die Kosten für die »Tatort«-Platte mit ihm zu teilen. Der Mann denkt den ganzen Tag darüber nach, wie das Publikum erfahren soll, daß es neue Krug-Platten gibt. Wie soll man Werbung dafür machen, solange ich mich weigere, brav im Fernsehen aufzutreten, wie das alle anderen Schlagersänger auch tun. Ich sagte ihm: »Machen Sie Klassiker aus Krug-Platten, dann brauchen Sie keine Werbung.«

Mi 24. 3. 99

Heute ging es mit Nato-Angriffen auf Serbien los.

Do 25. 3. 99

Gysi ist im Bundestag strikt dagegen, daß auf Serbien gebombt wird. Und Deutsche hätten dort schon gar nichts zu suchen.

Das ist ein verständlicher Standpunkt. Andererseits, Europa hat lange genug betreten weggeschaut. Das Morden und Brandschatzen mitten in Europa muß gestoppt werden. Weg mit den Rambos, die Gelegenheit ist günstig, die Russen sind schwach und werden es lange bleiben.

Frei 26.3.99

Schrecklich früh mit dickem Kopf per Wecker aufgestanden und eine entzückende Dame vom WDR und einen Herrn empfangen. Wir haben die 51 Fototexte[28] durchgesprochen. Ich glaube, die beiden haben nicht schlecht gestaunt, wie gezirkelt und vertrackt der alte Sack über die Texte sprechen konnte. Es wurde alles eingesehen. Die Dame hätte ich gern geheiratet. Sie hat entzückende echte, viele, lange, krause Haare und sieht Fanny verblüffend ähnlich.

_Sa 27.3.99_

Ausgeschlafen und die Kinder gerade noch erwischt, um sie zu verabschieden. Als Marlene mich kommen sah, hat sie sich so gefreut, daß es ihren ganzen kleinen Körper mitgerissen und bewegt hat. Sie kicherte schrill und kam auf mich zu, um meine Knie zu umschlingen. Meine Rührung hält den ganzen Tag an. Was kann ein alternder Mann Schöneres vom Leben haben, als eine kleine Tochter, die er noch aufwachsen sieht.

Um 15.00 Uhr ist Abholung nach Leipzig. Ein junger, netter Fahrer brachte Otti und mich bei schöner Fahrt bei schönem Wetter ins dortige »Marriott«-Hotel, wo wir nach dem Aussteigen auf den großen Stasiagenten Markus Wolf trafen, der mit seiner Frau und einem Bekannten gerade das Hotel verließ. Wir begrüßten einander, ich machte eine flapsige Bemerkung über seinen hübschen, grauen Flanellanzug und Hemd und Schlips, und der sagte, darauf achte seine Frau, da könne er ganz beruhigt sein. Wir begrüßten seine hübsche, lächelnde, blonde Frau. Dann sagte ein kleiner, grauer Herr an der Seite seiner kleinen, grauen Frau: »Kennst du mich noch?« Ich erkannte den gealterten Bulgaren Angel Wagenstein, der früher für den Bruder von Markus, Konrad Wolf, einige Drehbücher geschrieben hatte, ich glaube, auch »Sterne«. Nette Begrüßung und Abschied.

---

[28] Es handelt sich um eine Fernsehserie namens „Bilder Reise Deutschland“, zu der im Verlag Hoffmann und Campe 1999 ein Begleitbuch erschienen ist, hrsg. von Johannes Willms.

Abends zur Leipziger Stadtbibliothek zur Lesung der Taschenbuchausgabe von »Jurek Beckers Neuigkeiten …« gefahren. Der Saal übervoll, die Leute saßen teils auf dem Boden, etwa 600 Personen jüngeren Alters. Eine TV-Kamera übertrug die Lesung in einen Saal, der ein Stockwerk tiefer lag und in dem nochmal etwa 300 Menschen saßen. Das Kamerateam des MDR ließ ich seinen Standort räumen, was den Leuten nicht entgangen war, deshalb erklärte ich dem Publikum, warum ich für MDR und ORB nicht arbeite. Ich sprach witzig über die Zahlungsgewohnheiten dieser beiden Sender, wenn es um Wiederholungshonorare geht, und erklärte, was in meinem Vertrag mit Adameck hätte stehen müssen, damit mir jetzt ein solches Honorar zustände. Die Leute lachten. Dann die sehr schöne Lesung, die über eine Stunde dauerte und den Leuten einen Riesenspaß gebracht hat.

So 28. 3. 99

Der Fahrer, der uns vom »Marriott« in Leipzig abholte, war ganz aufgeregt: Er kannte mich von vor dreißig Jahren, als ich im »Interhotel Suhl« wohnte, um »Frau Venus und ihr Teufel« zu drehen. Dort war der Fahrer damals Gitarrist in der Hotelband gewesen, ich hatte mit der Band einmal zusammen gesungen und bei der Gelegenheit ein paar Harmonien auf seiner Gitarre korrigiert, sagt er.

In Halle kamen wir zum Suppeessen bei Götzes an. Ein kleiner Junge, sehr nett, Tochter Paula, neun Jahre, sehr nett, Ehefrau Grita, alle sehr nett.

Moritz zeigte fünfzig große Blätter, alle sehr schön, ein bißchen modisch, für das Buch gerade das Richtige. Aber ich muß sagen: wenn man im ganzen Haus all die Bücher und Moritz-Götze-Bilder gesehen hat, reicht es dann auch.

Mo 29. 3. 99

15.25 Uhr Abflug von Tegel, eine knappe Stunde später Ankunft in Köln/Bonn. Während des Fluges hatte ich plötzlich einen wirklich höllischen, reißenden Schmerz im inneren Jochbein des linken Auges. Unerklärlich. Nie gekannt. Er gehört zu den stärksten

Schmerzen, die ich je erduldet habe. Es dauerte etwa 15 Minuten. Wenn ich die Stelle berührte, verstärkte sich der Schmerz noch. Das Auge tränte ein wenig. Es war so gar keine Maßnahme gegen ihn zu ergreifen. Den ganzen Nachmittag über hat mir dann noch die Gegend hinter dem Augapfel wehgetan. Hoffentlich sind es nicht die von jenem Professor in Bangkok schon vor 15 Jahren angekündigten oder wenigstens für möglich gehaltenen Schmerzen, mit denen ich als Folge von dem Unfall[29] rechnen sollte.

Di 30.3.99

Im Hotel muß man beim Frühstück irgendetwas unterschreiben. Man hat den Teller in der linken Hand, die Wurstgabel in der rechten, dann, genau dann kommt die Kellnerin und will eine Unterschrift auf einen Zettel haben, auf dem man bestätigt, daß man gefrühstückt hat. Ich habe sie verscheucht.

Heute erster Drehtag für die 51 WDR-Fotobeschreibungen.

Abholung um 9.30 Uhr. Wir haben mit einer Unterbrechung für die Mittagspause hintereinander gedreht. Die üblichen Einsparungen. Ich war abends völlig erschöpft.

Mi 31.3.99

Habe über den schleppenden Verlauf des Drehtages wie üblich ein bißchen gemeckert, alle haben sich wie üblich einsichtig gezeigt und wetteiferten darin, Möglichkeiten zu künftiger Besserung zu finden.

Um 17.30 war der zweite Drehtag zu Ende.

Herbolzheimer wollte mich erst mit seinem Mercedes abholen, empfahl mir jetzt aber doch ein Taxi. Gisela holte mich unten am Fahrstuhl ab, es gab eine herzliche Begrüßung. Wir fuhren zwanzig Stockwerke nach oben, wo ich in einem prächtigen Einfamilienhaus, das auf dem Dach des Hochhauses stand und

---

29 MK war beim Öffnen einer Colaflasche der Kronkorken direkt ins Auge geschossen

in das man aus dem Fahrstuhl gleich hineinmarschieren konnte, den Dicken mit ausgebreiteten Armen stehen sah.

Große, herzliche Begrüßung. Ein wunderschönes Wohnzimmer, ein vieleckiger Saal, und dann der überwältigende Panoramablick über die Stadt Köln, den wir in der Nachmittagssonne bei einem Glas Rotwein genossen. Bald kam auch Ingfried Hoffmann dazu, ohne seine grippekranke Gisela. Wir aßen ein aufgetautes Huhn und Spätzle mit Butterschoten und sprachen über die alten Zeiten bis Mitternacht. Es war schön. Aber daß aus uns Dreien noch etwas Brauchbares herauskommt, das glaube ich nicht.

Do 1.4.99

Ich hatte vorgeschlagen, ausnahmsweise eine Stunde früher anzufangen, denn insgeheim hoffte ich, schon heute nach Berlin zurückfliegen zu können. Da geschieht als erstes, daß der Chef der »Tag/Traum«-Filmproduktion den Regisseur Daniel Anderson schwindeln läßt, es habe gestern sogenannte Spratzer[30] auf zwei Takes gegeben, die müßten wir noch einmal machen.

Ich war empört, daß man einem altgedienten Knaben wie mir nochmal eine so dumme Geschichte bot, und sagte: »Ich weiß aber, daß es keine Spratzer gegeben hat. 17 Folgen pro Tag sind genug für mich. Mehr kann ich nicht machen.«

Daraufhin wiegelte die Redakteurin ab und sagte: »Um ehrlich zu sein: Spratzer hat es nicht gegeben, nur leichte Unschärfen. Deshalb wollten wir es noch mal machen.«

»Na, also«, sagte ich. »Ein bißchen besser oder ein bißchen schlechter, das macht nichts. 80 % von einem guten Mann sind besser als 100 % von einem schlechten.« Damit war die Sache erledigt.

Ich war trotzdem sauer. Ich bin zu zart für diese Welt, hatte nicht mal Lust, Mittag zu essen.

---

30 ein technischer Fehler in der Bilddarstellung

Frei 2.4.99

10. Kriegstag in Serbien.

Drei amerikanische Soldaten sind von den Serben geschnappt worden. Das macht einen großen Medienaufruhr. Als wären es die ersten Amerikaner, die in einem Krieg gefangen worden wären.

Die Kosovo-Albaner werden zu Tausenden an alle möglichen Grenzen gekarrt und dort ausgeschüttet. Die Serben haben ihre Dörfer verbrannt und ihnen alle Ausweispapiere, sogar die Autonummernschilder weggenommen.

Bis jetzt kehren alle Bundeswehr-Tornados unversehrt nach Hause zurück.

Das Auslaufen des russischen Kriegsschiffes »Liman« aus dem Hafen von Sewastopol beunruhigt angeblich die Amerikaner. Wer's glaubt …

Abends waren wir gemeinsam mit Uli und Dietrich von Wiechmann zum Essen bei Tilo und Brigitte Prückner eingeladen.

Tilo erzählte, er sei damals vor 21 Jahren in dem TV-Film »Paul kommt zurück« von meiner Art der Mitarbeit derart entnervt gewesen, daß er Brigitte am Telefon den Abbruch der Dreharbeit angekündigt habe. So unglücklich sei er gewesen. Ich sagte: »Und mir war zumute, als wäre ich damals in einem 8-mm-Laienteam gelandet, in dem kaum einer eine Ahnung von Filmarbeit hatte. Du warst eine ähnliche Nervensäge wie der Regisseur Peter F. Bringmann und später Rüdiger Kirschstein. Ihr kamt ja auch alle aus einer ähnlichen Schule.« So hab ich's ihm gegeben. Mußte sein.

Sa 3.4.99

Meine geliebte gelbe Seidenblume habe ich heute auf den Balkon gebracht. Sie hatte hinten in der Kammer drei Blätter und zwei Blüten irgendwie durch den Winter gebracht. Ich fürchte, ihr soeben zu viel Wasser gegeben zu haben. Mein kleiner grüner Kaktus gedeiht prächtig auf der Fensterbank, er hat vier neue Gliedmaßen ausgetrieben, die er stolz vorzeigt, wie Popeye seine spinatgestählten Unterarme.

Abends mit Ottilie auf ein paar Bier zu »Diener« gegangen, wo wir auf den Hermann Treusch gestoßen sind. Ottilie gestand mir im Gespräch, daß sie seinerzeit, als sie mir ihr »Jawort« gab, in eine tiefe Depression gefallen sei. Sie habe sich monatelang gefragt: »Oh, Gott, was habe ich da gemacht?« Das kann ich gar nicht glauben.

So 4.4.99 Ostersonntag

Heute hätten Otti und ich zu der kleinen Sohela Jandi fahren sollen, die uns zum Geburtstag ihres Gatten eingeladen hat. Dort gibt's sicher persische Leckereien. Ich habe aber Sohela angerufen und ihr von meinem Stirnhöhlenverdacht erzählt und daß ich deswegen nicht kommen mag. Ja, die schrecklich schmerzende Stelle im Flugzeug auf dem Hin- und Rückflug, sagt sie, sei der Trigeminusnerv gewesen. Das Schmerzbild deute tatsächlich auf eine Stirnhöhlenvereiterung hin. Langwierige Sache. Sofort behandeln. Ottilie ging allein zum Fest.

Mo 5.4.99 Ostermontag

Ottilie hat heute ihr großes Osterfest für die ganze Familie, und das heißt fünf Enten. Das Essen war wunderbar. Alle unsere Kinder waren mit allen Enkeln da. Die kleine Daisy-Philine ist fidel und sehr komisch. Von Zeit zu Zeit stößt sie interessante, wuchtige Schreie aus, und man weiß noch nicht recht, was sie bedeuten. Ich nehme an, Kraft und Lebensfreude. Ella Louise ist ruhig, aber sehr zielstrebig. Sie kann schön sprechen und fast alles verstehen.

Di 6.4.99

Etwa 19.00 Uhr. Petra ist nochmal runter zum Bäcker gegangen, weil Brot fehlte. Versehentlich hatte ich die Klingel nicht abgestellt, Ottilie hatte eine Nachricht für mich. Sie wollte mir sagen, daß Elke sie angerufen habe, ihr Faxgerät sei kaputt, dabei hätte sie mir so gern etwas gefaxt. Da es nun einmal geklingelt hatte, wollte ich nicht kneifen und öffnete die Tür. In der Zeit kommt Marlene ganz gemütlich auf Socken den Flur entlanggeschlendert. Otti drehte sich um und tat, als hätte sie die Kleine nicht gesehen.

Ich wollte kein Versteckspiel und sagte: »Komm, Marlene. Darf ich bekannt machen? Das ist die liebe Tante Otti, von der ich dir schon erzählt habe und von der wir schon oft eine schöne warme Suppe bekommen haben. Sag ihr mal Guten Tag.«

Marlene ging ganz unbefangen zu ihr, gab ihr die Hand und wartete, daß Otti sich für ein Küßchen herabbeugen würde, was sie denn auch tat. Dann gab's ein Bussi.

Marlene sagte: »Hallo, guten Tag, liebe Tante Otti. Weißt du, wovon meine Haare so naß sind? Wir waren im Zoo, und jetzt wärme ich mich auf.«

Otti murmelte ein paar freundliche Worte, schaute mich zwischendurch an mit der Bedeutung: ein schönes und kluges Kind hast du da, und schickte sich an, langsam und irritiert die Treppe hinunterzugehen.

»Sag der Tante Otti auf Wiedersehen!« schob ich nach, und Marlene ging wieder auf sie zu, küßte sie und sagte: »Am liebsten würde ich gleich mitgehen ...«

Es war eine herzerwärmend schöne Szene. Ich war froh, daß das Eis bröckelte. Ottilie hat das Kind seit meinem Schlaganfall nicht mehr gesehen und wollte es wohl auch nie wieder sehen.

Do 8.4.99

Heute um 11.00 Uhr mit einem Taxi für 45 Mark in die Nalepastraße im Osten gefahren. Als ich in den sechziger Jahren für würdig angesehen wurde, zu Aufnahmen diesen Block zu betreten, mußte ich durch eine Art Liebesbrücke gehen, die von wichtigen Uniformträgern doppelt kontrolliert wurde. Merkwürdige Zeiten. Die DDR fühlte sich von Diversanten umzingelt.

Heute war ich pünktlich da, der Regisseur und seine Assistentin kamen mit einer Verspätung von vierzig Minuten: Stau.

Dann ging alles ganz schnell. Nach gut drei Stunden waren wir mit allem fertig.

Mo 12.4.99

20. Tag des Kosovo-Krieges.

Heute nacht zweimal verschwitzt von Albträumen aufgewacht. Den einen vergessen, bei dem anderen habe ich mich breitschlagen lassen, in der Oper »Freischütz« den Max zu singen. Stundenlang habe ich geprobt, den Text gelesen, mußte mir die Partie vorsingen lassen. Am Abend der Vorstellung mußte ich als Max mit dem Jägerhütchen ein Holzgerüst erklimmen, das auf der Bühnenseite die Wolfsschlucht darstellte. Über dem Abgrund hängend, wußte ich nach der Stelle »Für welche Schuld muß ich bezahlen?« nicht weiter. Auf dem Grunde der Schlucht brannte das Feuer, ich sah das Pfännchen mit dem Blei, aus dem die Teufelskugeln gegossen werden sollten. Die Anstrengung, mich an einer Baumwurzel halten zu müssen, nahm mir den Atem zum Singen. Schließlich konnte ich mich nicht länger halten … Im Stürzen wurde ich wach.

Di 13.4.99

Um 9.00 Uhr von einer Blonden aus dem Allgäu in ihrer Mercedes-Vip-Schaukel nach Babelsberg gefahren worden. Dort große Anprobe eines deutsch-braunen Anzugs, der dann an Ärmeln und Hosenbeinen gekürzt wurde, als hätte ich keine Maße durchgefaxt. Nach einer geschlagenen Stunde war alles gestutzt, und wir konnten beginnen. Eine ungeheuer große Rotte von Wichtigtuerpersonal, alle ausgestattet mit Hörstöpseln und Wangenmikrofonen. Alle laufen rum wie Leute von einem anderen Stern. Der Regisseur verlangt von Zeit zu Zeit Sachen, die ich einfach ablehne. Das entsetzt ihn, ich bleibe aber völlig ungerührt. Zum Beispiel will er gleich in der ersten Klappe, daß ich einen aufgespannten, bunten Regenschirm hin und her drehe. Das habe ich wegen Schwachsinns abgelehnt. Dann hat er die Kamera, hinter der ein amerikanischer Operateur steht, auf einen Bock von 1,50 m Höhe gehievt und wollte, daß ich den Charly 20 cm höher anblicke, als er wirklich gestanden hatte. Ebenfalls abgelehnt. Irgendwann fiel das Wort »Der Regisseur wichst hier rum …«.

Damit wollte ich sagen, er verlangt unsinniges Zeug. Da hat er sich mächtig aufgeregt. Dann hab ich gesagt, er soll sich nicht um mich kümmern, er soll sich um seinen Film kümmern, um mich kümmere ich mich selber. Dann hat er beleidigt wenigstens dreimal das Wort »Wichser« wiederholt, das so gar nicht gefallen war. Morgen schenke ich ihm eine Blechdose aus den dreißiger Jahren, da steht drauf: »Reise-Wichsbürsten-Garnitur für braune Schuhe.« Das kann alles noch schrecklich enden. Es kann auch damit enden, daß ich mit der Telekom-Werbung nach diesem Jahr aufhöre. Mach ich glatt.

Ich bin als Gesamtkunstwerk engagiert, ich habe schon früher bewiesen, daß ich spielen kann.

Mi 14.4.99

9.30 Uhr Abholung in der Vip-Schaukel und Fahrt bei heftigem Schneefall nach Spandau. Dort sagte ich Martini nochmal, daß der Regisseur mich bitte nicht nerven solle. Es wurde ein fröhlicher Drehtag mit vielen Einfällen und Textvarianten, wir machten einen schönen Spot, in dem der wiederholte Gang der Telekom an die Börse verstärkt Berücksichtigung fand. Der Regisseur kümmerte sich um seinen Film, wir kümmerten uns um unsere Figuren. Das war erholsam.

Um 17.00 Uhr war Feierabend.

Do 15.4.99

Heute kam die Nachricht im Fernsehen, daß Albert Krogmann gestorben ist. Er hatte schon in den 70er Jahren beim Sender Baden-Baden eine Prominentensendung mit dem Titel »Bitte umblättern«. Er wollte im Rahmen dieser Sendung vor etwa dreißig Jahren einen Beitrag mit mir machen, die DDR ließ ihn und sein TV-Team aber nicht einreisen. Gitta Nickel, die einst Regieassistentin von Ralf Kirsten in dem Film »Auf der Sonnenseite« war und später unter dem Wichtigtuer Karl Gass Dokumentarfilm lernte, durfte die Regie für den kleinen Beitrag mit mir machen. Sie kam an den Woterfitzsee. Ich hatte mir gerade eine Vollglatze geschnitten. Der gereinigte Beitrag wurde dann in »Bitte umblättern« im Westfernsehen von Albert Krogmann gesendet.

Als Otti und ich später in den Westen gegangen waren, sorgte Krogmann dafür, daß wir unsere erste Reise nach Amerika machen konnten. Er nahm uns als »Mitarbeiter des Fernsehens« auf dessen Kosten Erster Klasse mit nach Florida, wo er einen Film über die mit einem reichen Amerikaner verheiratete israelische Sängerin Daliah Lavi machte. Ottilie hielt pro forma den Tongalgen, und ich tat so, als würde ich die Standfotos machen.

So 18.4.99

Marlene sagt beim Frühstück: »Papa, wann ziehst du um?«

Ich verstehe die Frage nicht ganz.

»Wann ziehst du zu uns?«

Petra springt ein: »Papa zieht nicht um. Dem gefällt es hier.«

»Weißt du, ich bin groß und dick«, sage ich. »Da möchte ich auch in großen Zimmern leben. Das wäre mir zu eng bei euch.«

Mo 19.4.99

Liza hat mir erzählt, sie habe auf dem kleinen Friedhof Jureks Grab besucht. Das stellte ich mir vor, sein Grab besuchen. Ich würde das letzte Bild von ihm im »Spiegel« nochmal vor mir sehen, auf dessen Aufnahme er bestanden haben muß. Was wollte er damit sagen? »Seht her, ihr wißt, wie schön ich war. Jetzt schaut euch der Tod aus meinen Augen an ...« Es schien mir wie ein letzter Vorwurf, den er uns machen wollte.

Ich bin nicht der Richtige, um einen Toten zu besuchen. Abends beim Einschlafen fallen mir Zwiegespräche mit Jurek ein. Nicht am Grab.

Willi Stoph, einer der großen Rechthaber der DDR, ist vorige Woche verschieden.

Der russische Milliardär Boris Beresowski ist aus Nizza nach Moskau zurückgekehrt, wo er beweisen will, daß er auf dem nur sieben Jahre währenden Weg zum Erwerb von drei Milliarden Dollar nicht das Gesetz gebrochen habe.

Mi 21.4.99

Auf die Frage, ob er sich denn jetzt noch irgendwelche Verhandlungen mit Milošević vorstellen könne, antwortet der deutsche Verteidigungsminister Rudolf Scharping: Nein, der Mann gehöre eher vor ein Kriegsverbrechertribunal. Das wird sich der Groß-Serbe schon längst sagen: Jetzt bringt alles nichts mehr. Der taumelt seiner physischen Vernichtung entgegen und reißt alles mit. Wie damals Hitler.

Madeleine Albright sagt: »Wir wollen mit Milošević gar nicht mehr verhandeln.«

Götz George, der für die Sektmarke »Henkell Trocken« einen zwar aufwendigen, aber eben nur einen einzigen Spot gedreht hat, ist damit schon seit drei oder vier Jahren in der TV-Werbung zu sehen. Oder Franz Beckenbauer, der jeden Tag mit demselben Spot für eine Telefongesellschaft wirbt. Die können sich jeder einmal blamieren, damit hat es sich.

Ich habe pro Jahr ein Dutzend oder mehr stets aktuelle Spots gemacht, und mit jedem einzelnen kann ich mich aufs Neue blamieren. Ich muß selbst aufpassen, darin habe ich eine 45jährige Übung.

Do 22.4.99

30. Tag des Kosovo-Krieges.

Natoflieger haben eine Bombe genau auf die Villa (Residenz) von Milošević geschmissen, in der er schon ausländische Staatsgäste empfangen hat. Er hat mehrere solcher Villen und Gästehäuser in Belgrad, und im Ausland soll er einige pralle Dollarkonten haben. Wiktor Tschernomyrdin ist zu Besuch.

In Amerika haben gestern zwei jugendliche Männer fünfzehn ihrer Mitschüler erschossen und viele verletzt.[31] Die deutschen

[31] MK bezieht sich auf den Amoklauf an der Columbine High School, der auch als Schulmassaker von Littleton bekannt ist.

TV-Journalisten fragen sich scheinheilig, warum das in Amerika geschehen konnte und wie die Jungs an all die Waffen und Granaten gelangt sind. Der Schauspieler Charlton Heston ist Präsident der US-Waffenlobby und wehrt sich gegen neu aufkommende Diskussionen über eine Verschärfung der Waffengesetze. Ich weiß nicht, wer der Präsident der Videospiele-Produzenten ist, jener brutalen Horrortrips, die Kinder und Jugendliche sich in Amerika reinziehen können.

Bis 17.00 Uhr einen Mittagsschlaf gemacht und schrecklich geträumt: Marlene ist in das Eisfach des Kühlschranks gekrochen und lag schlafend darin. Gott sei Dank hatte sie die Tür offengelassen, so daß ich sie sogleich herausnehmen konnte. Ich fühlte ihre Hände und Füße ab, sie waren zu meiner Überraschung warm. Marlene sagte: »Das muß mir im Traum passiert sein. Das habe ich gar nicht gemerkt.« Ich hatte sie nicht zum ersten Mal erwischt und gerettet. Ich beschloß, eine Verriegelung bauen zu lassen.

Der Deutsche Schäferhund hat Geburtstag. Vor hundert Jahren ist das erste Exemplar gezüchtet worden.

Abends den 55. Geburtstag von Louis Boesmann gefeiert. Viele nette Leute waren dort, darunter Matthias Koeppel mit seiner Japanerin und der ebenfalls aus der DDR stammende Maler Karl-Heinz Moeller, auf dessen Visitenkarte die Berufsbezeichnung »Pittore« steht. Er brachte einen völlig unsinnig betonten Satz von Karl Valentin in das Gespräch, und alle noch Anwesenden machten die dämlichsten Versuche, diesen Satz zu interpretieren. Ich gab dann unmittelbar vor meinem Weggang die endgültige und einzig sinnvolle Erklärung ab. Der Satz lautet: »Kunst ist, wenn man's kann, keine nicht. Wenn man's nicht kann, erst recht nicht.«

Sa 24.4.99

Auf der Ausgabe der Zeitschrift »Hörzu« vom 5.3.1999 ist auf der Rückseite ein Mann in meinen Jahren zu sehen. Er trägt eine Glatze und eine Brille, wie ich, und ein blaues Jeanshemd, wie ich es auf dem Coverfoto zu »Abgehauen« trage. Es ist Werbung für die Marmeladen- und Saftfirma Schneekoppe.

Die erste, die das Foto von dem Buch »Abgehauen« verwendet hat, war die Sparkasse Berlin: Glatze von hinten, blaues Jeanshemd. Erstaunlich, welche Nachahmungs-Wirkung von dem Ur-Einfall offenbar ausgegangen ist.

So 25.4.99

Im »Spiegel« finde ich eine Notiz, nach der das Risiko, später an der »sporadischen Form« des Alzheimer zu erkranken, für das Kind eines 41jährigen Vaters etwa viermal so hoch ist wie für das eines 21jährigen. Für Kinder von 51jährigen Vätern verdoppelt sich das Risiko noch einmal. Das habe ein Münchener Mediziner namens Lars Bertram herausgefunden. Oje, ich war fast sechzig …

Mo 26.4.99

Heute war im Jahr 1986 der GAU in Tschernobyl.

Um 16.00 Uhr fuhr mich Otti in das »Nucleus«-Studio, wo ich im Beisein von Jens Kuphal und Till Brönner das von mir ins Deutsche übersetzte Lied »Near To You« aufnahm. Das dauerte nur eine Stunde. Die beiden waren ganz angetan von meinem Gesang. Soll ich ihnen glauben?

Di 27.4.99

Abends einen »Themenabend« auf Arte über Tomi Ungerer gesehen, der an einer Stelle sagt, er gehe manchmal mit den gestorbenen Freunden ins Restaurant und lade sie zum Essen ein (billige Abende). Aber es ist in der Tat nicht die schlechteste Idee. Wenn ich mich erinnere, daß Jurek wirklich nur ein einziges eßbares Gericht kochen konnte, »Tscholent«, dann ist es schon gut, wenn er jetzt, nachdem er gestorben ist, hin und wieder von mir etwas Anständiges vorgesetzt kricht. Ich werde mir angewöhnen, wieder mit ihm zu essen. Anwesend ist er sowieso.

Mi 28.4.99

Vuk Drašković ist wegen seiner kraftprotzerischen Äußerungen aus der Regierung von Milošević schlicht rausgeschmissen worden.

Frei 30.4.99

Als wir mittags Ottis herrliche Nudelsuppe aßen, hatten wir den Fernseher eingeschaltet und zappten uns durch lauter billige, unerträgliche Serien. Otti sagte beiläufig, indem sie ihre Suppe schlürfte: »Die wollen kein Geld mehr ausgeben. Du solltest ihnen eine bezahlbare Serie vorschlagen: ›Der Schäfer‹, mit hundert Schafen und einem Hund, keine Innendekorationen, du in der Hauptrolle. Vorerst für ein Jahr: 52 Folgen.«

So 2.5.99

40. Tag des Kosovo-Krieges. Der Gangster hat die drei Amerikaner freigelassen.

Ein sonniger Tag. Ein anstrengender Tag. Lienhard Wawrzyn, blendend aussehend, kam mit einem Klappfahrrad und mit Laptop um 11.00 Uhr hier an und blieb bis 18.00 Uhr. Den ganzen Tag haben wir über das Drehbuch »Der Duft des Geldes« gesprochen. Ich habe ihm die Tonkassette vorgespielt und mit zusätzlichen Kommentaren versehen. Lienhard hat sich als sehr kooperativ erwiesen. »Ach, wenn ich doch früher Gelegenheit zu einem solchen Gespräch gehabt hätte. Danke.« In drei Tagen will er die Änderungen fertig haben.

Mo 3.5.99

Um 13.00 Uhr kam Fanny mit ihrer elf Monate alten Tochter Daisy-Philine zu Besuch. Das Kind hat eine unglaubliche Energie, und die verpulvert sie auch. Ihre mimischen Fähigkeiten sind grenzenlos, sie könnte eine Hauptrolle spielen.

Frei 7.5.99

Heute ist etwas passiert, was noch nie passiert ist. Um 11.00 Uhr kam die Runde pünktlich an: Frau Ramcke, Regisseur Torsten Fischer, Theo Bierkens aus Holland, der schon am Nachmittag nach Amsterdam flog, Wawrzyn, Brauer und ich.

In einer stundenlangen Lesung durch Wawrzyn von seinem Laptop herunter mit allen Arten von Unterbrechungen wurden die Gesichter von Ramcke und Fischer immer länger, die von Brauer, Wawrzyn und Krug hellten sich immer weiter auf, aber am Schluß, gegen Mitternacht, hatten wir einen todunglücklichen Torsten Fischer am Tisch sitzen.

Ich sagte: »Ich weiß, warum Sie traurig sind, Herr Fischer. Nach dem bisherigen Drehbuch konnten nur Sie einen »Tatort« daraus machen. Jetzt kann es jeder. Und darüber sind Sie traurig.«

Nachts um 3.00 Uhr ins Bett.

Sa 8.5.99

Abends habe ich im TV den Boxkampf zwischen dem deutschen Sven Ottke und dem Dominikaner Gabriel Hernández gesehen, den letzterer nach Punkten verlor und der von dem Kabarettisten Werner Schneyder moderiert wurde. Im Laufe der zwölf Runden sagte Schneyder an einer Stelle: »Der Ausführende selbst muß jederzeit einschätzen können, was zu tun ist. Beim Boxen übrigens ebenso wie in der Kunst.« Wie recht der Mann hat.

So 9.5.99

Im Ersten ein Statement von Günter Grass zum Balkankrieg. Er denkt wie ich, nur gründlicher. Man hätte den Rambo schon früher zur Ordnung rufen sollen. Er lobt ausdrücklich Scharping und Fischer und beider Bemühen, schon jetzt an die Zeit nach dem Krieg zu denken.

Mi 12.5.99

50. Tag des Kosovo-Krieges.

Wir haben jetzt drei Tage hintereinander für die Telekom schwer gearbeitet, jedenfalls haben Charly und ich, wir Schauspieler also, die Arbeit als ungewöhnlich schwer empfunden. Die Texte für die vielen 15-Sekünder, die wir gemacht haben, sind platt, doof, langweilig. Sie denken offenbar, daß Charly und ich jede Scheiße, die geschrieben steht, mühelos vergolden könnten. Wenn das Licht steht, denken sie, sprüht all das aus uns heraus, was in den Spots nicht drinsteht. Aber wir sind keine Models, die etliche Knöpfe eingebaut haben. Drückt man an ihnen diesen Knopf, springt die Hüfte heraus, drückt man jenen Knopf, springt der Arsch heraus, drückt man einen anderen, schütteln sie ihre seidigen Haare und so weiter. Aber wir haben Texte, und zwar miserable, und wir haben Situationen zu spielen. Wir müssen die Lösungen selbst finden; wir haben keinen einzigen Knopf eingebaut.

Do 13.5.99

Sogenannter Vatertag.

Um 8.00 aufgestanden und mit Marlene Lieder gesungen. Dann Margret angerufen und zu ihr rausgefahren. Zum ersten Mal nach Papas Tod, der genau heute ein halbes Jahr her ist.

Unterwegs erklärte ich Marlene vorsichtig, daß der Opa Rudolf schon im Himmel ist. Das war ihr tröstlich. Sie wußte den Namen »Opa Rudolf«, den sie ihm einst selbst gegeben hatte. Sie erkannte auch Margret und war sehr zutraulich zu ihr, als wollte sie die Oma trösten.

Frei 14.5.99

Ich mußte in die große Wohnung, um den aus Halle angereisten Künstler Moritz Götze zu empfangen. Aus München war Krista Maria Schädlich gekommen.

Wir schauten uns gemeinsam acht Blätter in Originalgröße und fast in Originalfarben aus dem Buch und dem farbigen Einband an. Ich fand alles großartig. So ein schönes Buch! Wenn es ein Flop wird, verstehe ich gar nichts mehr. Die Zeichnungen sind naiv und raffiniert zugleich, und sie sind dekorativ. Sie würden jede Wand schmücken.

Nachts habe ich eher mit spitzen Fingern angefangen, die ersten Kuverts und Päckchen und Mäppchen aus dem Nachlaß meines Vaters, das heißt aus den staubigen Tüten und Taschen zu kramen. Eine Handvoll Blechabzeichen aus den Fünfzigern, das jährliche Aktivistenblech, das sich die Leute gegenseitig an die Jacken hefteten.

Die von Otto Grotewohl unterzeichnete Urkunde »Verdienter Erfinder des Volkes«. Den Orden suche ich noch.

Sa 15. 5. 99

Auf N3 läuft um 22.00 Uhr der Schwarz-Weiß-Film »Frauen sind keine Engel« mit Marte Harell und Curd Jürgens von 1943. Jedenfalls habe ich diesen Film in dem kleinen Kino in Hennigsdorf am Ende des Krieges gesehen. Wer mich hineingeschmuggelt hat, weiß ich nicht mehr, ich weiß nur, daß ich total verrückt auf den Song »Frauen sind keine Engel« war. Ich habe es mehrere Male geschafft, mich in das Kino zu schleichen, immer um das Lied zu hören, und die schönste Stelle war für mich: »Sie tun so, doch nur zum Schein …« Wie geheimnisvoll. Ich war sicher, daß ich die Sache, um die es ging, im Prinzip verstanden hatte, die Liebe. »Für mich gibt es auf Erden nur einen Mann, und der bist du, bist ganz allein nur du.« Das war ich. Der kleine Manfred, wer sonst. Und wenn hinter Marte Harell die Kabinentür von dem Luxusdampfer, der jeden Moment von einem feindlichen Torpedo hätte getroffen werden können, zuschlug, und sie schaute mit ihren verliebten und verdrehten Augen zur Decke hinauf, dann war klar: nicht mehr lange, und der Geliebte würde nicht dieser dünne Schauspieler im Trenchcoat sein, sondern ich.

Mo 17. 5. 99

Mit Friedhelm Schönfeld gesprochen.

Ich habe ihm gesagt, daß es mir angenehm wäre, wenn ich ein oder zwei Lieder im Duett mit Fanny singen könnte.

Fanny habe ich angerufen und auf die Maschine gesprochen, sie soll, wenn das wahr ist, was Mutti sagt, nämlich daß Fanny sich freuen würde, mit ihrem Papa zusammen was zu singen, dann soll sie auch was dafür tun und passende Lieder heraussuchen. Noten, CDs, Texte usw.

Eine mir unbekannte Mitarbeiterin von AMIGA (BMG) Berlin hat mir eine Bestätigung geschickt, wonach AMIGA alle Vorschläge [illegible] akzeptiert. Eigentlich eine Schande, daß noch keiner von diesen Menschen es für nötig gehalten hat, mich einmal im Studio oder bei sonst einer Gelegenheit auch nur zu begrüßen. Wenn ich »Modern Talking« wäre, würden sie sich die Klinken in die Hände geben. Nun bin ich längst beleidigt. Die werden mich nimmer mehr zu sehen kriegen. Und wenn sie mich später fragen sollten, warum, werde ich sagen: »Ich bin jahrelang zurechtgekommen, ohne Sie kennengelernt zu haben, da schaff ich den Rest auch noch.«

Frei 21.5.99

60. Tag des Kosovo-Krieges.

Um 15.30 Uhr kamen Jörg Stempel und das Duo Jens Kuphal/Till Brönner. Stempel brachte einen großen Karton voller Kuchen mit, Otti machte Kaffee. Ich spielte fünf Versionen von »One Note Samba« vor, und wir grübelten an dem alten Thema: Welche Titel wollen wir machen? Brönner holte sich am Klavier die passenden Tonarten für »One Note Samba« und »Armer Gigolo« und sagte: »Du singst in den gleichen Tonarten, in denen auch Frank Sinatra singen würde.« Das hat mich nicht weiter beeindruckt.

Nachts um halb zwei einen erschütternden Film von »Spiegel TV« über die Grauen des Ersten Weltkrieges auf VOX gesehen. Erstaunliches, nie gesehenes Material.

Gleich daran anschließend sehe ich – zum wievielten Mal? – die Berichte der Judenvernichtung, ich sehe die Mütter, die Kinder mit den großen Sternen. Die Kinder mit den Gasmasken. Dann die Kinder, die sich von ihren zur Front eingezogenen Vätern verabschieden. Und ein solches Kind war ich selbst. Ich kann das alles immer weniger ertragen, je öfter ich es sehe. Mir kommen die Tränen in die Augen. Ich sehe ein kleines blondes Mädchen und muß plötzlich an Marlene denken. Und jedes dieser Kinder, wie wertvoll, wie schön.

Sa 22.5.99

Es gibt auf Pro7 eine Sendung mit Stefan Raab, meine einzige Freude im Fernsehen. Stefan Raab hat im Mund oben und unten je eine verdammte Kauleiste, es ist wirklich ein Elend. Solche Leute tun mir manchmal leid. Aber warum? Ich tue auch keinem leid, obwohl ich eine Glatze und Prostata und alles Mögliche habe. Raab soll mir ja nichts ab- oder vorkauen. Deshalb nochmal: ich finde ihn gut.

So 23. 5. 99 Pfingsten

Drei Kandidaten, nur einer kann heute Bundespräsident werden, und das wird Rau sein.

Als ich heute morgen erwachte und mich ächzend aus dem Bett rollte, blieb ich eine Weile sitzen, um mich zu sammeln.

Ich verließ meine kleine große Wohnung und ging hinüber zu Ottilie in die große Wohnung, fand sie dort gewaschen und gekämmt bei schönstem Wetter in der Küche stehen und Erdbeeren pipseln. »Haben wir es nicht gut?« sagte ich.

Und Otti, ohne sich weiter zu besinnen, sagte: »Ja, wir haben es gut.«

Als wir schon auf der Fete bei Erika Schamoni waren, hörten wir vom Sieg des Johannes Rau, und es hat niemanden gewundert, als er sagte: »Ich nehme die Wahl an.«

Das Fest war wie immer bestens organisiert, es gab alles, was man sich wünschen konnte. Erika Schamoni hatte hin und wieder traurige Momente.

Mit Willy Moese habe ich mich lange über Mondstellungen und den nächtlichen Himmel unterhalten.

Um 22.30 Uhr fuhren mich die Moeses nach Hause. Als ich die Wagentür zugeschlagen hatte, quoll mir ein bestialischer Gestank in die Lungen. Ich öffnete das Fenster, um nicht vor Ekel zu ersticken. Offenbar transportieren sie gelegentlich diese langhaarige Riesentöle, deren Gestank mich schon oft vorzeitig aus dem Haus der Moeses vertrieben und mir den Appetit verdorben hat.

Mo 24. 5. 99 Pfingsten

Manchmal glaube ich, Marlene verkindelt sich absichtlich, sie spielt uns ein Kind nur vor, damit wir Alten noch etwas von ihrer

Kindheit haben. Sie ist an Sprache interessiert, das hat sich nicht verloren. Wenn ich Floskeln wie »mit allem Drum und Dran« oder »mit Sack und Pack« verwende, die sie zum ersten Mal in ihrem Leben hört, sehe ich buchstäblich, wie bei ihr der Groschen fällt. Heute fiel das Wort »in Acht und Bann geschlagen«, und zwar in einer Geschichte, die ich Petra erzählte. Nach einer Viertelstunde kam Marlene darauf zurück und wollte wissen, was das heißt. Nicht leicht zu erklären. Sie hört solche Erklärungen bis zum Ende an, obwohl ich, eitel, wie ich bin, mir viel Zeit lasse.

Di 25.5.99

Noch nie bin ich so ungern zur Arbeit gefahren, wie ich es heute tun muß, um in Hamburg einen »Tatort« zu machen.

Mit kleinem Flugzeug nach Hamburg, dort von Felix Gregor abgeholt worden. Charly auf seinen Wunsch hin angerufen, um mit ihm wie immer ins »Blockhaus« zu gehen und Steak mit Salat zu essen.

Noch im »Blockhaus« hatte ich mir derart auf die Zunge gebissen, daß ich die ganze Nacht blutete und die nächste Nacht auch noch. Das liegt natürlich an meinem Blutverdünner »Marcumar«. Es wachsen aber in den letzten Jahren meine Backenzähne immer länger aus beiden Kiefern heraus, so daß die Eigenbisse schlimmere Folgen haben als je zuvor.

Mi 26.5.99

Charly hatte wunderbar eingekauft und auf seinem Zimmer den Tisch gedeckt. Wir kuckten uns zusammen das Champions-League-Endspiel »Manchester United« gegen »Bayern« in Madrid an, das die Bayern in den letzten Sekunden mit 2:1 verloren, nachdem sie ab der achten Minute geführt hatten. Schmählich.

Do 27.5.99

6.30 Uhr. Zum Wiedereinschlafen kuckte ich kurz ins Fernsehen und habe gelernt, daß der Stier in Spanien gegen die rote Farbe des Lappens, den der Torero schwenkt, völlig gleichgültig sei. Was ihn ärgert, sind die Stiche in seinem Nacken und die gezierten Bewegungen des Toreros. Deshalb greift er an, nicht wegen der Farbe Rot.

Mit der Farbe Rot hat es eine besondere Bewandtnis. Im Mittelalter waren die Huren daran zu erkennen, daß sie rote Mützen und Schals trugen, und schon im biblischen Altertum hatten Huren rote Kleider an. Rot ist die Farbe der Liebe, des Kommunismus, rote Mützen trugen die Jakobiner, die Farbe Rot ist trendlos und erhaben. Sie stand am Anfang unseres Planeten.

Blau ist die Farbe der Tiefe. Bei der Farbtherapie erzeugt sie beim Menschen eine Verlangsamung des Pulsschlages. Blau ist der Himmel und das Wasser. Blau ist im Mittelalter reserviert für die Darstellung der Muttergottes, die einen blauen Mantel trägt. Schon immer begehrt war der Lapislazuli, der Stein, der das Pigment für das Ultramarinblau enthält. Schon im alten Ägypten. Die Tuareg, die »Ritter der Sahara«, tragen blau. Der Pflanzenfarbstoff Indigo färbt in Afrika (bei den Yoruba-Frauen) und Indien seit ewigen Zeiten die Wäsche blau. To feel blue im Amerikanischen ist traurig sein, den Blues haben. Blau, die Farbe der Leere, der Beruhigung, eine luxuriöse Farbe. Die Blaue Stunde, die Stunde der Ruhe. Der Blaue Montag. »Grün- und blauschlagen« kommt aus der Färberei. Man schlug mit dem Knüppel die blauen Stoffe, schlug sozusagen den Sauerstoff in sie hinein. Der Modekünstler Joop aus Potsdam ist ein feinsinniger, nachdenklicher Mann. Spricht interessant über diese Dinge. Er sagt zum Beispiel, Blau sei auch eine Vertrauen erweckende Farbe, man vertraue dem Banker im blauen Anzug eher sein Geld an als dem Banker im roten Anzug, dem Flugkapitän in blauer Kluft eher sein Leben an als dem in roter Kluft. Weite, Unbegrenztheit, Freiheit, das ist blau. Die Farbe unseres Planeten, der Weite, die uns umgibt …

Frei 28. 5. 99

In gewisser Weise könnte man auch über Regisseure das sagen, was Musiker schon seit Jahrhunderten über Dirigenten sagen: »Aus einem Taktstock ist noch nie ein falscher Ton gefahren.«

Um 15.00 Uhr nach Hause geflogen.

Marlene hatte gestern Besuch von einem älteren Kindergartenkind und wurde gefragt, in welchem Bett ihr Vater schlafe.

Marlene sagte: »Bei sich zu Hause im Bett. Dem ist es hier zu klein.

»Wie heißt dein Vater?«

»Manfred.«

»Und mit Nachnamen?«

»Na, das weißt du doch: Duda!« – und die Sache war erledigt. Fürs erste.

So 30.5.99

Fanny hat einige Lieder ausgesucht, die sie sich als Duette vorstellen kann, ich nicht. Ich habe ihr meine Liste von alten deutschen Titeln gegeben, damit sie sich vorstellen kann, in welche Richtung ich denke. Aber die meisten dieser Lieder kennt sie gar nicht mehr.

Abends haben wir uns den Tatort »Traumhaus« angesehen. Die Kommissare hatten kaum zu tun, dafür das Paar Ulrich Mühe und Susanne Lothar um so mehr. Unser Schlußlied war sehr nett.

Einzige begeisterte Anruferin nach der Sendung war Gabi Gorges. »Mir ist es bei eurem Song kalt und heiß über den Rükken gelaufen. Das kann allerdings auch das beginnende Klimakterium sein«, sagte sie.

Mo 31.5.99

Um 12.05 Uhr Abflug nach Hamburg.

Zu meiner Überraschung im Flugzeug auf dem Platz neben mir Marianne Koch, die frühere sehr hübsche und angenehme Schauspielerin, die sich stets mit Intelligenz ihrer nichtsnutzigen Texte entledigt hat. Ich mochte sie von Jugend an. Während ich mich hinsetzte, sah ich sie nur kurz an, sah, daß sie immer noch schön ist, dann machte ich mich schmal und erlaubte mir keinen einzigen Blick mehr, weil ich sie in Ruhe lassen wollte. Auch heimlich von der Seite habe ich sie nicht angesehen, denn ich weiß, daß Schauspieler ein viel feineres Sensorium dafür entwikkeln, ob sie angeglotzt werden oder nicht. Sie, die oft Beglotzte, wird es als angenehm empfunden haben. Es gab einen Zwischenfall: Ich beobachtete, daß die Stewardeß genau in dem Augenblick zur Seite sah, als Marianne Koch ihr leergetrunkenes Wasserglas abgeben wollte. Sanft und selbstverständlich nahm ich es ihr aus der Hand und gab es der Stewardeß, was die Koch mit einem Blick quittierte, den ich in der Unschärfe deutlich wahrnehmen konnte und der etwa »sehr aufmerksam« bedeutet haben mag. Nach der Landung eröffnete sie doch noch ein kurzes Gespräch. Sie sei gestern abend nicht dazu gekommen, den »Tatort« (»Traumhaus«) zu sehen. Sonst schätze sie unsere Arbeit nämlich sehr. Ich entgegnete artig und wahrheitsgemäß, daß ich meinerseits von Jugendzeiten an ihre schöne, kluge, rechtschaffene Art des Spiels zu schätzen wisse. Auf dem Hamburger Flugfeld verabschiedeten wir uns, noch ehe wir in den Bus einstiegen. Was für eine angenehme Frau.

Im Hotel finde ich in der »Frankfurter Allgemeinen« vom 31. Mai über den »Tatort« eine schmähende Kritik von einem Lothar Müller. Überschrift »Hamburg ist nicht Casablanca«, Untertitel »Das passiert, wenn man komisch sein will«. Der Mann nimmt uns vor allem übel, daß wir schon alt sind, und er nimmt uns übel, daß wir die ganze Sache etwas heiter nehmen. Er nennt uns deswegen Komikerduo. Ulrich Mühe und Susanne Lothar kommen nicht besser weg, sie seien hyperdramatisch gewesen, deshalb nennt er sie das »Untergeherduo«. Den Schluß-Song fand der Mann angeklebt und zu lang.

Ich schaltete den Fernseher ein und siehe da: wir hatten trotz des schwülen Wetters eine sehr gute Einschaltquote, nämlich 9,06 Millionen Zuschauer bei 31,1 % Marktanteil. Absolute Spitze. Ich hatte Angst, das schöne Wetter einerseits und der sehr starke gesellschaftskritische Ansatz des Krimis andererseits könnte die Quote heruntergezogen haben. Aber noch wissen die Leute, was gut ist. Es hat sich gelohnt, daß Brauer und ich alles versucht haben, die Seite der Kommissare so geistreich und humorvoll wie möglich zu machen. Das Publikum hat es uns gedankt.

Mi 2.6.99

Alle Welt wartet auf gute Nachrichten aus Belgrad, wohin sich die Herren Tschernomyrdin und Ahtisaari auf den Weg gemacht haben.

Wahlen in Südafrika, Mandela geht.

Frei 4.6.99

Überschrift in der FAZ: Milošević stimmt dem Friedensplan zu.

Mo 7.6.99

Wir haben vier Bilder im Polizeirevier gedreht, davon drei mit recht viel Text. Franziska Troegner erzählte eine Geschichte, die sie einst von Uli Thein gehört hatte:

Als ich 1959 mit einem Esel am Flugplatz in Sofia angekommen war, soll mir die Crew der Interflug-Frachtmaschine die Mitnahme des Tiers zunächst verweigert haben. Ich stand mit dem Esel in der Kiste auf dem Sofioter Flughafen. Ich soll ganz ruhig meinen Koffer geöffnet und ihm ein stehendes türkisches Messer entnommen haben. Sodann soll ich das Tor von der Kiste geöffnet und Anstalten gemacht haben, den Esel zum Zwecke des Schlachtens ins Freie zu zerren. Auf die Frage, was das zu bedeuten habe, hätte ich geantwortet: »Ich lasse das Tier hier nicht einfach verhungern. Ich bin verantwortlich und weiß mir keinen anderen Rat. Der Esel muß sterben. Komm raus, mein kleiner Charly …« Als ich den Hals des traurig blickenden Tieres nach der Schlagader abtastete, soll der Kapitän Erbarmen gezeigt und die Kiste an Bord gehievt haben.

Mi 9.6.99

Doldinger erklärte sich bereit, die Oberaufsicht bei den Arrangements zu übernehmen, also etwa 14 Titel für die »Tatort«-Platte zu verantworten. Im nächsten halben Jahr soll alles perfekt sein.

Der Krieg ist zu Ende. Die serbischen Generäle und die Nato haben sich heute abend geeinigt.

Frei 11.6.99

Schlau werden, dumm werden, die Jungen durchschauen, mißtrauisch werden, großzügig werden. Prostata kriegen, Hängebrüste kriegen. Vergeßlich werden, nicht mehr nachtragen, nicht mehr eifersüchtig sein, der Jugend nachtrauern, Jugend verachten, die Altersgenossen schätzen lernen, bleierne Beine kriegen, an den Enkeln gutmachen, taube Hände kriegen, Streicheln verlernen, wehe Gelenke kriegen, Hören und Sehen vergeht, dicke Brillengläser kriegen, scheu werden, tapfer werden, frech werden. Endlich frech werden. Sich auf den Tod freuen. Erlöst werden.

So 13.6.99

Um 15.30 Uhr rief Klaus Poche an, ob es mir gut gehe.

Ich: Warum?

Er: In »Bild am Sonntag« stand heute, du willst aufhören.

Also haben sich die Schmierfinken doch irgendwas aus ihren Fingern gesogen.

Di 15.6.99

Der Tod ist eine traurige Sache. Solange wir aber leben, und gern leben, sollten wir da nicht glücklich darüber sein, wie schön wir es haben auf der Welt? Allein der Stoff zum Nachdenken. Seit Jahrtausenden denken wir nach über Sonne, Mond und Sterne. Und wie schön, daß wir diese Weite um uns herum haben, das All, die Endlosigkeit, in die wir unsere Gedanken schicken können. Das Einzige, was schneller ist als das Licht, sind unsere Gedanken.

Der berühmte Regisseur, der mich vor zwanzig Jahren bei Wind und Wetter in die BUFA (Berliner Union Film GmbH & Co.)

auf das Gelände vorgeladen und mich dann in einer abgeschabten Garderobe eine Stunde lang hat sitzen lassen, hieß übrigens Rudolf Noelte. Es sollte ein Film nach einem authentischen Stoff von Siegmar Faust (Biermann) gedreht werden. Ich fühlte mich erinnert an die Besichtigung durch Erich Engel 1958 in der »Möwe«.

Nach einer Stunde ging ich, ohne den Mann auch nur gesehen zu haben, gedemütigt nach Hause in die Martin-Luther-Straße zurück. Drei Kinder, kein Geld. Ottilie traurig. Ich war kurz davor gewesen, meinem Stolz das Brechen zu erlauben. Gerade noch rechtzeitig fuhr ich nach Hause. Ich konnte die Miete für die Wohnung nicht bezahlen. Der Film wurde ohne mich gemacht und war ein Totalflop. So wie »Geschwader Fledermaus« weiland ein Flop gewesen war. Zweimal die Nase hoch getragen – zweimal gewonnen. Kraft geschöpft.

Do 17.6.99

Abholung 13.10 Uhr – drei Bilder, nämlich Flughafen, Ende des Films – Krankenhaus Wandsbek – Witwe Raguse kriegt ihr Kind. Die Witwe wird gespielt von Jeanette Arndt, der Ehefrau des Volker Lechtenbrink, eine begabte und sehr angenehme Kollegin, die das Mitleid des helfenden Mannes erregt, also genau mein Fall.

Frei 18.6.99

Ein unbekannter dörflicher Baumeister soll die Fehler in seiner Arbeit mit dem Satz entschuldigt haben: »Man muß beim Bauen auch an das Abreißen denken.« Das erinnert mich an das Gespräch, das ich 1965 mit dem Chefingenieur des Moskauer Fernsehturms hatte. Ich hatte ihn gefragt, wann der Turm seiner Erwartung nach umfallen würde. Es stellte sich heraus, daß er nie darüber nachgedacht hatte. Große Verwirrung.

Schrecklich doofe Post. Einer will, daß ich mich für die Wiederbelebung der Stalinallee einsetze. Als wenn die je belebt gewesen sei.

Es ist wirklich furchtbar zu sehen, wie die serbischen Milizen und Soldaten im Kosovo gemordet und gebrandschatzt haben. Der

Idiot hat vier Kriege geführt und verloren. Die Serben mußten aus der Krajina in Kroatien weichen. Hunderttausende mußten aus Bosnien verschwinden. Jetzt ist das Kosovo verloren. Und die Armut im eigentlichen Serbien ist noch gar nicht ausgebrochen.

Sa 19.6.99

Heute nacht habe ich den Brief an Charly Schöps geschickt, in dem es heißt, daß ich jetzt noch vier »Tatorte« machen will, wenn die Bücher in Ordnung sind. Noch einen in diesem und die drei letzten im nächsten Jahr. Ich habe gebeten, mir einen »Abschiedstatort« zu ersparen und lieber mit Witz und Heiterkeit zu scheiden. Charly Brauer kennt meine Pläne schon lange.

Mi 23.6.99

Ich liege in meinem Wohnwagen und denke: Wenn ich jetzt schlappmache oder sterbe, könnte der Regisseur die Vorfahrt vor das Schloß, die ich noch drehen muß, aus größerer Entfernung mit einem Double machen. Und die Szenen für morgen könnte er ohne Probleme von Charles spielen lassen.

Vorhin habe ich für ein Kamerateam von Radio Bremen, das gerade einen Beitrag über Charles Brauer dreht, einige freundliche Sätze über ihn sagen wollen, aber mein Hirn war völlig leer. Der Mund hat einfach so vor sich hingesprochen. Aber was? Dabei hatte ich mir gestern ein paar Sätze präpariert.

Abends lese ich in dem Buch »Swinging Cops«, erschienen im Henschel Verlag, von Almut Oetjen und Holger Wacker. Dort findet sich auf fast jeder Seite neben dem eigentlichen Text ein kurzer Dialoganteil aus den einzelnen »Tatorten«. Offenbar hatten die Autoren die »Tatorte« noch einmal durchgesehen und auf Dialoge abgesucht, von denen sie hoffen konnten, daß die Leser sich ein bißchen amüsieren würden. Ausnahmslos alle diese Dialoge stammen von mir.

Auf Seite 60 steht, daß mein Vater Richard (!) Krug heißt. Ebenfalls auf Seite 60 steht: »Mit 14 Jahren zwingt ihn der Vater in eine Lehre als Schmelzer im Stahl- und Walzwerk Brandenburg.

Drei Jahre später ist er der jüngste Facharbeiter der Republik.« Reine Erfindung. Danach folgt: »Neben seinem Drei-Schicht-Dienst besucht er die Abendoberschule, um das Abitur nachzuholen.« Zwar habe ich das getan, aber das Abitur habe ich niemals nachgeholt. Ich weiß nicht, wer das aufgebracht hat und wer es dann immer wieder abgeschrieben hat. Wenn du nur ein bißchen Ruhm erlangt hast, schmeißen sie dir das Abitur einfach nach.

Do 24.6.99

Der letzte Drehtag.

Alle Kollegen waren mild und abschiedlich gestimmt. Alle schienen mit der Arbeit an diesem »Tatort« zufrieden. Auch Schöps kam nochmal zum Händeschütteln. Er fragte drängend, ob wir nicht noch ein Jahr dranhängen wollten. 2002 gehe auch er in Rente, das wäre doch schön … Strikte Verneinung.

So 27.6.99

Schon immer liebte ich häßliche Frauen. Wenn sie nur ein bißchen hilflos und dünn waren, einen Sehfehler oder einen Gehfehler oder einen Sprachfehler hatten. Einmal habe ich mich in eine Frau nur wegen ihres Lispelns verliebt …

Vor ein paar Tagen hat der Bundestag endlich beschlossen, in Berlin das Mahnmal für die von den Nazis ermordeten Juden Europas zu bauen. Es ist der von 4.000 auf rund 2.500 Stelen heruntergehandelte Entwurf des Amerikaners Peter Eisenman. So haben wir eine Kuppel, ein Museum als Mahnmal und ein richtiges Mahnmal, alles gebaut von Fremden. Ich kann mir nicht helfen: wenigstens der Entwurf für dieses Mahnmal hätte auch gut und gern von einem Deutschen sein können.

Mo 28.6.99

Die heutige Einführung der neuen Telekom-Aktien war ein voller Erfolg: 21 Milliarden Mark wurden flüssig. Die Aktie ist überzeichnet. Die Aktie ist von 39,50 Euro in einem Tag auf über 40,50 Euro gestiegen.

Siegfried Lowitz ist gestorben, Hilde Krahl ist gestorben. In keine war ich als Kind verliebter als in die Krahl.

Do 1.7.99

Heute war Friedhelm um 10.00 Uhr hier, um mir die Arrangements von »Kann denn Liebe Sünde sein?« und »Dein ist mein ganzes Herz« vorzustellen. Gott sei Dank. Ich habe einige Schwänzchen der altertümlichen Art und einige übers Knie gebrochene Harmonien streichen oder ändern lassen. Friedhelm war etwas enttäuscht darüber. Das muß mir leider egal sein. Ich habe eine schreckliche Angst, daß die vier Titel DDRig, altbacken, unoriginell klingen könnten.

Frei 2.7.99

Herr Lars Ingwersen schickte nach einwöchigem Nachdenken ein Fax, er stimme meiner Forderung »gern« zu und bitte um Bestätigung. Nach Rücksprache mit Charles Brauer habe ich sofort, gleich handschriftlich auf seinem Fax, zugestimmt und an den Rand geschrieben: »An die Arbeit!«

Dann rief ich Jörg Stempel an und sagte ihm, daß ich nunmehr nicht umhinkönne, die »Tatort«-Songs mit der WEA zu machen, was ja wahr ist.

Sa 3.7.99

Abends sind Otti und ich noch auf ein Bier ins »Diener« gefahren. Dort haben wir einen bulligen Aktionskünstler kennengelernt, der seit zwanzig Jahren mit der Tochter von Bernhard Minetti zusammenlebt. »Wir lieben uns«, sagte er. Ich sagte: »Das war eine gute Idee vom alten Minetti, daß er als Wiedergutmachung für seine Nazischleimerei den Sohn Hans-Peter in die DDR geschickt hat. Ob es für die DDR so gut war, weiß ich nicht.«

Do 8.7.99

Früh um 9.30 Uhr mit dem Wagen losgefahren und anderthalb Stunden in der Gegend herumgesucht, um die verdammte

Nalepastraße zu finden. Mit der Orientierung wird es auch immer schwerer. Dann alle vier Titel mit sanften Streichern eingeschmiert. Friedhelm habe ich befördert: er darf sich in Zukunft Friedhelm »Nelson« Schönfeld nennen, nach Nelson Riddle, dem weiland berühmten amerikanischen Arrangeur für spätbarocke Schlager. Die Streicher spielten, was ihr Talent hergab. Und obwohl es nicht bei allen gleichermaßen viel war, so hat es die Sache doch schöner gemacht. Morgen will ich trotz dieses blöden Sommerhustens singen.

Mi 14.7.99

Telefonat mit Klaus Doldinger. Er meint, die »Tatort«-Songs sollten so viel wie möglich von dem alten Charme behalten, den sie ohnehin schon haben. Ja, aber ein paar schöne Streicher und eine brillante Rhythmusgruppe wären auch nicht zu verachten, habe ich gesagt.

Petra fragte, ob ich mir zutraue, einen kleinen Splitter aus Marlenes Fuß zu ziehen. Ich sagte ja. Ich setzte meine Uhrmacherlupe auf und fing unter beruhigenden Worten an, mit einer Nadel unter dem kleinen Fuß von Marlene zu puhlen. Das Kind sah die Nadel und fing an zu weinen, was mich schrecklich irritierte. Ich konnte weder mit der Nadel noch mit einer feinen Uhrmacherpinzette den Splitter fassen oder spüren. Schließlich steckte ich die Außensohle einfach in den Mund und saugte so lange, bis ich den quasi eingeweichten Splitter mit der Zunge herausschlecken konnte. Pflaster drauf – fertig. Ich frage mich, ob das eines der unvergeßlichen frühen Erlebnisse für Marlene sein könnte. Vielleicht wird es ein kleines Standardgeschichtchen in ihrem Leben werden. Soll mir recht sein. Welcher Vater steckt schon den Fuß seines Kindes in den Mund. Vielleicht ein Indianer.

Sa 17.7.99

Millionen idiotischer Amerikaner glauben, die Mondlandung vor dreißig Jahren habe nie stattgefunden, alles sei ein Hollywood-Gag gewesen.

Auch einige russische Sensationsjournalisten behaupten noch immer, die Amerikaner seien nie auf dem Mond gewesen. Die Russen verstehe ich, sie haben die Schlappe nie verwunden.

Jurek und ich saßen 24 Stunden bis zur Erschöpfung vor dem Fernseher. Die Einschaltquote lag bei 70 %. Ähnlich interessant waren uns nur die Boxkämpfe von Muhammad Ali.

Di 20.7.99

Um 14.00 Uhr muß ich ins »Nucleus«-Studio zum Singen. Aber für »One Note Samba« habe ich noch keinen deutschen Text.

Bis 21.30 Uhr hatte ich alle drei Lieder gesungen: »Schöner Gigolo«, »Ich hab sie noch immer lieb« und »Lied mit dem einen Ton«[32], für das ich den endgültigen Text erst im Studio geschrieben habe. Ich war barfuß, mit nacktem Oberkörper in kurzen Hosen. Wir beschlossen, einen Durchgang »Schöner Gigolo« von Fanny singen zu lassen. Das soll sie machen, wenn sie von der Ostsee zurück ist.

Do 22.7.99

Petra und Marlenes Abmarsch.

Spät, wie in den letzten Tagen immer, kamen die Kinder, und ich hatte das Gefühl, daß Petra lieber zu Hause geblieben wäre. Sie wiederum hatte das Gefühl, sagte sie, daß ich den Abend lieber ohne die beiden verbracht hätte. Das ist Unsinn. Ich würde mit dem Wunsch nicht hinter dem Berg halten.

Angeblich hätte sie mir erklärt, Marlene und ihre Freunde seien mit Kleidern in irgendeine Pfütze gesprungen, daher dauere es länger, bis sie komme. Das hatte ich wirklich nicht wahrgenommen.

»Ja, vielleicht geht mir manchmal etwas Interessanteres durch den Kopf als Kinder, die ins Wasser springen!« sagte ich. Dazwischen plärrte Marlene die ganze Zeit. Sie hatte natürlich gemerkt, daß wir einen regelrechten Krach hatten. Kann Petra sich nicht

---

32 So lautete schließlich der deutsche Titel von »One Note Samba«.

vorstellen, daß ich nach dem Schlaganfall manches weniger konzentriert aufnehme? Manches gar nicht ganz wahrnehme?

»Was habt ihr beiden? Was ist mit euch?« sagte Marlene.

»Wir haben Krach. Das gibt es. Unter anderem haben wir deshalb Krach, weil du seit einer halben Stunde dieses Heidentheater beim Zähneputzen machst! Ich spendiere euch jetzt ein Taxi, ihr könnt nach Hause fahren.«

Petra: »Wir brauchen kein Taxi, ich hab das Fahrrad auf dem Hof.«

Ich gab Marlene ein Küßchen, und weg waren sie.

Ich glaube, die wirklich traurige Zeit für mich kommt jetzt.

Frei 23.7.99

Ich bin dabei aufzuräumen, das Beste, was ich während der folgenden Zeit machen kann. Tausend Kleinigkeiten sind zu erledigen. Ich muß noch den teils schrecklichen und langweiligen Papierkram meines Vaters aussortieren. Das Zeug steht noch immer in großen Taschen im Wohnzimmer herum. Zur Beseitigung habe ich eine Aktenvernichtungsmaschine bestellt.

Sa 24.7.99

Heute um 11.00 Uhr habe ich das Telefon abgestellt. Ich will nicht, daß Petra das Kind anrufen läßt. Mir würde das Herz brechen. Das will ich nicht mehr.

Walter Benjamin hat gesagt: »Die beste Methode, ein Kind zu erziehen, ist, es einfach zu lieben.«

Wie kann ich Marlene lieben und erziehen, wenn ich sie nicht mehr sehe?

Abends ein bißchen in die Stadt gefahren und bei »Diener« Walter Schmidinger, den wunderbaren Geschichtenerzähler, getroffen und mich geärgert, daß ich kein Diktaphon bei mir hatte, das ich heimlich hätte laufen lassen können. Er stellte mehrmals die Frage, warum es heutzutage so wenige große Persönlichkeiten am Theater gäbe. Immer wieder wollte er meine Antwort hören: »Versündige dich nicht. Du bist eine große Persönlichkeit. Viel mehr hat es auch in früheren Zeiten pro Kopf der Bevölkerung nicht gegeben«, sage ich. Am Ende waren wir zu viert in der leeren Kneipe. Eine Maus huschte ein paarmal unter dem Sofa am Stammtisch hervor, rannte unter den Tresen und wieder zurück. Gehen die Gäste, kommen die Mäuse.

Ich ging um 4.00 Uhr als erster.

So 25. 7. 99

Wenn Marlene fragt, warum man nichts mehr vom Papa hört, was antwortet Petra dann?

Mo 26. 7. 99

18.30 Uhr klingelte dreimal das Telefon und wurde wieder aufgelegt. Dann klingelte es so lange, bis die Maschine aufzeichnete. Aus dem Hintergrund souffliert Petra:

»Hallo, Papa …«

Dann spricht Marlene, mein herzzerreißendes, süßes Kind: »Papa? … Papa, wann kommst du ran? Ich hab gepiepst, oh.«

Petra leise: »Sing jetzt das Lied.«

Marlene mit falschen Tönen tapfer singend: »Schöner Schikkolo, armer Schickolo, was hast du draußen getahan? Schöner eh … Wo du als Husar, goldgeschmückt sogar konntest durch die Straßen reiten … So geht das, Papa.«

Petra leise: »Papa, ich hab was für dich.«

Marlene: »Papa, ich hab was für dich … Tschüß, der redet nicht …«

Petra: »Nein …«

Ich hasse mich, denn ich habe, halb unter Tränen, den Hörer nicht abgenommen.

Di 27. 7. 99

Fahrt in zwei hochnoble Hotels, zuerst in das neue »Four Seasons«, dann in das Hotel »Adlon«. Dort haben wir drei Spots gedreht. Der Regisseur war sehr angenehm, er wird immer freundlicher. Wir haben ihn ein bißchen erzogen, aber er hat auch etwas gelernt.

Warum soll der junge Mann von zwei altgedienten Schauspielern nichts lernen?

Ich hatte mir vorgenommen, zu allen besonders lieb zu sein, jeder weiß zwar, daß es geheuchelt ist, aber es erleichtert die Arbeit.

Ansonsten kein weiterer Anruf von Petra. Sie wird sich wundern, wenn ich nach vier Wochen immer noch nichts von mir hören lasse. Ich werde dem Kind etwas Schönes zum Geburtstag schicken.

Do 29.7.99

19.00 Uhr, das Telefon klingelt, ich nehme nicht ab, höre aber gespannt zu.

Marlene mit trauriger Stimme: »Papa, melde dich mal.«

Lange Pause. Marlene atmet.

Petra nimmt den Hörer, sagt mit sachlich kühler Stimme: »Manfred? Hier ist die Petra. Geht's dir gut? Meld' dich doch mal, und sag mir, daß du gesund bist und alles in Ordnung ist, ja? Wir machen uns ein bißchen Sorgen um dich. Tschüß.«

Marlene leise: »Tschüß.«

Es tut mir schrecklich weh. Aber ich will Petra nicht sehen und nicht mit ihr reden. Ich kann es nicht.

Frei 30.7.99

Stéphane Courtois schreibt im »Spiegel«, Josef Dschughaschwili sei 1878 in Gori/Georgien geboren, das wußte ich noch aus der Schule. Was mir neu war: er sei nur 1,62 m groß und sein linker Arm sei verkrüppelt gewesen. Von Geburt an? Das steht nicht da. Dann hätte er etwas mit Kaiser Wilhelm gemeinsam gehabt.

Sa 31.7.99

Um 20.00 Uhr klingelte das Telefon. Es kann nur Otti oder Petra gewesen sein. Ich hatte die Telefon-Maschine abgestellt, weil ich mir das Jammern von Marlene nicht antun wollte. Und mein Jammer ist ohnehin schlimm.

So 1.8.99

Heute begann im Jahre 1914 der Erste Weltkrieg.

Ich habe die Schlüssel, die ich von der Wohnung noch hatte, in eine Tüte gepackt und grußlos mit der Post an Petra abgeschickt. Jetzt warte ich nur noch darauf, daß sie mir ihrerseits die Schlüssel, die sie von meiner Wohnung und vom Auto noch hat, zurückschickt. Das war's dann. Sie ist jung und sieht jung aus. Ich spüre, daß sie von ihrem Leben noch etwas erwartet.

Mo 2.8.99

Otti rief an, daß sie gerade Fanny mit Kind zu Hause abgeliefert habe und jetzt nach Hause komme. Ich rief sofort Fanny an und sagte ihr, daß sie morgen um 14.00 Uhr ins »Nucleus«-Studio zum Singen kommen solle, ich würde auch da sein. Fanny bat, erstmal eine Dreiviertelstunde ohne mich arbeiten zu dürfen. Kein Problem.

Di 3.8.99

Um 14.00 Uhr bin ich ins »Nucleus«-Studio gefahren, wo Fanny ihre Strophe von »Schöner Gigolo« schon perfekt aufgenommen hatte, und es war sehr gut. Fanny kann wunderbar singen, sie hat auch für Phrasierung und gestaltende Intonation ein feines Gefühl. Auch Brönner und Kuphal zeigten sich von Fanny ganz begeistert.

Ich habe am Schluß die ehemalige Zeile »Du hast Arme, du hast Beine, alles andre stört dich wenig« ausgetauscht in »Du hast Arme, du hast Beine, nur Moneten hast du keine«. Klingt an der Stelle besser und wird von Fanny mitgesungen.

Mein Telefon bleibt abgestellt. Spätestens heute muß Petra meine Schlüssel bekommen haben. Sie kann mich per Post oder per Fax erreichen, wenn sie will. Sie kann sogar von Marlene ein Bild faxen, wenn sie will.

Mi 4.8.99

Aufgewacht in einem nah an der Realität liegenden Traum: Ich drehte ein paar Spots für die Telekom und überwarf mich völlig mit den Bossen Martini und Fischer-Rau. Aber ich hatte unrecht. Ich hatte den Text nicht gelernt und habe deshalb nach Gründen gesucht, den Drehtag scheitern zu lassen.

Ein Zettel von Otti unter der Tür durch: »Von Till Brönner kam ein Anruf: Jens Kuphal sei mit einer Nierenkolik ins Krankenhaus gebracht worden, wodurch der Mix des gestrigen Liedes nicht fertig ist. Aber bis Ende der Woche wirst Du ihn haben. Er hat Fannys Gesang über den Klee gelobt. Sie sollte unbedingt singen. Küßchen – Deine Ottilie.«

Von der Kölner TV-Firma »Tag/Traum« kam die Videokassette mit allen Folgen »Bilder Reise Deutschland 1949–1999«, 50 Jahre BRD, eine Reihe, in der ich mit leichter Ironie etwa je fünfzig Sekunden lang im On ein Foto kommentiere, das dann zu einem Film mit O-Ton wird, den, aus dem Off, Charly Brauer mit seriöser Stimme nochmal erläutert. Eine Folge dauert etwa viereinhalb Minuten. Eine hochachtbare, auch politisch anständige Filmreihe. Daß es so was in dieser massenmedial verkommenen Zeit noch gibt – allein dafür lohnt es sich, die Fernsehgebühren zu zahlen.

Do 5.8.99

Friedrich Engels im Jahr 1895 gestorben.

Die Würfel seien gefallen, schrieb am 27.7.99 Frau Ramcke, sie wollen im Herbst, im September, »Blaues Blut« von Raimund Weber drehen. Ich muß anfangen zu lesen. Ich kann das Wort »Tatort« nicht mehr hören. Es bedeutet für mich immer dasselbe: viel Mühe, viel ändern, viel kämpfen.

Frei 6.8.99

Doldinger rief an, er wollte nochmal die Titel für die »Tatort«-CD klarmachen.

Ich sagte ihm, daß nötigenfalls Fanny mitsingen könne, z. B. bei »Jim, Jonny & Jonas«.

Doldinger sagte, er habe den berühmten Arrangeur Rob Pronk für die Platte interessieren können. Soll mich freuen. Die Idee mit

Fanny fand er offenbar irritierend, weil im »Tatort« noch nie eine Frau mit uns zusammen gesungen hat. Vielleicht hat er damit recht.

In Köln gibt es neuerdings eine Institution, die sich »Der Deutsche Fernsehpreis« nennt. Es handelt sich aber um eine Firma des Verdummungsfernsehens RTL. Man wollte mich einladen, bei der Verleihung des »Deutschen Fernsehpreises« zusammen mit Cosma Hagen in der Rubrik »Bestes Drehbuch« den »Paten« zu spielen. Ich kenne kein bestes Drehbuch beim Fernsehen. Ich kenne vor allem schlechte Drehbücher. Mag sein, daß da irgendeines das Beste von denen ist. Abgesagt.

Sa 7.8.99

Russische Flieger schmeißen Bomben auf Dagestan-Rebellen. Das ist mit den großen Reichen so. Schnell hat man die kleinen zusammengebrandschatzt. Teuer ist es, sie bei der Stange zu halten, gefährlich, sie festzuhalten.

Abends kamen die Prückners, die Beyers und der ewig kindliche Klaus Poche, der mir einreden wollte, seinen Namen habe er von den Hugenotten. ☺

Otti hatte sehr gearbeitet: Hühnerflügel gegrillt, dazu Salat. Alles war wunderbar.

Karin Kiwus will an Silvester 2000 »auf einen Berg gehen«. Poche hat die Einladung von Otti angenommen, mit uns zu feiern.

Abends habe ich der Runde die acht Schlagertitel vorgespielt, hatte aber nicht den Eindruck, daß die Leute irgendwie berührt waren. »One Note Samba« hatte noch niemand von ihnen gehört, Beyer fühlte sich immerhin animiert, die Lieblingsschlager seiner Frau Mutter herauszugrölen: »Rosemarie, Rosemarie … Herz nach dir schrie …« und »Hoch droben auf dem Berg, da glitzern die funkelnden Sterne …«

So 8.8.99

Mehrmals aufgewacht. Dazwischen ein Traum: Ich hatte gerade einen Handwerker in der Küche, da kamen Petra und Marlene nach Jahren einfach unangemeldet herein. Sie hatten ja noch immer meine Schlüssel. Petra war gealtert. Marlene war groß geworden. Ein Schulkind mit einer markanten Nase. »Kennst du mich noch?« Marlene schweigt, nickt aber zustimmend. »Fühlst du dich ein bißchen fremd?« Ich sah sie an. Sie schlug die Augen nieder. Plötzlich wußte ich, daß ich träumte. Mit einem Ruck befreite ich mich aus dem Traum und hob die Beine aus dem Bett. Ich glaube, mir war das Weinen zu anstrengend.

Nach dem Aufstehen einen wunderbaren Film über die Cellistin Jacqueline du Pré gesehen, die so elend an Multipler Sklerose gestorben ist. Nun hat es der Film möglich gemacht, daß ich mich, auf den letzten Drücker, in sie verliebt habe. Ein bläßliches Geschöpf mit hellen, graublauen Augen, rötlichen Haaren, die sie offen trägt und dauernd nach hinten werfen muß. Ein kluges Gesicht, feine Nase, wunderbarer Mund, zwei zu große obere Schneidezähne. Eine aparte Schönheit, ein Engel, der nie die Beine breitmacht, nur für das Cello. Just der Typus Frau, in den ich mich so gern verliebt hätte.

Do 12.8.99

Ich bin müde und schwach. Ich esse, trinke und hocke vor dem Fernseher.

Von Petra und Marlene kein Lebenszeichen.

Mo 16.8.99

Habe die Goldschmiedin angerufen. Sie soll für Marlene ein Ringlein machen. Dann fuhr ich hin. Ein sehr bescheidenes Lädchen für arme Leute mit billigem Schmuck, aber im Hinterstübchen eine Werkbank mit zwei jungen Mädchen und zwei Flämmchen. Lange Verhandlung. Endlich zeigte ich ihr einen Ring, den ich vorsorglich mitgenommen hatte. Ein goldener Ring mit ovalem Saphir, umgeben von zwölf kleinen Altschliff-Brillanten. Sie traue sich zu, diesen Ring verkleinert anzufertigen. Meinen alten Ring, den ich vor einem Jahr ersteigert hatte, ließ ich ihr zur Anschauung da.

Di 17.8.99
Fax von Meinhard Lüning, der mich fragt, ob ich am 10. September Lust hätte, mit ihm nach Schwerin zu fahren. Dort gebe es die Premiere eines »Manfred-Krug-Abends«. Ich kann mir nichts darunter vorstellen, habe sogar Schiß davor. In dem Programmheft, das er ebenfalls gefaxt hat, nennen sie mich eine »lebende Legende«. So schnell kann das gehen.

Heute morgen um 3.00 Uhr hat es eines der schwersten Erdbeben dieses Jahrhunderts gegeben. Dicht unter der Erdoberfläche in einer Tiefe von nur dreißig km. Tausende Tote. Die meisten in der Stadt Izmit, nördlich von Istanbul.

Gottesworte sind geheimnisvoll, passen überall hin, und sie beruhigen, weil man erkennt: Alles ist schon mal dagewesen. Beim Koranlesen finde ich abends im Bett Sure 22/2: »O ihr Menschen, fürchtet euren Herrn; denn das Erdbeben der ›Stunde‹ ist ein schreckliches Ding.« Und beim zufälligen Zurückblättern finde ich Sure 21/37: »Der Mensch ist aus Übereilung gemacht. Ich werde euch Meine Zeichen zeigen, aber fordert nicht von Mir, daß Ich Mich übereile.«

Warum Allah in 22/2 das Wort »Stunde« in Anführungszeichen gemeint hat, als er es offenbarte, weiß nur Mohammed allein, denn der hat es in dieser Form aufgeschrieben.

Mi 18.8.99
Tapirjunge haben wie viele andere Tiere, zum Beispiel Wildschweine, ein Kinderkleid. Die Tapirjungen sehen aber ganz besonders entzückend aus: ein Muster aus hellen Punkt-Punkt-Komma-Strich-Figuren bedeckt ihren ganzen Körper.

Eigentlich sind alle Tiere, wie groß und wehrhaft sie sein mögen, unschuldig und arglos wie kleine Menschenkinder. Wir sollten sie also behandeln, wie wir unsere eigenen Kinder behandeln. Wir müssen sie schützen. Das tun wir am besten dadurch, daß wir die Vermehrung unserer Spezies rigoros verringern. Drei Milliarden von unserer Sorte wären genug.

Do 19.8.99

Den Brief, den ich Marlene zum Geburtstag schicken will, habe ich geändert. Ich will ihr den kleinen Ring selbst übergeben, damit er auf dem Postweg nicht verloren geht. Dazu muß Petra sie herbringen, es nützt alles nichts.

Frei 20.8.99

Im Fernsehen zeigen sie ein kleines Mädchen, so alt wie Marlene, das lebend aus den Trümmern gezogen wurde. Ich denke daran, wie lächerlich der Krach zwischen Petra und mir ist, wo wir eine entzückende, gesunde Püppi haben, die unter unserem Zerwürfnis leidet. Und doch kann ich nicht anrufen. Sie muß die Chance haben, sich verdammt nochmal einen zu suchen, bei dem sie nicht kuschen muß.

Bis jetzt hat man 7.000 Tote nach dem Erdbeben in der Türkei gefunden, und mit 35.000 noch Verschütteten wird gerechnet. Es fehlt Wasser und Strom, es fängt bei 40° an zu stinken.

Der Ober-Wodka-Russe im Kreml hat nach drei Monaten bereits seinen neuen Ministerpräsidenten Sergej Stepaschin (früher KGB) rausgeschmissen und ihn durch Wladimir Wladimirowitsch Putin (früher KGB) ersetzt. Damit hat Jelzin in achtzehn Monaten den sechsten Ministerpräsidenten. Wann werden die Russen einen Kreml-Chef haben, der weder alkoholkrank noch senil ist. Verdienen sie keinen besseren?

Sa 21.8.99

Die Bulgaren haben heute versucht, in Sofia das Mausoleum ihres großen Führers Georgi Dimitroff, dessen Mumie 1990 eingeäschert worden war, mit Pulver in die Luft zu sprengen. Ein paar Stufen der Freitreppe flogen weg, der Kasten wankte ein bißchen – und blieb stehen.

Von Petra und Marlene kein Lebenszeichen.

So 22.8.99
Ich arbeite langsam an »Nichts Genaues« weiter und fand heute nach dem Aufwachen, daß mir der Titel nicht gefällt. »Der Bettnässer« würde jedenfalls mehr Neugier erzeugen.

Mo 23.8.99
Bonn ist passé. Kanzler Gerhard Schröder ist aus dem Urlaub zurück. Ab heute wird aus Berlin regiert.

Man rechnet nach dem Erdbeben in der Türkei inzwischen mit 40.000 Toten.

Mi 25.8.99
Georg Thomalla 84jährig gestorben. Ohne seine Stimme mit schlesischem Anklang und sein Talent wäre Jack Lemmon auf deutsch nur halb so komisch gewesen.

Im »Spiegel« wird der neue »Tatort« »Der Duft des Geldes« runtergemacht. Das Buch ist ja wirklich dünn. Aber der Schreiber zieht sich vor allem an den Silben »geronto...« hoch. Er nennt uns beide »gerontophil«. Aber wir hegen ja keine Liebe zum Alter, wir sind alt.

Do 26.8.99
Anzeichen nahenden Altersschwachsinns: Ich sitze in der Küche und frühstücke ein Spiegelei. Hinter mir rauscht etwas, das schon zehn Jahre täglich mehrmals rauscht. Ich denke: Was rauscht denn da? und drehe mich um. Es ist das Mikrowellengerät, in dem ich mir eine Minute lang eine Tasse Kaffee aufwärme. Das hatte ich vergessen. Ah, prima, denke ich, gleich hast du den Kaffee. Dann frühstücke ich zu Ende, ohne die Tasse herausgenommen zu haben.

Marlene fehlt mir sehr. Ich kann mir kaum vorstellen, daß sie nicht noch einmal gefragt haben soll, ob sich der Papa jetzt am Telefon vielleicht wieder meldet. Petra will eine Kraftprobe. Aber warum schickt sie mir die Schlüssel meiner Wohnung nicht, wie ich ihr als große Geste der Trennung die Schlüssel ihrer Wohnung geschickt habe.

Frei 27.8.99

Das Fernsehen ist voller Goethe, der jetzt 250 Jahre alt geworden wäre. ☺ Wat 'n Gigant!

_Sa 28.8.99_

In der »Riverboat Talkshow« sehe ich plötzlich Karl-Heinz Gerstner (Nick Knatterton) in der Runde sitzen, der mit 86 Jahren noch eine gute Figur macht. Plattenbauten, sagt er, würden in der ganzen Welt gebaut, nicht nur in der Ehemaligen. Er gehöre aus Altersgründen keiner Partei an, stehe aber der PDS nahe. Mit vielen anderen Leuten sei er enttäuscht von der Demokratie, an deren Mangel die DDR zugrunde gegangen sei und die den Menschen jetzt immer noch fehle. Er vertraue keiner Partei, die CDU habe sechzehn Jahre die Arbeitslosigkeit nicht verringern können, und das erwarte er von Schröder auch nicht. Ob er denn ein Rezept gegen die Arbeitslosigkeit habe. Ja: rigorose Verringerung der Arbeitszeit bei vollem Lohnerhalt.

_So 29.8.99_

In der Zeitung: Jacques Le Goff nennt die Zeit vom 4. bis zum 10. Jahrhundert »eine Periode des unterdrückten Lachens«. Ignatius von Loyola prägte das Gebot: »Lache nicht und sage nichts, was Lachen hervorruft.« Das christliche Lachverbot geht auf die Kirchenväter zurück, zum Beispiel auf Johannes Chrysostomos und auf die Mönchsregeln des Benedikt von Nursia und anderer. Ein demutsvoller Christ lacht nicht. Lachen ist meist mit Fleischessünden verbunden, es ist eine Beleidigung Gottes. Das Hauptargument gegen das Lachen: den Evangelien zufolge habe Jesus nie gelacht, sein Weinen aber sei darin bestätigt.

Abends habe ich nochmal den »Nachlaß« meines Vaters durchgesehen. Von 650 Stasi-Seiten hat er mir ganze dreizehn Seiten hinterlassen. Den Hauptteil hat er vernichtet, ich nehme an, daß dort auch seine Mitglied- oder Anwartschaft in der NSDAP erwähnt ist. Das einzige Abzeichen, das für Sammler wenn auch von geringem Wert ist, den Orden »Verdienter Erfinder«, hat er offenbar verkauft und mir nur den bombastischen Urkundendeckel hinterlassen. Traurig zu sehen, was von einem Menschen, der sich für so bedeutend gehalten hat, übrigbleibt: zwei Plastikbeutel voller Altpapier.

Ich bin beim Durchblättern seiner Notizen wieder hin und her gerissen. War er nun gut oder war er schlecht. Das geht aber so nicht. Er war manchmal sehr gut, und manchmal war er eine Arschgeige.

Abends mit Otti den »Tatort« »Der Duft des Geldes« von Wawrzyn gesehen.

Wenn wir gegen die Leichtathleten mehr als fünf Millionen Zuschauer haben, können wir uns freuen.

Ich schaue mir übrigens erst seit Jureks Tod Leichtathletik-Meisterschaften im Fernsehen an, weil ich irgendwie glaube, es ihm zu schulden.

Mo 30.8.99

Wir haben viel mehr Zuschauer: 8,09 Millionen bei 26,9 % Marktanteil, und das gegen die Leichtathletik-Meisterschaft und gegen die schlechte Stimmung, die vom »Spiegel« und anderen Zeitungen gemacht worden ist. Eine Geronto-Quote. Selbst die »Tagesschau« (6,47 Mio, 25,2 %) weit abgeschlagen. Sie ist sonst fast immer Sieger. Und im Zweiten bei den Finals der Athleten ist der Peak bei 5,33 Mio / 17,5 %. Ich freue mich darüber, es zeigt, daß die Leute einem eine Schwäche zwischendurch nicht übelnehmen. Die freuen sich, wenn es im sonst so wichtigtuerisch und pistolenschwenkerisch daherkommenden »Tatort« was halbwegs Intelligentes zum drüber Lachen gibt. Allerdings hatten wir Glück mit dem Wetter, es war zwar trocken, aber die Biergärten dürften nicht überfüllt gewesen sein.

Di 31.8.99

Im Nachlaß meines Vaters finde ich in einer Kladde sechs handgeschriebene Seiten über sein Leben, dann folgen acht herausgeschnittene Seiten, der Rest der Kladde ist leer.

Meine Autobiographie

Was ich nun schreibe, ist nicht belegbar durch Urkunden, sondern das Ergebnis meiner Erinnerung:

Meine Großmutter.

Sie ist der einzige Mensch in meiner Ahnengalerie, den ich kenne, sie war taubstumm, unverheiratet u. hatte vier Kinder von vier verschiedenen Vätern, drei Töchter und einen Sohn. Die älteste dieser drei Töchter war meine Mutter, mit der ich erst Verbindung bekam, als meine Großmutter starb. Ihr einziger Sohn Albert war unser Ersatzvater u. die Großmutter bis zu ihrem Tode unsere Ersatzmutter.

Meine Oma war nicht nur taub, sondern sie konnte auch nicht sprechen. Wenn sie mit uns sprach, schaute sie uns auf den Mund und verstand jedes Wort. Wir konnten unsere Oma auch gut verstehen mit entspr. Zeichengebung. Wenn meine Oma etwas Amtliches unterschreiben mußte, machte sie drei Kreuzzeichen. Ihre drei Töchter waren nicht im Haus und kamen sehr selten zu Besuch. Ihr Sohn, ein gutaussehender, kranker Mann, war unser Ernährer u. arbeitete in einem Walzwerk auf der Bismarckhütte. Meine Oma verbesserte das kleine Einkommen noch als Waschfrau.

Als der Erste Weltkrieg ausbrach, war ich sechs Jahre alt, mein Onkel (Albert) wurde als Ersatzsoldat eingezogen, mein Bruder und ich lebten mit meiner Oma in einer billigen, schlechten Wohnung allein in einem Elendsviertel. Nach einem Jahr kam mein Onkel zurück, er war nicht brauchbar als Soldat. Er bekam eine Stelle als Aufseher in einem Gefängnis u. mußte eine Kolonne krimineller Gefangener bewachen, beim Arbeiten auf einer Kohlenhalde. Der Rücken meines Onkels war so beschädigt und geschwächt, daß auf dem Marsch vom Gefängnis zur Kohlenhalde immer ein gut vertrauter Gefangener aus der Kolonne den Karabiner tragen mußte. Oft holte ich meinen Onkel auf der Kohlenhalde ab, und dann trug ich den Karabiner. Der gute Gefangene trug dann dafür meinen Sack mit Kohlen, den ich am Hang der Halde gesammelt hatte. Einmal wäre ich von herabfallenden Schiefersteinen erschlagen worden, wenn ich nicht so geschickt dem Steinhagel ausgewichen wäre. Von einem Stein jedoch wurde ich doch noch getroffen u. trage heute noch die gut sichtbare Narbe am linken Schienbein.

Von meinem Onkel erfuhr ich, daß die Oma nicht verheiratet war und keine[s] der vier Geschwister seinen eigenen Vater kannte. Einmal kam ich mit meinem Onkel an einem Vergnügungspark vorbei, welcher mit bunten Lampions beleuchtet war, und eine Militärkapelle spielte flotte Musik. Im Park flanierten elegante Frauen in Begleitung von Offizieren und gut gekleideten Herren. Wir standen lange am Gitterzaun, lauschten der Musik und dem vergnügten Treiben der Menschen. Mein Onkel erzählte mir, daß die Besitzerin des Parkrestaurants eine Schwester meiner Oma war. Sie war mit einem reichen Mann namens Warzecha verheiratet. Als ich den Onkel fragte, warum wir denn nicht auch in den Park hineingingen, wenn die Besitzerin seine Tante ist, antwortete er mit folgender Geschichte: Der Vater seiner Mutter Friedrich Krug war ein Grundbesitzer in Kattowitz, er besaß einige Straßen. Er war ein gestrenger Mann und hatte drei Kinder: einen Sohn und zwei Töchter. Als er starb, wurde das Erbe auf die drei Kinder verteilt. Die taubstumme Großmutter war die jüngste der Geschwister. Der Vermögensanteil der jüngsten Schwester wurde von dem Bruder, der Architekt war, mitverwaltet. Dieser Bruder verlor sein eigenes und das Vermögen seiner taubstummen Schwester durch Spekulationen. Er konnte die Last seiner Schulden nicht abtragen und sah den Ausweg nur noch im Selbstmord. Während die taubstumme Schwester durch das Verschulden des Bruders bettelarm wurde, blieb die ältere Schwester und spätere Frau Warzecha sehr reich. Durch das ökonomische und gesellschaftliche Gefälle der Schwestern war die familiäre Bindung vollkommen zerbrochen. Eine Schwester ganz oben und die taubstumme ganz unten.

Hier beginnt das ungelüftete Dunkel unserer Herkunft.

Die taubstumme Schwester war ein gut gewachsenes, schönes Mädchen. Sie war Analphabetin und mußte durch niedrige, schwere Arbeit ihr tägliches Brot verdienen. Nacheinander stellten sich Kinder ein, drei Töchter und ein Sohn. Für die Taubstumme kamen harte Jahre, um die Kinder zu ernähren. Sie betätigte sich ausschließlich als Waschfrau, und die heranwachsenden Kinder mußten sehr früh mithelfen, durch Arbeit den Lebensunterhalt der Familie zu bestreiten.

Dem Schulalter kaum entwachsen, verließ eine Tochter nach der anderen das Mutterhaus, nur der Sohn Albert verblieb bei seiner Mutter. Als meine Mutter knapp zwanzig Jahre alt war, kam ich zur Welt. Sie lieferte mich bei ihrer Mutter ab und verschwand wieder. Genau zwei Jahre später kam meine Mutter wieder mit einem Kind an, meinem Halbbruder Erich. Nach kurzem Aufenthalt verließ meine Mutter wieder für viele Jahre ihr Zuhause.

Als meine geliebte Großmutter an Magenkrebs starb, wurde nach unserer leiblichen Mutter geforscht, und wir wurden ihr schließlich zugeführt. Zu diesem Zeitpunkt mögen wir elf und dreizehn Jahre alt geworden sein.

Der Weltkrieg war zu Ende und verloren, unsere Heimat wurde polnisch. Meine Mutter war Wirtschafterin bei einem Studienrat namens Herker. In dieser eleganten Wohnung bewohnten meine Mutter und wir Jungens ein schönes großes Zimmer. Die Wohngegend war ein vornehmes Viertel, und wir ordneten uns den Lebensgepflogenheiten diszipliniert ein, um der Mutter keine Unannehmlichkeiten zu bereiten, die ihre Stellung hätte gefährden können. Zwischen dem Studienrat und meiner Mutter muß schon ein langjähriges intimes Verhältnis bestanden haben, was sich dann später auch offensichtlich bestätigte.

Als dann nach den Bestimmungen der Alliierten unsere Heimatstadt polnisch wurde, verließ der Studienrat Kattowitz und zog nach Duisburg. Meine Mutter erhielt die sehr elegant eingerichtete Wohnung übereignet, und wir lebten plötzlich in einem für uns unvorstellbaren Komfort. Andererseits hatte meine Mutter das feste Einkommen eingebüßt und mußte sich nach neuen Geldquellen umsehen. Die zwei schönsten Zimmer wurden an einen Direktor vermietet, und meine Mutter begann für das Kattowitzer Theater zu schneidern. 1922 beendete ich die Volksschule und nahm eine Lehre als Schlosser und Dreher an. 1925 beendete ich die Lehre und ging auf das Polytechnikum nach Mittweida, um das Studium eines Maschineningenieurs aufzunehmen. Nach einem Jahr mußte ich das Studium aufgeben, denn unsere Sicherheit in Kattowitz als Deutsche war plötzlich gefährdet, und wir mußten Kattowitz unter

Zurücklassung unseres gesamten Besitzes bei Nacht und Nebel verlassen. Von einem bekannten polnischen Polizisten wurden wir tags zuvor gewarnt und flohen …

Hier reißt die Lebensbeschreibung ab.

Mi 1.9.99

Heute vor sechzig Jahren der Überfall auf Polen, das Linienschiff SMS »Schleswig-Holstein« beschießt die Danziger Westerplatte. Der Zweite Weltkrieg beginnt.

Abends war eine große Delegation da: Herr Kellermeier NDR, Frau Heinze NDR, und Herr Schöps, Studio HH. Alle wollten nur sagen, ich könne noch zehn Jahre »Tatort« machen, das liege ganz in meinem Belieben. Ein Wort von mir, und die Sache wird beschlossen.

Ich sagte natürlich Nein, denn nur ich weiß, daß das alles schon wegen meiner Gesundheit ganz unmöglich ist. Ob ich mir denn vorstellen könne, wenigstens hin und wieder Einzelstücke für den NDR zu machen. Das wollte ich nicht ausschließen.

Frei 3.9.99

Ich schreibe ein bißchen an »Nichts Genaues« weiter. Jeden Moment marschieren die Russen in Hennigsdorf ein. Bis jetzt habe ich achtzig Seiten. Allmählich wird mir klar, warum Jurek früher in Gesprächen so oft abwesend schien, während er an einem Roman schrieb: er lebte nur zum Teil in der wirklichen Welt. Er hat sich nie Notizen gemacht. Dazu war sein Gedächtnis zu gut.

Sa 4.9.99

Die Trottellumme ist ein Seevogel, den man auch den »Pinguin des Nordens« nennt. Die Vögel tauchen sehr gut, die benutzen die Flügel zum Schwimmen und zum Fliegen. Die meiste Zeit sind sie in und über dem Wasser, zum Brüten kommen sie an Land. Wie die Pinguine gehen sie aufrecht und jonglieren ein Ei zwischen den Füßen, das sie in einer Fettfalte brüten.

Am liebsten hätte auch ich in einer Fettfalte, davon habe ich ja genug, ein Ei ausgebrütet, dann hätte ich Marlene für mich allein haben können.

Mo 6. 9. 99

Heute habe ich die vielleicht zehnte Version des Briefes geschrieben, den ich Marlene zusammen mit dem Geburtstagsring schikken will. Ich fühle mich alt und krank und möchte Petra nichts von ihrem restlichen Leben wegnehmen, in dem es sicher noch Freuden und Überraschungen gibt.

Di 7. 9. 99

Zwei Ringe brieflich ersteigert, einen Altschliff-Diamant-Ring und einen Smaragd-Diamant-Ring. Vielleicht kann ich die Ringschienen für Marlene verkleinern lassen, denn ich will ihr jedes Jahr zum Geburtstag, solange ich noch bei Trost bin, zum Andenken an ihren Vater, den sie ja nicht mehr so lange haben wird, einen hübschen Ring schenken.

Meinen kleinen grünen Kaktus in ein größeres Gefäß umgetopft. Er gedeiht prächtig. Er ist die erste Zimmerpflanze, die bei mir bleibt.

Mi 8. 9. 99

114,3 kg

Ich denke von morgens bis abends an Püppi.

Do 9. 9. 99

114,0 kg

Dieses Datum soll ähnlich gefährlich sein wie das 2000er Datum. Die älteren Computer sind so doof, daß sie es angeblich nicht lesen können. Versicherungen rechnen mit Schäden, zum Beispiel an numerisch gesteuerten Maschinen. Ich glaub's nicht; man wird sehen.

Bis zum Abend ist der Computer-Absturz ausgeblieben.

Frei 10.9.99

113,5 kg

Ich war in der Goldschmiede und bin begeistert von dem süßen kleinen Ring für Marlene, der sehr genau nach dem Muster des großen Rings gemacht worden ist. Fassung und Diamantumrandung (14 Steinchen) sind wunderschön.

Ich habe den Ring sorgfältig verpackt. Montag werde ich ihn per Post-Wertpaket losschicken.

_Sa 11.9.99_

113,6 kg

Otti hat noch viel Kraft. Sie kauft ein, fährt zum Baden, geht zum Pilze suchen in den Wald und ist bei allen möglichen Geburtstagen zu finden.

Ich hingegen bin krank. Nach zwei Stunden, in denen ich nichts geschafft habe, lege ich mich bei strahlender Sonne wieder ins Bett. Ich fühle mich zum Sterben.

_Mo 13.9.99_

113,2 kg

Ich habe das Päckchen mit dem Ring für Marlene als Wertpaket und mit Empfangsbestätigung abgeschickt. Den Begleitbrief an Marlene, den ihr Petra freilich vorlesen muß, habe ich gesondert in den Briefkasten gesteckt. Im Kuvert ist nochmal ein Kuvert mit der Aufschrift »Bitte erst am Geburtstag öffnen!«.

An »Johanna« weitergemacht. Sie bekommt das erste Kind, es ist eine Tochter von Herrn Kalweit, die Elisabeth heißen wird. Das ist meine spätere Oma.

In Moskau ist ein zweites Haus in die Luft gesprengt worden. Vor vier Tagen hundert Tote, diesmal fünfzig.

In der Türkei gab es ein zweites Erdbeben. Noch rechnet man mit 40.000 Toten nach dem ersten.

Nachts im Ersten mit fast 50jähriger Verspätung den hochachtbaren Film »Die Buntkarierten« von Kurt Maetzig gesehen. Werner Hinz war jut, Camilla Spira war nich janz so jut, am besten war der 13jährige Charles Knetschke[33] als Zeitungsverkäufer. Guter alter Agit-Prop-Film – Erster Weltkrieg, Zweiter Weltkrieg bis zur jungen DDR mit der jungen hübschen Brigitte Krause. Sogar Uwe-Jens Pape habe ich in einer kleinen Einstellung erkannt. Ich fühlte mich an »Wege übers Land« erinnert, den wir mehr als zwanzig Jahre später nach Helmut Sakowski gedreht haben.

Mi 15. 9. 99

Der ECON Verlag hat mit dem »Tatort«-Team nichts vereinbart. Der Drehplan, den ich gestern erhielt, sieht genau für den 13. und 14.10. je einen Drehtag vor. Das sind aber die Tage, an denen ich zur Frankfurter Buchmesse fahren soll.

Von 13.00 Uhr bis 18.00 Uhr habe ich Krista Maria Schädlich »Nichts Genaues« vorgelesen und ihr das Manuskript nach München mitgegeben. Ich hatte beim Lesen den Eindruck, ein sehr geschwätziges Buch zu schreiben.

Heute spätestens müßte Marlene das Päckchen bekommen haben.

So 19. 9. 99

Traum: Ich liege in einer fremden Wohnung mit Petra im Bett. Wir wachen auf. Vor dem Bett steht etwa ein Dutzend Menschen, die von draußen hereingekommen sein müssen. Sie haben Regenjoppen und Kapuzen an. Sie sprechen leise und wenig, als wollten sie nicht stören. Sie sprechen französisch, mir wird klar: eine französische Reisegruppe. Die Leute halten mir Postkarten hin, auf die sie Autogramme geschrieben haben möchten. Offenbar hat der deutsche Busunternehmer diese Idee zum Rundfahrtprogramm gemacht. Die Leute scheinen mich nicht zu kennen. Ich stehe nackend auf, schreie die Touristen an und scheuche sie unter wüsten Beschimpfungen zur Tür hinaus. Dabei fällt mir auf, daß ich heiser bin, ich kriege keinen kräftigen Ton zustande, worüber ich mich ärgere, weil das meine Wirkung

---

[33] Geburtsname von Charles Brauer

schmälert. Aus dem Fenster sehe ich im Dunkeln einen großen Reisebus wegfahren.

Marlene hat Geburtstag. Bin gespannt, ob die Mutter ihr erlaubt, anzurufen.

13.50 Uhr. Marlene ruft an:

»Hallo, Papa. Bist du wieder hier?«

»Ich war doch immer hier.«

Marlene: »Und warum warst du so lange nicht da?«

»Weil ich Krach mit der Mama habe. Du warst ja selbst dabei.«

Marlene: »Ja, ich weiß, daß ihr euch gestritten habt. Ich hatte solche Sehnsucht.«

»Ich auch, mein Schatz.«

Marlene: »Ich wollte dir für den Ring danken.«

»Gefällt er dir?«

Marlene: »Ja, besonders das Glitzerding, das glitzert so schön.«

»Das Glitzerding ist ein Stein.«

Marlene: »Das ist ein Stein, Mama. Weißt du was, Papa? Es ist ein prachtvoller Stein.«

»Der heißt Rubin.«

Marlene: »Der heißt Rubin.«

»Paßt dir denn der Ring?«

Marlene: »Ja, er paßt mir.«

»Am Mittelfinger oder am Ringfinger?«

Marlene: »Am Ringfinger.«

»Oh, dann mußt du ihn so oft wie möglich tragen, denn bald wird er zu klein werden.«

Marlene: »Ich muß ihn so oft wie möglich tragen, Mama.«

Petra: »Aber nicht im Kindergarten, dann verlierst du ihn nur. Du hast dort schon was verloren.«

Marlene: »Das war ja was anderes. Im Kindergarten nicht, das ist ja klar. Aber sonst immer. Zum Beispiel wenn ich zu dir komme, Papa.«

»Ja. Wann willst du denn kommen?«

Marlene: »Am Wochenende.«

»Dann freue ich mich. Wann denn?«

Marlene: »Wann denn, Mama?«

Petra: »Am Samstag, um 13.00 Uhr.«

Marlene: »Am Samstag, um 13.00 Uhr.«

Abends einen Teil der Reihe »Zeugen des Jahrhunderts« von 1982 mit Simon Wiesenthal (Guido Knopp) gesehen, der mich sehr beeindruckt hat. Er hat mit trockenen Augen nach innen geweint. Ein wunderbarer Mann.

Mo 20. 9. 99

Heute morgen ist Raissa Gorbatschowa in einer Münsteraner Klinik mit 67 Jahren an Blutkrebs gestorben. Michail Sergejewitsch tut mir sehr leid.

Willy Millowitsch ist heute 90jährig gestorben.

Sophia Loren ist heute 65 geworden, sie ist also älter als ich, das sieht man aber nicht.

Di 21. 9. 99

114,5 kg

André Kostolany mit 93 Jahren in Paris gestorben. Er hat die Bezeichnung »Börsenguru« gerngehabt, die deutschen Fernsehzuschauer hat er zum Kauf von Aktien ermuntert mit dem Satz: »Kaufen Sie ordentliche Aktien, gehen Sie dann in die Apotheke, Schlafpillen kaufen, und wenn Sie nach dreißig Jahren aufwachen, sind Sie reich.«

Mi 22. 9. 99

Lenin hat Stalin gefördert. Nach seinem zweiten Schlaganfall hat Lenin den Stalin zwar beauftragt, ihm Gift zu besorgen, damit ihm ein Siechtum erspart bleibe, aber als Nachfolger wollte er nicht ihn, sondern Trotzki. Trotzki war der letzte der großen Mohikaner, den Stalin im mexikanischen Exil hat umbringen lassen. (Der Freund einer Trotzki-Sekretärin, ein Stalin-Spion, hat ihm mit einem Eispickel den Schädel gelocht.)

Do 23.9.99

Um 18.30 Uhr kam Jörg Stempel zu mir und blieb bis 22.30 Uhr. Er sagte, er stehe unter ständigem Druck und arbeite den ganzen Tag. Er gab mir eine Computerliste über die »Absatz-Entwicklung Inland ohne Clubs«. An der Spitze steht mit 46.224 Stück »Jazz und Lyrik«, gefolgt von »Das war nur ein Moment« (29.656), »Greens« (26.962) und »M. K. Anthologie« (15.232). Selbst die Platte »Abgehauen« bringt noch als Zweitauswertung 7.665 und »Fredmans Episteln« 4.268 Stück. Er sagt, von den Einzelkünstlern wäre ich noch vor Frank Schöbel bei AMIGA auf Platz 1. Wenn das nix is.

Gorbatschow in Moskau mit verweinten Augen am offenen Sarg seiner Frau Raissa. Erschütternd. Helmut Kohl kondoliert. Die Russen ahnen, daß sie eine große Person verloren haben.

Frei 24.9.99

Telefonat mit Klaus Doldinger: Sie sind mitten bei der Arbeit, er wird mir eine vorgemischte CD schicken, sobald sie mit den Urbändern fertig sind. Freundliche Worte mit Rob Pronk gewechselt, der sich an mich erinnert. Alle Musiker ausdrücklich und die mir bekannten namentlich gegrüßt.

Nachts im ZDF einen wunderbaren Film gesehen: über das Irrewerden King Georges des Dritten 1788. USA/GB 1994. Mit Nigel Hawthorne. Wunderbarer Film, eine Tragitragitragikomödie, und ein bißchen satirisch ist er auch.

Übrigens konnte damals ein König jedem Menschen befehlen, daß er ihn nicht ansehe. Ich bin kein König, aber gerade das würde ich manchmal auch gern befehlen können.

Sa 25.9.99

Heute war pünktlich Marlene hier. Petra brachte sie nach oben, blieb eine Viertelstunde da und kam um 16.00 Uhr wieder, um Marlene abzuholen.

Die Kleine und ich haben uns ein bißchen unterhalten, dann zuerst Figuren aus Knete gemacht, danach mit LEGO gebaut, dann

»An meiner Ziege hab ich Freude« gesungen und schließlich ein Würfelspiel gemacht; leider habe ich gewonnen.

Marlene ist sehr hübsch, ihre Haare sind durch die Sonne erblondet, sie hat dunkle gewölbte Wimpern, und ihre Nase sieht (noch) sehr schön aus, wenn auch abzusehen ist, daß der jetzt winzige Höcker sich verstärken wird. Die drei Stunden waren um, und Marlene wollte sich gar nicht von ihrem Papa trennen. Wir haben uns gedrückt und geküßt.

Mo 27.9.99

Die Russen greifen wieder Tschetschenien an.

Di 28.9.99

Es gibt eine bedauerliche Krankheit, die heißt SLM. Das bedeutet Lustmangel-Syndrom. Ich glaube, es ist eine der Krankheiten, an denen ich leide.

Den ganzen Tag unwillig gepackt.

Mi 29.9.99

Erster Drehtag für den »Tatort« »Blaues Blut«.

Abends gab es nach Jahr und Tag einen unerwarteten Anruf von Evelyn Hamann. Sie war sehr lieb, sagte etwas von Dankbarkeit über die vielen Hilfen und Ratschläge, die ich ihr einst gegeben usw. und sagte, wir sollten uns bei diesem Hamburg-Aufenthalt unbedingt einmal wiedersehen. Dazu müßte ich sie anrufen, sie habe aber eine neue, hochgeheime Telefonnummer, die sie mir jedoch telefonisch nicht verraten wolle, weil es möglich sei, daß am Hotel-Telefon jemand mithört und sich die Nummer merkt.

»Da hast du recht«, sagte ich. »Um Gottes willen. Nur jetzt nichts sagen. Du kannst mir die Nummer ja aufschreiben, und zur Tarnung schreibst du: ›Die Artikel-Nummer lautet …‹ Dann schreibst du verkehrt rum die Telefonnummer auf. Das dürfte an Konspiration ausreichen.«

Sie war begeistert. »Prima«, sagte sie. »So mache ich es.«

_Do 30.9.1999_

Der Tag kam mir anstrengend vor, ich hatte mitten bei den Proben einige heftige Müdigkeitsanfälle. Mir kommt es vor, daß ich von allen Mitarbeitern im Grunde der kränkste bin. Die Beine werden mir immer bleierner, die Gefühllosigkeit in den Füßen, im rechten zumal, wird hinderlicher. Was vor zwei Jahren mit Fußbrennen an den Sohlen anfing, zieht sich jetzt an beiden Beinen die Waden hoch. Ich taumele gelegentlich ein bißchen. Unangenehm. Beeinträchtigend. Beinschwäche ist nichts für einen Schauspieler, ich denke manchmal an Dieter Borsche, der am Ende auf Krücken lief und nur noch Hörspiele machte.

Alle Krankheiten wird man spätestens in fünfzig Jahren mit Hilfe der Gen-Therapie heilen können. Alle kranken Erbanlagen werden ersetzt. Durchschnittsalter von hundert Jahren wird immer häufiger werden. Da hab ich wieder Pech gehabt.

Günter Grass hat den Nobelpreis bekommen. Das beruhigt jeden, auch mich.

_Sa 2.10.99_

Punkt 12.00 Uhr kamen die 300 Bücher »66 Gedichte – was soll das?«. Es ist ein wirklich entzückendes Buch geworden, ideal für ein Geschenk. Nach einer Stunde hat man es durch, die Bilder sind schmückend und schön.

Um 17.00 Uhr wurde Marlene gebracht, wir haben sehr gut geplaudert, geknetet und auf zwei Gitarren gespielt. Ich habe ihr die Geschichte vom Albtraumfresser vorgelesen, die sie aber schon auswendig konnte.

Petra ist mir bemerkenswert gleichgültig geworden, ich weiß nicht, wie so was entsteht. Noch vor ein paar Tagen habe ich mich ohne sie einsam gefühlt, sie hat mir gefehlt. Heute ist ein anderes Gefühl da.

_So 3.10.99_

Im Zug nach Hamburg lese ich den »Spiegel«. Da steht was über den in Limerick (Irland) aufgewachsenen und später in die USA zurückgekehrten Schriftsteller Frank McCourt. Er genießt weltweit Ruhm. »Erst nach seiner Pensionierung kam ihm die zündende Idee: Er schrieb seinen Lebensroman aus der Sicht und in den Sprachebenen des Kindes. Als Frank McCourt diesen Kunstgriff gefunden hatte, war er 64 Jahre alt, ein spätes Wunderkind. Zwölf Monate lang schrieb der Autor wie im Fieberwahn, dann hatte er den ersten Teil seiner Memoiren fertig.« Ich hatte genau diese Idee. Zu spät, wie sich jetzt zeigt. Und so gut hätte ich es ohnehin nicht können.

In den Balkankriegen haben immer wieder Serben, Kroaten, Bosnier, Kosovo-Albaner die Frauen der jeweils anderen Volksgruppen vergewaltigt. Obwohl sich dadurch das Blut dieser Völker stark durchmischt haben muß, sind sie einander nicht nähergekommen. Im Gegenteil. Wenn man noch ein paar hundert Jahre die Verhältnisse auf dem Balkan so lassen würde, wie sie immer waren, müßten sich alle diese Völker wie ein Volk fühlen. Vielleicht geschieht es eines Tages. Das schießt mir durch den Kopf, während ich im »Spiegel« einen schrecklichen Bericht über die letzte Vergewaltigungsorgie lese. Die Serben haben im Kosovo und anderswo für ihre Offiziere und verdienstvollen »Kämpfer« Frauen eingesperrt und monatelang vergewaltigt. Was sind wir doch für ekelhafte Lebewesen.

Mi 6.10.99

Abends Marlene angerufen. Die kam sofort zur Sache und sagte: »Du, Papa, hast du Mama wieder lieb?«

Was sollte ich sagen?

»Ja, natürlich habe ich Mama wieder lieb.«

»Und wenn du jetzt nach Berlin und ich zu dir komme, darf Mama dann mitkommen?«

Was sollte ich sagen?

»Natürlich kann Mama mitkommen. Die kann machen, was sie will.«

Marlene, an ihre Mama gewendet: »Mama, du darfst mitkommen. Du kannst machen, was du willst. Kann die Mama die ganze Zeit auch dableiben?«

»Ja, das kann sie.«

Marlene: »Aber nicht die ganze Zeit. Eine Weile müssen wir auch allein sein. He?«

»Ja, wenn sie will, kann sie ja mal rausgehen …«

Dann ging ich zu Charly, mit ihm auf seinem Zimmer gemeinsam einen Räucheraal essen.

Danach ins Foyer eine Zigarre rauchen. Dort zum ersten Mal der Frau Inge Meysel begegnet, die dem Charly demonstrativ um den Hals fiel und ihn lange abdrückte, um sich so spät und so beiläufig wie möglich auch mir kurz zuzuwenden. Das war die Rache für das TV-Spiel, das ich vor zehn Jahren abgelehnt hatte und in dem ich ihren Ost-Sohn hätte spielen sollen.

Do 7.10.99

Die Meysel saß an einen Zweiertisch und gab mir nicht die geringste Chance, sie auch nur durch das zarteste und stummste Zunicken zu begrüßen. Ich setzte mich also zum Frühstück an Rautgundis' Tisch.

Als ich aufstand, um loszufahren, hatte die Meysel doch noch Lust, das Wort an mich zu richten.

»Ach, es hat sich wieder was am Text geändert, und ich muß schon sagen, daß es mir in letzter Zeit doch schwerer fällt als früher. Wie machen Sie denn das eigentlich?«

Sollte heißen: Sie sind zwar ein junger Spund, den man so was gar nicht fragen sollte, ich tu's aber aus Freundlichkeit trotzdem.

»Danke für Ihre anteilnehmende Frage. Wenn es Sie wirklich interessiert, sage ich es Ihnen.«

»Aber ja, es interessiert mich!«

Ich zeigte ihr meine Zettel mit großen Buchstaben; sie hatte ja doch längst davon gehört.

»Das ist ja toll«, sagt sie. »Wer macht Ihnen das denn?«

»Das mache ich selbst. Hab extra das Computerschreiben gelernt.«

»Das muß ich auch noch lernen. Das wäre genau das Richtige für mich. Wo haben Sie denn den gekauft?«

»Bei Aldi.«

Wie ich die Frauen kenne, ist das Eis nun gebrochen.

Heute wäre die DDR, wenn es sie noch gäbe, fünfzig Jahre alt geworden. Sicher sitzt Margot Honecker drunten in Chile und feiert ein bescheidenes, kleines Fest.

Frei 8.10.99

Dauernd wachsen diese bildschönen, jungen Mädchen nach. Für wen? Für diese doofen, jungen Männer.

Sa 9.10.99

Um 13.30 Uhr wurde Marlene gebracht, sie blieb bis 17.00 Uhr. Wir schnitten Flugzeuge aus Papier und bemalten sie. Wir schauten uns den großen Weltatlas und die Urmenschen und die Sterne an. Sie interessiert sich für alles. Wir haben mit den schönen, bunten Weleda-Flaschen gespielt, die ich abgewaschen habe. Ich habe Marlene von Herzen lieb.

Als ich auf einer der Flaschen einen Ton geblasen habe, versuchte sie es mit ihrer Flasche auch, kriegte aber blasend keinen Ton heraus, ahmte ihn also mit der Singstimme nach: und traf den Ton genau. Na also.

Sprachlich ist sie ungewöhnlich kreativ. Sie könnte Schriftstellerin werden.

Wie schon beim letzten Mal hat sie verschiedene unterschriebene Starpostkarten eingesammelt.

»Kann ich die mitnehmen?«

»Ja, klar.«

Dann hat sie es aber Gott sei Dank vergessen. Es kommt der Tag, da wird sie jemandem die Karten zeigen und sagen: »Das ist mein Papa.«

So 10.10.99

Ich sitze pünktlich und fröstelnd auf Gleis 4 im Bahnhof Zoo, und es kommt die Durchsage, die mich überall hin verfolgt: Der Zug hat einen Schaden an der Oberleitung und kommt dreißig

Minuten später. Es fährt nichts mehr pünktlich, es fliegt nichts mehr pünktlich.

Nachts eine Sendung gesehen: Joachim Fest im Gespräch mit Reich-Ranicki vor etwa zwanzig Jahren, und Reich-Ranicki hat in brillanter Weise über sein Leben gesprochen, wie er von wann bis wann in Berlin gelebt hat, wie er mit seiner Frau den Krieg überlebt hat, Pole wurde, wie er nach London ging ... Ein Mann mit einem unglaublichen Gedächtnis.

Mo 11.10.99

Morgens den »Spiegel« aufgeschlagen und eine entzückende Seite über meine Dichtkunst darin gefunden. Rolf Rietzler hatte in wenigen, aber ausreichenden Worten über »66 Gedichte – was soll das?« geschrieben und vier der Werke abgedruckt. Ich kann zufrieden sein.

Di 12.10.99

Ein größeres Bild im Schloß gedreht. Mir fallen noch immer die originellsten Lösungen ein. Alle freuen sich über meine Mithilfe und Phantasie beim Arrangieren.

Danach in Hamburg im »Chameleon«-Studio »Kann denn Liebe Sünde sein?« in zwei Stunden aufgenommen. Frau Ramcke und Klaus Doldinger waren dabei. Ich habe erst versucht, gesanglich schön zu sein, aber Klaus sagte: »Nee, gib mal lieber mehr Power, ich liebe das Natürliche.« Hab ich den Kopfhörer von einem Ohr genommen und mehr Power gegeben.

Mi 13.10.99

Der Flug nach Frankfurt bei schönem Wetter. Der Pilot der Maschine hatte mich gesehen und durch den Steward fragen lassen, ob ich nicht einen Teil der Reise vorn mit im Cockpit mitfliegen wolle, was ich dann getan habe. Eine schöne Landung erlebt und ein nettes Gespräch über die möglichen fatalen Folgen einer Gemütskrankheit bei einem Piloten. Der könnte dann 300 Passagiere mit in den Tod ziehen.

»Nee nee, ich will meinen Arsch nach Hause bringen«, sagte der Pilot.

Bis zum Aufsetzen der Maschine viele automatische Ansagen über die sich verringernde Flughöhe. Alles sehr komfortabel.

Ich erinnerte mich an den ersten Flug meines Lebens 1959 in einer Iljuschin IL-14 nach Bulgarien, wo mich die Piloten ebenfalls nach vorn holten. Damals wurde alles mit der Hand geflogen.

Am Flugplatz Otti treu und brav, wir fuhren ins »Arabella«-Hotel, wo wir uns mit Krista Schädlich getroffen haben. Wir wohnten in einer Maisonette-Suite, die den Verlag pro Nacht 1.200,– Mark kostet, und dieser Preis ist schon um 500,– Mark ermäßigt. Schwachsinn! Dumme, chromblitzende, unmenschliche, langweilige, protzige Ausstattung. Unten Sitzecke mit Glotze, oben Doppelbett mit Glotze.

Unten trafen wir Michael Degen, der sogleich anfing, mir von den Qualen des Schreibens zu berichten, alles sei nochmal in ihm hochgekommen, und da oben stehe es jetzt noch, und er wisse nicht, was damit nun werden soll. Ich hab ihm gesagt, er soll es runterzwingen und fröhlich sein. Von dem Moment an war er's dann auch.

Dann mit dem Taxi ins Hotel »Hessischer Hof«. Am Nebentisch Spitznase Oskar Lafontaine und die sehr begabte Frau Inka Bach, Schriftstellerin, die ich von dem Klagenfurter Lesewettbewerb kannte und die mindestens 1,80 groß ist. Sehr charmant. Dann Michael Degen mit Frau, dann Frau Kuczynski. Später kam noch die berühmte Romy Haag, die ebenfalls ihr Lebensbuch geschrieben hat.

Neben Lafontaine saß dessen Freund Alfred Hrdlicka sehr mürrisch, als sei er mit der Welt gar nicht zufrieden. Er hatte auf Günter Grass gedroschen, dessen Spruch an Lafontaine: »Halt's Maul. Trink deinen Rotwein«, in einigen Zeitungen als Schlagzeile zu lesen war. Ich stand kurz auf und sagte zu Lafontaine: »Kommen Sie, wir prosten uns mal kurz mit Rotwein zu …« Der trank gerade Bier, nahm also das Glas von seiner Frau, nickte mir zu und sagte: »Aber das Maul halte ich nicht.«

Dann kriegte ich plötzlich ein Nasenbluten wie noch nie. Es wurde immer schlimmer. Mein Hemd sah aus, alle Servietten voll.

Ich mußte mindestens 300 cm^3 Blut herunterschlucken, bis endlich ein Krankenwagen mich in eine HNO-Ambulanz fuhr, wo ich verarztet wurde.

Und das war nun wirklich ein Horrortrip. Der Arzt wollte mich gleich mal eine Woche in der Klinik behalten. Das mußte ich ihm ausreden. Dann fuhrwerkte mir der Mann eine unglaublich schmerzhafte Tamponade in die Nase hinein, daß ich die Engel singen hörte. Ich erinnere mich nicht, eine solche physische Attacke erlebt zu haben. Er wollte das andere Nasenloch auch stopfen, ich verbot es ihm. Ich mußte Zettel unterschreiben, wonach der Arzt, sollte ich sterben, straffrei ausgehen würde usw.

Die Verhandlungen dauerten 1 ½ Stunden. Zwischendurch wurde mir so schlecht, daß ich mich zweimal auf die Trage legen mußte.

Er hatte eine Methode, meinen Blutverlust herauszufinden, und wäre da mit einem Wert von 12,5 einigermaßen zufrieden gewesen. Ich konzentrierte mich und schaffte sehr gute 14,6.

Mit schwersten Kopfschmerzen fuhren wir endlich nach zwei Stunden ins Hotel zurück. Dort hielt ich es vor Schmerzen nicht aus und entfernte die Tamponade aus meinem linken Nasenloch, komme, was da wolle. Es ging gut.

Do 14.10.99

Ich habe mir also dieses schrecklich große Nasentampon, das gerade man so in der Vagina einer geschlechtsreifen Frau Platz gefunden hätte, herausgezogen.

Heute früh fingen die Zimmermädchen im »Arabella«-Hotel um 7.30 Uhr zu klingeln und zu klopfen an. Das hat mich an Moskau und die DDR erinnert. Aber dort gab es keine Suite für 1.200 Mark die Nacht. Ich rief die Rezeption an – vergebens. Der Terror ging weiter. Wir mußten raus.

Zum Frühstück ein kleineres Nasenbluten, aber ein großer Schreck. Krista Maria legte mir einen Eisbeutel in den Nacken, die liebe. Dann zum Messegelände Halle 6, Autogrammstunde. Die Schlange riß 1 ½ Stunden lang nicht ab. Ich hatte für jeden ein freundliches Wort. Mir fiel auf, daß man in überdurchschnittlich viele intelligente Gesichter blicken konnte. Lesen bildet.

Mit Otti bin ich nach einem Halt an einer Apotheke zum Erwerb von Nasensalbe zum Flugplatz gefahren, wir flogen mit einem Abstand von zehn Minuten davon, sie nach Berlin, ich nach Hamburg.

Kaum sitze ich im Flugzeug, kriege ich wieder Nasenbluten. Die Stewardeß gibt mir einen Eisbeutel. In Hamburg im Taxi ging es wieder los. Der Hotelboy bringt mir einen Kübel Eis aufs Zimmer. Ich liege auf dem Bett und schlucke Blut. Es wird nicht besser.

Ich fahre mit dem Taxi in die Altonaer HNO-Ambulanz, und die ganze Scheiße geht von vorn los, nur daß diesmal nicht ein Nasenloch tamponiert wird, sondern beide. Der Arzt kriegt das Blut nur mit Not gestillt. Ich habe Angst, morgen zu drehen. Deshalb Freisler in Grömitz angerufen und gewarnt, der Tag könnte platzen.

Dennoch allein ins »Blockhaus« essen gegangen. Von Ohr zu Ohr zieht sich eine spezielle Binde unter meiner Nase entlang, die schwarzen Fäden, die je an einem Tampon hängen, sind mit Hansaplast auf meiner Nasenkartoffel festgemacht. Es sieht zum Jammern aus.

Zurück ins Hotel. Ich will die Klimaanlage nicht einschalten und muß deshalb im kalten Zimmer bei offenem Fenster schlafen. Die Nase ist indessen so aufgeschwollen, daß nicht mal die Brille draufpaßt. Schmerztropfen habe ich vergessen. Aspirin könnte ich sicher im Hotel bekommen, es würde aber das Blut noch mehr verdünnen …

Nach einem Nieser, den ich nicht verhindern konnte, läuft mir, vorbei an den Tampons, der Rotz raus. Ich glaube, das alles ist das Unangenehmste, was ich je erlebt habe.

Ich zerre beide Korken aus den Nasenlöchern. Danach gut geschlafen.

Frei 15.10.99

Um 10.00 Uhr Abholung im »Marriott« und Fahrt nach Grömitz.

Ich habe nur eine Angst.

Im Schloß hatte ich vier Stunden Zeit, bis ich an der Reihe war. Alle waren froh, daß ich mit freiem Gesicht drehen konnte.

Die Schlußszenen gedreht, die ein bißchen nach »Räuber und Schampampel« ausgesehen haben.

Frau Meysel war sehr nett, vor allem, nachdem ich ihr erzählt hatte, daß ich auch ihr Lebensbuch gelesen habe. Für Frau Rosen mit Charly das Abschiedslied »Schenkt man sich Rosen in Tirol« gesungen.

Am Bahnhof Hamburg erwischte ich haargenau den 19.00-Uhr-Zug nach Berlin.

Zu allem Elend habe ich noch einen geharnischten Schnupfen.

Abends rief Petra an, ich empfahl, Marlene nicht zu bringen, weil meine Erkältung noch schlimmer geworden war.

Thomas Brasch hatte bei Otti angerufen und meinen Gedichtband mitsamt den Bildern gelobt.

So 17.10.99

Eigentlich interessant, daß der Körper bis ins hohe Alter hinein in der Lage ist, alle möglichen Schmerzen an das Gehirn zu übertragen, ja er scheint mit zunehmendem Alter sogar eine besondere Fertigkeit der Schmerzübertragung zu entwickeln, während umgekehrt die Übertragung der Wonnegefühle erheblich nachläßt, nicht zuletzt deshalb, weil die Körperteile, die bei der Entstehung von Wonnegefühlen benötigt werden, in ebendieser Funktion nachlassen.

Ich lese im »Spiegel«, daß die DDR Waffen und Munition im Wert von 100 Milliarden Westmark hinterlassen hat. Das ist viel für ein armes Land.

Mo 18.10.99

Erster Drehtag wieder in Hamburg. Charly und ich fühlen uns bei der Arbeit einsam.

Abends ein Anruf von Evelyn Hamann. Wir verabreden uns für Donnerstag. Dann will ich endlich ihre Wohnung sehen, zu deren Kauf ich sie einst so ermutigt hatte.

Di 19.10.99

Eine Szene im Auto auf dem Auflieger gedreht, dann zwei kleine Sachen in der Pathologie eines Krankenhauses. Man weiß nicht, wann es losgeht, der Regisseur gibt keine Kommandos mehr. Das ist schlimm. Ich bestehe aber darauf, daß er sagt: »Achtung Probe – Bitte!« und »Achtung Aufnahme – Bitte!«, und am Ende muß er sagen: »Danke!«, damit alle wissen, wann die Aufnahme zu Ende ist.

Er kann sich nicht merken, daß ich immer zuerst die »Pflicht« liefere und dann die »Kür«. Nach der Pflicht, wenn das Licht ohnehin steht und es nur Pfennige kostet, eine Variation von der jeweiligen Szene zu machen, biete ich etwas Zusätzliches an, was er meinetwegen am Schneidetisch wegschmeißen kann. Klug wäre es nicht, denn das sind oft die besten Einstellungen.

Do 21.10.99

Früh in eine Villa am Nonnenstieg gefahren und mit dem Schneider Rudolph Moshammer aus München gedreht. Der Mann ist intelligent und ein geborener Schauspieler. Er war amüsant und sehr nett. Und sein Hündchen benutzt er als Katalysator, er spricht mit »Daisy«, wenn niemand sonst mit ihm spricht. Moshammer hat uns beide überrascht, weil er seinen Part ganz souverän hingelegt hat. Ein freundlicher Mann mit einem freundlichen Bediensteten und einem freundlichen Hündchen.

Wir haben einige Stunden Pause und drehen nachts im Auto, das auf dem Trailer steht, ein Drittel des Liedes »Kann denn Liebe Sünde sein?«. Dabei gab es Schwierigkeiten, weil die richtige Kassette von Doldinger nicht geschickt worden war.

Schließlich gegen 21.00 Uhr fertig und Heimfahrt. Ich rief Evelyn an, die nach meinem Duschen ankam. Wir aßen im »Blockhaus« und saßen dann noch bei langen Gesprächen in der Lobby: »Weißt du noch …« und »Habt ihr auch so schreckliche Drehbücher?« usw.

Frei 22.10.99

Peter Kassovitz, ein ungarischer Jude, ist der Regisseur des »Remakes« von »Jakob der Lügner«. »Kulturzeit« auf 3sat findet den Film überflüssig und sagt das, was auch Moeses gesagt haben: Bei Jurek verstärkt der naiv-ironische Ton das Grauen, bei Kassovitz soll er das Grauen überdecken. Der Film sei nichts weiter als eine Komödie und nicht mal eine gute. Daß sie im Ghetto spielt, scheint bloßer Zufall. Es könnte auch die »Lindenstraße« sein. Der Originalschauplatz sei nutzlos, dem Regisseur gelinge es nicht, ihm Leben einzuhauchen. Seine Schauspieler (Hauptrolle: Robin Williams) laufen sinnlos herum usw.

_Sa 23.10.99_

Abends waren Marlene und Petra da. Marlene war ganz lieb. Petra wollte mir was Neues am Computer zeigen, das »Hyperlink«, aber das wollte keine Zahlen annehmen, nur Buchstaben.

Erst um halb zehn abends gingen Mutter und Tochter nach Hause. Petra fragte mich, ob ich Marlene einen Gedichtband mit Widmung geben würde. Das tat ich natürlich. Marlene wollte dann, um hierbleiben zu können, viele Gedichte vorgelesen haben. Als ich sah, daß die meisten für sie doch zu anstrengend waren, habe ich etwa ein Dutzend Gedichte beim Vorlesen aus dem Stegreif verändert und für den Verstand eines Kindes verdaulicher gemacht. Dabei fiel mir auf, daß viele Gedichte in dieser Form besser wurden. Aber ich habe mir keine einzige Verbesserung merken können.

_So 24.10.99_

Wenn ich früher, als ich jung und begehrlich und begehrt war, mich mit einer Dame einschloß, und sie fragte: »Auf welcher Seite willst du / wollen Sie liegen?«, dann war immer klar: Die Dame mußte auf der linken Seite liegen. Und das hatte folgenden Grund: Meine Liebeshand war die rechte. Um die Freundin nicht zu erdrucken, lag ich neben ihr, und zwar auf meiner linken Seite, so daß ich mit der linken Hand ihren Hintern anheben konnte. Allein das muß für die Mädchen eine Freude gewesen sein, denn sie schwebten in dieser großen, weichen, warmen Hand wie in einem geheizten Traktorensessel. Für die rechte, die Meisterhand, mußte ich freies Spiel haben, denn sie öffnete die Schleusen. Wenigstens eine Stunde fühlten sich die Damen von dieser einen Hand umhegt wie von tausend Händen und jeden Teil ihres Körpers, der gerade nicht von ihr bedeckt war, streckten sie ihr sehnsüchtig entgegen.

Deshalb bin ich so traurig über die Verheerungen, die der Schlaganfall allein hier angerichtet hat. Ganz zu schweigen davon, daß ich jetzt nur noch einen meiner berühmten heißen Füße habe. Dankschreiben von Damen aus dem ganzen sozialistischen Lager waren zur Winterzeit regelmäßig unter meiner Post.

Jetzt habe ich nur noch einen linken heißen Fuß. Den anderen hat der Schlaganfall für immer um 10 Grad heruntergekühlt.

Mo 25.10.99

In Österreich ist Jörg Haider im Vormarsch. Die Deutschen streben auch wieder auf einen Adolf zu. Jede politische Idee wird zerredet, noch ehe sie halbwegs formuliert ist. Mediengesellschaft.

Was man an der Demokratie gehabt haben wird, wird man wieder erst merken, wenn sie nicht mehr da ist.

Di 26.10.99

Als Künstler darf man nicht zu leutselig sein. Man muß mit allen Wassern gewaschen sein, sonst ist kein Erfolg zu erzielen.

Und übermütig darf man auch nicht sein. Ich denke manchmal an Michael Kausch, der mit mir zusammen so wunderbar in »Liebling« gespielt hatte. Eines Tages führte er vor einigen jungen Damen, denen er Schauspielunterricht erteilte, seine Geschicklichkeit vor. Er sprang aus dem Fenster im dritten Stock eines ehemaligen Berliner Fabrikgebäudes auf die Fensterbank, wollte sich einmal um den Mittelpfosten hangeln und auf der anderen Seite wieder durch ein offenes Fenster in den Raum hineinspringen. Dabei rutschte er ab. Die jungen Damen sahen ihn dann unten im Hof liegen. Er hat überlebt. Aber wie. Er stotterte jahrelang. Werner Masten hat nicht gewagt, ihn wieder in

»Liebling« einzusetzen. Das hätte ihn, den Schnelldreher, auch zu lange aufgehalten.

Der heutige Dienstag war vielleicht der anstrengendste im ganzen Film: fünf Dialog-Bilder, dann fuhren wir in die Stadt und nahmen in einem Versicherungsgebäude die beiden letzten Drittel des Liedes »Kann denn Liebe Sünde sein?« auf.

Erschwerend bei der Arbeit war, daß die Noten, die Doldinger geschickt hatte, nicht beim Polizeiorchester angekommen waren, die Musiker auf der Bühne also nicht wußten, was sie spielen sollten. Außerdem war das Playback-Band nicht komplett, so daß alle Beteiligten nicht wußten, wo die Eins ist usw.

Das Übliche. Schlimm, daß so was an einem der teuersten Drehtage passiert, denn der Saal war gefüllt mit gut gekleideten Komparsen, die Bühne war voll von Musikern. Ich schwitzte in der Polizeiuniform mit Dienstmütze und Orden. Schöps und Freisler waren anwesend. Wieder geschah das Wunder, daß schließlich trotzdem alles irgendwie ging. Förnbacher und Strobel waren pünktlich in Bestform.

Mi 27.10.99

Heute steht in den Zeitungen, daß Rex Gildo seinen schweren Verletzungen nach dem Sprung aus dem zweiten Stock erlegen sei. Vor etwa drei Wochen sah ich im Fernsehen ein Stückchen von einer Schlagersendung, die von dem Schnellsprecher Dieter Thomas Heck moderiert wurde. Hier trat auch Rex Gildo auf, der von Heck in marktschreierischem Ton annonciert wurde: »Und hier ist für Sie REX ›HOSSA‹ GILDO!«

Ich sah, wie Gildo, gezeichnet von dem Marsch durch die Bierzelte, kurz zuckte. Ein schmerzliches Kräuseln der braunen Lederhaut. »Oh, Gott!« mag er gedacht haben. »Hossa ist also von mir übriggeblieben.«

Ich sehe das so, daß der Heck den Gildo ermordet hat. Denn wenn das jetzt die Art der Ansage ist, mit der man rechnen muß, wenn man noch ins Fernsehen darf, dann kann man wirklich gleich aus dem Fenster springen.

Der letzte Drehtag, zwei kleine Bilder. Küßchen hier, Küßchen dort, Händegeschüttel – und ab zum Flugplatz und los geht's nach München. Die Boeing rammeldicke voll. Plötzlich, wir sind noch auf dem Boden, ein unglaubliches Rattern und Vibrieren, als wären alle Reifen kaputtgegangen. Und allen war klar, daß etwas nicht in Ordnung war. Trotzdem löste sich das Flugzeug vom Boden und stieg auf. Es fing an zu stinken.

Meine Nachbarin fragte: »Was ist das eigentlich für ein Flugzeug?«

Ich sagte: »Es ist eins von denen, wo manchmal die Kabel brennen.«

»Glauben Sie, daß Kabel so stinken?« sagte sie.

»Das ist kein Gestank von Plastik, das ist organisches Material«, sagte ich. »Es kann ja sein, daß die Rieselfelder von Hamburg bis hier hoch stinken.«

Nach ein paar Minuten, das Vibrieren dauerte noch an, gingen die Leselampen aus und die Stewardeß sagte ins Mikrofon: »Meine Damen und Herren, wir haben ...«

Ende der Durchsage.

Wir gewannen nicht weiter an Höhe. Plötzlich war das Dröhnen schlagartig zu Ende.

Charly sagte: »Haben die ein Triebwerk ausgeschaltet?«

Später sollte klarwerden, wie recht er damit hatte.

Ein zweiter Versuch der Stewardeß: »Meine Damen und Herren, wir haben leider ...«

Ende der Durchsage.

Alle tuschelten, noch ein paar müde Scherze wurden versucht. Ein Amerikaner brachte es auf den Punkt: »We are not climbing!« sagte er.

Ich sah, daß wir eine große Kurve flogen, es ging in geringer Höhe zurück zum Flugplatz Hamburg.

Ich versuchte, meine Nachbarin und mich selbst durch Geschwätz zu beruhigen. Das klingt etwa so: »Wir könnten einen Absturz nicht gebrauchen, wir haben Kind und Kegel. Haben Sie auch Kind und Kegel?«

»Nein«, sagt sie, »noch nicht.«

»Dann wird es aber Zeit.«

Endlich meldete sich die Stewardeß: »So, jetzt geht auch das Mikrofon wieder: Wir fliegen nach Hamburg zurück und werden dort landen. Das rechte Triebwerk ist soeben abgeschaltet worden. Wir hatten eine Begegnung mit einem oder mehreren Vögeln.«

So geschah es. Das Flugzeug landete mit einem Triebwerk. Neben der Piste standen mindestens zehn Feuerwehrwagen mit rotierenden Blaulichtern. Die Landung ging glatt, es gab Applaus.

Die schönste Ansage der Stewardeß war: »Meine Damen und Herren, das Flugzeug ist definitiv kaputt.«

Jetzt meldete sich der Pilot und erzählte die Geschichte nochmal.

Dann saßen wir die Ewigkeit von fünf Minuten in der immer wärmer werdenden Maschine. Sie sollte vielleicht abgeschleppt werden. Dann aber kam doch ein Bus und holte uns alle zurück in die Halle.

Vorher warf ich einen Blick in die Turbine: Zwei Schaufeln waren abgebrochen und wahrscheinlich hinten aus der Düse hinausgeflogen, alle anderen Schaufeln waren verbogen und hatten die Unwucht und damit das Vibrieren verursacht. Vier Techniker lugten ebenfalls in das Turbinenloch.

»Das sind wahrscheinlich die Tierärzte, die wissen wollen, ob den Vögeln was passiert ist …«, sagte ich. Das war der erste Lacher nach dem Zwischenfall.

Die Lufthansa im Flughafengebäude hilflos, unsichtbar, unhörbar. Keine Ansage, nichts. Es sickerte durch, daß wir alles selbst regeln müssen. Neue Tickets holen, Gepäck holen und wieder aufgeben, das Ganze mehrmals quer durch den Flughafen, Schalter suchen, geeignetes Flugzeug suchen usw.

Ich hätte mir folgende Ansage gewünscht: »Wir begrüßen herzlich die Überlebenden des Lufthansafluges 803, die zum Sektfrühstück in die VIP-Lounge eingeladen sind. Alle organisatorischen Fragen regeln wir, achten Sie bitte auf die ständigen Durchsagen.« Aber dazu waren sie zu konfus und natürlich auch zu feige.

Stattdessen standen wir lange an und kriegten einen 15-Mark-Verzehrbon.

Drei Stunden später flogen wir nach München. Jetzt war mir klar: Der Gestank, der durch die Frischluftdüsen in das Flugzeug gedrungen war, roch genau, wie man sich eine Mischung aus verschmorten Federn, gequirltem Gedärm, Vogelscheiße und verbrannter Hühnerbrust vorstellen würde.

Während wir nach München unterwegs waren, fragte ich mich, wie dieser bestialische Duft direkt von der Turbine in die Luftdüsen des Fahrgastraums gelangen konnte.

In München hat Klaus Doldinger getreulich drei Stunden auf uns gewartet. Er fuhr uns in das Hotel »Schloß Berg«, etwa eine Stunde. Schöne Zimmer, ansonsten keine bayerischen Speisen, nicht einmal das, was man eine Brotzeit nennt.

Ein paar Flachland-Wurstbrote kriegten wir dann doch noch.

Do 28.10.99

Um 10.30 Uhr kamen wir im Studio von Doldinger an, alles voller Maschinchen und Instrumente, kaum Platz, zum Mikro durchzudringen.

Als erstes machten wir »Goody Goody« in einem zu raschen Tempo. Überhaupt waren die Tempi anders als in den Filmen. Jede Nummer stellte uns als Sänger vor überflüssige Probleme. Drei oder vier Nummern waren nicht zu beanstanden. Alles andere entzückte uns wenig.

Um halb neun abends hatten wir drei von vierzehn Liedern geschafft. Dann ging Doldinger zum 80. Geburtstag des Regisseurs Bernhard Wicki ein bißchen blasen.

Frei 29.10.99

Heute waren wir zu viert, von Zeit zu Zeit eine Kanne Kaffee von Frau Doldinger und etwas Kuchen.

Es gab immer wieder Vorhaltungen über Tonhöhen, Tempi, Orchesterteile. Charles und ich waren sehr mäklig, und ich fand, daß wir Grund dazu hatten. Es gab einen Krach zwischen

Doldinger und mir, der fast einen Bruch der Freundschaft brachte. Er und Rob hätten ihre Schulaufgaben nicht gemacht, sagte ich.

Gegen Abend kam Fanny. Sie war einige Tage vorher von Doldinger angerufen und nach ihrer Tonlage gefragt worden. Sie spielte den höchsten und tiefsten Ton am Klavier ein. Dann hatte Doldinger gesagt: »Interessant. Aber nutzlos. Das Arrangement für ›Jim, Jonny und Jonas‹ ist schon fertig.« Fanny hatte keine Chance, das Stück zu singen.

Wer kam in dieser verzweifelten Lage auf die Idee, die ganze 24-Spur um einen halben Ton hochzufahren? Ich natürlich. Da nahm Fanny das Stück nochmal neu auf, und es ging gerade so.

Sa 30.10.99

Heller sonniger Morgen, ich leicht erkältet. Mit Charly in einem Taxi nach Icking ins Studio.

Am späten Abend waren wir mit allen vierzehn Songs fertig. Familie Doldinger lud uns ins Haus zu einer Brotzeit ein.

Am Samstagabend noch lange mit Charly und Freisler im Hotel gesessen.

Dann Koffer gepackt.

Mo 1.11.99

Um 16.00 Uhr wurde Marlene gebracht, die Mutter ließ mich mit ihr allein.

Mit Marlene gegessen, gemalt und lange geplaudert. Ein wunderbares Kind. Sie erzählte mir, daß sie ihre andere Schwester Josephine nun auch kennengelernt und daß sie Daisy wiedergesehen habe und daß sie sich auch heute noch in Papas Wohnung bestens auskenne. Sie spürt natürlich, daß es einen Bruch zwischen ihren Eltern gibt.

Neuerdings sage ich Ottilie immer an, wenn Marlene kommt.

Di 2.11.99

Ein 16jähriger Junge hat gestern in Bad Reichenhall aus seinem Haus heraus in die Gegend geschossen. Ein paar Leute starben, einige wurden verletzt, darunter Günter Lamprecht und seine Claudia Amm, die in einem Tournee-Auto zufällig vorbeifuhren.

Mi 3.11.99

114,0 kg

Ich versuche gerade wieder, eine Hungerstrecke einzulegen. Das ist der zweite Hungertag.

Frei 5.11.99

Um 13.30 Uhr in meinem Wagen mit Uwe Belz, Klaus Glöde und Fanny nach Erfurt gefahren. 305 km. Dort drei Schlager in einem Studio des Kinderkanals per Playback aufgenommen: »Schöner Gigolo, armer Gigolo« mit Fanny, »Bei dir war es immer so schön« und »Das Lied mit dem einen Ton«.

Auf Übernachtung in einem Erfurter Hotel verzichtet und nach der Arbeit gleich wieder nach Hause gefahren, dort um 1.00 Uhr nachts angekommen. Fanny zu Hause abgeliefert, die beiden Kollegen, den Regisseur Uwe Belz und den Maskenbildner Glöde, zu ihrem Auto gebracht.

So 7.11.99

Nachts auf ORB zum ersten Mal den wunderbaren sowjetischen Dokumentarfilm von 1965 »Der gewöhnliche Faschismus« von Michail Romm gesehen. Da fällt einem nur ein: Wir müssen lernen, noch tausend Jahre lang die Schnauze zu halten, die Schnauze zu halten, die Schnauze zu halten.

Ein Kind wird geboren, um glücklich zu sein. Wie lange wird Jurek glücklich gewesen sein?

Mo 8.11.99

Hatte einen Traum von einer unbekannten Dame, mit der ich am Tisch saß und die unentwegt auf mich einredete, um sich interessant zu machen. Ich vermutete im Traum, daß sie sich nur deswegen so beredsam zeigte, weil sie ein Kind von mir haben wollte.

Als ich mich gerade darüber ärgerte, daß ich neuerdings nicht mehr sicher sein konnte, ob ich ihr diesen Gefallen würde tun können, sagte sie: »Sehen Sie diesen Füllfederhalter?« Sie zeigte mir einen sehr häßlichen Füller mit einer zu kleinen Feder.

»Ja, ich sehe ihn.«

»Ich bin der einzige Mensch, der die Erlaubnis hat, diesen Füllfederhalter weltweit zu verkaufen. Wenn er Ihnen gefällt: würden Sie mir einen abkaufen?«

»Er gefällt mir aber nicht.«

Egon Krenz ist heute zu 6 ½ Jahren Gefängnis verurteilt worden. Nach zwei Dritteln der Strafe kann der Rest erlassen werden. Günter Schabowski, der große Mauer-weg-Zauberer, und Günther Kleiber haben je drei Jahre gekricht.

Di 9.11.99

Otti ist in die Stadt gefahren, den 10. Jahrestag des Mauerfalls zu feiern.

Mi 10.11.99

Um 17.00 Uhr kam Marlene und hat sich sehr gefreut. Ich mich auch. Sie hat sich wieder »Schöner Gigolo, armer Gigolo« angehört und gesagt: »Weißt du, warum ich das so gern höre? Weil da meine Schwester Fanny singt, und weil ich die Fanny so liebhabe.«

Frei 12.11.99

Abends mit Otti auf ein Bier ins »Diener« gegangen, wo Charly Schöps von der Vorführung (Rohschnitt) des TV-Films »Manfred Krug singt wieder« berichtet hat. Er hat sich den Film mit Uwe Belz am Schneidetisch angesehen. Der Film habe ihm schon jetzt sehr gefallen, er sei amüsant und kurzweilig und werde wohl auch die Zustimmung von Frau Heinze (NDR) finden.

Wir haben einen sehr netten norwegischen Journalisten kennengelernt, der zufällig mit am Tisch saß und dem ich, da er sich sehr für die jüngere deutsche Geschichte interessierte, das in dieser Hinsicht wichtigste Buch empfohlen habe: »Abgehauen«.

Sa 13.11.99

16.00 Uhr kamen Marlene und Petra. Petra ging nach hinten ins kleine Schlafzimmer und kam um 18.00 Uhr wieder.

Marlene steckt dauernd aus Nervosität alles Mögliche in den Mund. Eine halbe Stunde lang haben wir uns daraufhin das alte dicke Buch »Atlas der Mundkrankheiten« angesehen. Viele bunte häßliche Bilder. Ich mußte ihr zu jedem Bild den Text vorlesen, und es hätte so weitergehen können, aber nach dem zweiten Kapitel schlug ich das Buch zu. Hoffentlich bleibt nicht was zurück …

Telefonat mit Krista Schädlich. Die erste Auflage von 7.000 Exemplaren »66 Gedichte« sei verkauft, die nächste Auflage sei im Anrollen. Am Montag erwarte man einen Beitrag in dem Schlaubergerblatt »Focus«. Dort würde ein persönlicher Freund von Moritz Götze was Gutes über ihn schreiben. Noch habe ich kaum eine Kritik über die »Gedichte« gelesen, aber Dresche hat's auch noch nicht gegeben. Das ist doch schon mal gut.

So 14.11.99

Gegen 20.00 Uhr kamen unangemeldet Frank Beyer und Karin Kiwus vorbei. Sie wollten zwei Exemplare von »66 Gedichte« haben, hab ihnen aber nur eins gegeben und gesagt, wenn sie sich scheiden lassen, werden wir weitersehen.

Mo 15.11.99

Der Fahrer kam nicht, bis ich um 25 Minuten nach 11.00 Uhr nervös wurde und Otti runtergeschickt habe. Da stand er auf der Feuerwehrauffahrt.

Ich raffte meine Sachen und eilte runter. »Warum klingeln Sie nicht?« sage ich zu dem 25jährigen Blonden.

Sagt er: »Das dürfen wir nicht, Anweisung der Firma SIXT.«

Ich sehe auf seinen gelackten schwarzen Anzug: »Seid ihr dazu zu vornehm? Wenn Sie aufs Klingelschild gekuckt hätten, hätten Sie gesehen, daß ich im 5. Stock wohne. Woher soll ich wissen, daß Sie da sind?«

»Ich war ja da.«

»Sie hätten auch im Stau stehen können, dann hätte ich frierend auf der Straße gestanden.«

Wir fuhren auf die Lietzenburger Straße. Ich sagte: »Wenn Sie nicht klingeln dürfen, hätte ich gern mal die Karte von Ihrer Firma gesehen, damit ich künftig eine andere bestellen kann.«

Da holte er sein Handy raus und rief den Chef an: »Haben Sie einen anderen Fahrer? Ich möchte den Gast nicht fahren.«

Er reichte mir das Handy, ich erklärte dem Chef genau, was vorgefallen war, und bat um Rückfahrt nach Hause. Ein anderer Fahrer wurde angekündigt, ich ging wieder nach oben. Der Blonde sagte die erschütternden Worte: »Wir sind auch nur Menschen.«

In der gewonnenen Zeit hörte ich mir die ersten drei Titel von der CD »Tatort – Die Songs« an, die mit der Post von Doldinger gekommen war. Ich war begeistert. Von »Somewhere over the Rainbow« habe ich Gänsehaut gekricht. Dann »All of me« – ebenfalls sehr süß. Schließlich »As time goes by« mit mir allein, ebenfalls von bester Qualität. Die Streicher von den Münchner Philharmonikern sind großartig. Und auch die Rhythmusgruppe – vorzüglich. Ich will nur hoffen, daß der Rest ebenso schön ist. Doldinger muß schwitzen, denn wir haben unsere Sache gut gemacht, jetzt ist er dran. Ich habe ihn sofort angerufen und geschwärmt.

Der neue Fahrer kam schon dreißig Minuten später. Er hatte den gleichen feinen Anzug an, wir fuhren knapp 500 km nach Münster in Westfalen. Ich habe ihn zu Kaffee und Bockwurst eingeladen, um 16.00 Uhr waren wir in Münster im Hotel »Mövenpick«.

Abends mit der Schädlich im Hotel Leber gegessen, in dem Hotel, in dem wenige Wochen zuvor Gorbatschow auf den Tod seiner Frau Raissa warten mußte.

20.00 Uhr in einem nur halbvollen großen Saal die erste Lesung. Die Gedichte reichen nur etwas über eine Stunde, ich habe aus »Jurek Beckers Neuigkeiten« noch eine Stunde Postkarten drangehängt, die natürlich für eine Lesung besser geeignet waren und auch besser ankamen.

Di 16.11.99

Wie gestern ein strahlend schöner Tag. Abreise um 10.30 Uhr nach Erfurt.

Die Kirche war tatsächlich voll bis zur Orgelempore. Könnten 1.200 Leute gewesen sein. Eintritt 25,– Mark, ein Riesengewinn für die Veranstalter.

Nach der Vorstellung tauchte ein 69jähriger, noch gutaussehender Mann namens Hans-Jürgen Degenhardt auf. Es stellte sich heraus, daß er einst den Text für das von Gerd Natschinski komponierte Lied »Leider weiß man viel zu wenig … über die Liebe« aus dem Film »Revue um Mitternacht« geschrieben hat. Und er war auch einer meiner ersten Regisseure, er hat 1960 live das Stück »Johnny Belinda« fürs Fernsehen inszeniert.

Außerdem tauchte ein Mitglied der Artistenfamilie Weisheit auf, ein Mann, mit dem ich mal auf einem Motorrad auf dem Seil über einen See gefahren bin.

Abends mit den jungen Veranstaltern, der Schädlich und dem Fahrer bescheiden zu Abend gegessen. Die Kellnerin stöhnte nach alter Ostmanier und deutete um 23.00 Uhr schon an, daß sie nach Hause möchte.

Im Magazin »Focus« auf Seite 205 ein achtbarer Artikel über »66 Gedichte« unter der Überschrift »Kleine Blähbeulen im Kopf«.

Eine sehr schöne Kritik unter dem Titel »Krugs Prachtband« auch in den »Westfälischen Nachrichten« vom 11. Nov. 99.

Mi 17.11.99

Die Fahrt von Erfurt nach Jena nur 40 km. Gegenüber vom Hotel im »Volkshaus Jena« ein großer Saal, mit ca. 900 Leuten randvoll. Wie gestern ein sehr freundliches, intelligentes Publikum, immer wieder Applaus nach einzelnen Gedichten.

Do 18.11.99

11.30 Uhr in Jena bei schlechtem Wetter abgefahren. Schneeniesel. 160 km nach Dresden. Dort im »Hilton« untergekommen. Ein Massenhotel amerikanischen Zuschnitts. Winzige Plüschzimmer,

Tagesdecke, kaputter Fernseher, Flasche Wasser 7,50 Mark, zwei Äpfel auf einem Teller.

Die Frauenkirche eingerüstet, nichts zu sehen. Dresden schält sich aus den Trümmern, wird wunderschön. Nachts habe ich geträumt, ich sei Anführer der Sprengkolonne, die den ganzen trostlosen Sozialismus wegsprengen soll.

20.15 Uhr Veranstaltung im »Haus des Buches«, das erst seit ein paar Wochen eröffnet ist. Bücher über mehrere Etagen. Saal improvisiert, knallvoll. Intelligente Leute, schöne Lesung. Viele Leute ließen sich auch Schallplatten signieren.

Sa 20.11.99

11.00 Uhr Abreise von Fulda über Eisenach nach Berlin. Insgesamt waren es etwas über 2.000 km. Freundlicher Abschied vom Fahrer und Krista. Zu Hause Otti, die sich bereitmachte für den Besuch bei ihrer Schwester Leonore und Dieter Schiller. Ich war zu erschöpft, um nach der Reise mitzugehen.

So 21.11.99

Abends hat Otti zum ersten Mal das Wort »Marlene« in den Mund genommen und damit meine kleine Marlene gemeint. »Sie war heute mit der Petra unterwegs.« Auch das Wort »Petra« hat sie zum ersten Mal verwendet. »Die waren heute im Zoo, und ihre Schwestern Josephine mit Julius und Fanny mit Daisy waren mit von der Partie. Mit Josephine habe ich heute telefoniert, sie sagte: ›Mutti, das mußt du verstehen, ich bin doch ein bißchen neugierig auf meine kleine Schwester.‹ Na ja, das verstehe ich.«

»Hat Josephine was gesagt?«

»Ja, sie hat etwas Erstaunliches gesagt: ›Mutti, das ist seltsam mit dem Kind. Ich habe das unheimliche Gefühl, bei Papa zu Besuch zu sein. Sie ist wie Papa ...‹«

Mo 22.11.99

Um 17.00 Uhr Marlene angerufen und liebe Grüße auf die Maschine gesprochen.

Eine Stunde später rief sie an und erzählte mir: »Ich war gestern mit deinen Kindern im Zoo.« Im Verlauf des Gesprächs sagte sie »Quatschkopf« zu mir, daraufhin legte ich auf. Sie rief wieder an, ich sprach mit ihr weiter, als wenn nichts geschehen wäre. Nach wenigen Augenblicken versuchte sie es nochmal: »Quatschkopf!« Nun legte ich endgültig auf.

Di 23.11.99

Im »Ersten« am Vormittag das schöne Melodram »Romanze in Moll« nach Maupassant gesehen. 1943 gedreht. Ich sehe im Geiste die ersten Ruinen, an denen die Schauspieler auf dem Weg in die Studios vorbeifahren.

Der Film ist so gut, daß ich in der Zeitung nachsehe, wer ihn gemacht hat: Helmut Käutner. Fein herb ist Marianne Hoppe, sie sieht dadurch intelligenter aus als andere Aktricen der Nazizeit. Sehr reizvoll. Ich kann Gründgens gut verstehen, daß seine Wahl, wenn sie schon fallen sollte, eben auf sie fiel.

Punkt 13.00 Uhr war Herr Priebe von der Werbeagentur SEA hier.

Ich habe mir Mühe gegeben, als der zu erscheinen, der ich bin: ein intelligenter und verläßlicher Bursche.

Do 25.11.99

In der heutigen Blödzeitung ist ein weiterer Manfred-Krug-ist-müde-Artikel erschienen. Richtig daran ist, daß im nächsten Jahr meine letzten drei »Tatorte« gedreht werden. Ich rief die Ramcke an und riet ihr, in dieser Sache nicht weiter zu taktieren und herumzureden, sondern es allen klar zu sagen. Schließlich müssen sie sich ohnehin nach neuen Schauspielern umsehen.

Frei 26.11.99

17.00 Uhr wurde Marlene gebracht, mit der ich dann bis 19.00 Uhr zusammen war. Ich habe ihr die drei neuen Titel von der »Tatort«-Platte vorgespielt.

Bei »As time goes by« sagt sie: »Das ist sehr traurig. Wovon handelt es?«

Ich sage: »Es handelt von zwei Liebenden, die sich trennen.«

Nach einer Weile sagt sie: »So wie Mama und du euch getrennt habt?«

»Ja. So.«

Abends schaute ich mir im »Spiegel-TV« wieder die Filme der US-Airforce an, die sie '45 auf Kodak in Farbe gedreht haben. Buchenwald, Dachau. Und das elende Ende des Krieges. Ich mußte wieder heulen. Es heulen immer dieselben. Die anderen, die es nötig hätten, kucken gar nicht hin.

So 28.11.99

Finale der ATP-Weltmeisterschaft im Tennis. Pete Sampras gegen Andre Agassi. Sampras macht gern einen etwas hündischen, aber sanften Blick. Wie ein Stasimann. Oder ein DDR-Parteisekretär. Und aus dem Hinterhalt dieses Blickes spielt er auf. Dann erscheint er wie ein Monster mit vielen starken Armen und Beinen. Unbesiegbar. Ein Geist. Ich habe sowieso seit Jahren das Gefühl, daß er nur aus Mitleid manchmal verliert. Diesmal aber nicht.

Mo 29.11.99

Kurt Biedenkopf und Heiner Geißler, die Gefeuerten von einst, zwirbeln dem dicken Kohl nun doch noch die Eier. Geißler, der alte Jesuit, hat einen mindestens zehn Jahre dauernden Anlauf genommen und dann hau ruck … Kohl hat anonyme Partei-Spendenkonten einrichten lassen und davon gewußt. Politiker …

Di 30.11.99

Mauschelkanzler Kohl hat heute eingeräumt, daß ihm als Parteiführer persönliches Vertrauen stets wichtiger war als formale Überprüfung.

Schwarzkonten haben nun mal »in strafrechtlichem Sinne keinen Delikts-Charakter«, sagt Schäuble. Damit ist einmal mehr die Sache erledigt, daß nämlich die meisten Politiker sich ziemlich ganovig aufführen.

Der Buchbindersohn Ulrich Wildgruber ist heute tot am Strand von Westerland auf Sylt gefunden worden. Ja, etwas Wirres schien er immer zu haben. Das hat ihn auf der Bühne so verwegen gemacht. Er hat die Schauspielschule abgebrochen. Er war herzkrank. (Alles wie ich.) Wenn es Selbstmord war, wird er beleidigt über die einsetzende Schlappheit gewesen sein. Was soll ich da sagen?

Do 2.12.99

Abends kamen die Enkel Daisy und Julius, die ich nett begrüßt habe, die aber bei Otti drüben blieben, während Marlene bei mir zu Besuch war. Ich habe die Kinder nicht zusammengeführt. Ich habe Marlene drei Märchen vorgelesen, und sie war sehr gespannt und aufmerksam. Nach »Der Hase und der Swinegel« schlief sie aber ein.

Otti kuckte sich zum ersten Mal Marlene aufmerksam an, während diese schlief.

Halb 2.00 Uhr in der Nacht wurde Marlene genau in dem Augenblick wach, da ich mich vorsichtig zu ihr ins Bett legen wollte. Sie sagte laut und ungehalten: »Ich wollte gar nicht bei dir schlafen!«

Dann habe ich alles getan, um das Kind zu beruhigen, einzuschläfern, um es zu unterhalten usw. Alles das zusammen und abwechselnd. Vergeblich. Sie hat bis 5.00 Uhr genervt, daß sie zu Mama wolle. Da rief ich Petra an, die kam in wenigen Minuten mit dem Fahrrad.

Ich konnte nicht an mich halten und sagte zu Marlene: »Wahrscheinlich wirst du nie wieder bei mir schlafen.« Basta.

Frei 3.12.99

14.00 Uhr zu einem Treffen mit Klaus Doldinger und Lars Ingwersen im »Nucleus«-Studio, wo mir die »Tatort«-Platte vorgespielt wurde. Weil die Platte sehr schön ist, habe ich die Arbeit rundum gelobt, dann fuhr jeder in seine Richtung.

Den Vokal-Chorus in »Spiel mir eine alte Melodie« hatte ich im Studio aus der Mütze gesungen. Blasebalg hatte mich gefragt, was damit nun werden soll. Ich sagte: »Den Chorus schreibst du bitte mit kleinen Variationen auf und läßt ihn von den Musikern im Satz nochmal spielen.« So hat er's gemacht, und es ist ganz reizend geworden.

Sa 4.12.99

Noch ein paarmal die »Tatort«-Platte abgehört, mit strengen Ohren. Wirklich nicht schlecht. Wird in Deutschland nicht so leicht zu finden sein. Welch ein Glück, daß auch Charly singen kann, und zwar mir zu Herzen gehend.

Habe Marlene telefonisch Versöhnung angeboten. Sie hat angenommen.

Mo 6.12.99

Die Russen machen Grosny endgültig platt. Wer die Stadt nicht verläßt, wird erschossen.

Mi 8.12.99

Otti hat mir heute das »Lexikon des DDR-Alltags« vom Schwarzkopf & Schwarzkopf Verlag mitgebracht. 375 Seiten. Ich stehe auch drin: »… der bekannteste und beliebteste DDR-Schauspieler überhaupt …« Das versöhnt mit der ansonsten etwas schlampigen Recherche. Sie zählen unter meinen Filmen »Der Mann, der nach der Oma kam« auf. Kann mich nicht daran erinnern. Oder: »Zwei Platten erschienen bei AMIGA.«[34] Ha! Meine Aufnahmen »wurden Legende«, z. B. die Darbietung »Der Hase und der Löwe«. Das hieß aber »Der Hase im Rausch«, und vorgetragen habe nicht ich es, sondern der großartige Rezitator Eberhard Esche.

Wir alle hoffen, daß wir nicht so langweilig bleiben, wie wir gerade sind. Selbst ich, in meinem vorgerückten Alter und bei

---

34 MK hat in dem Film nicht mitgespielt, und bei AMIGA erschienen nicht nur zwei Platten.

wachsender Schwäche, habe noch Hoffnung. Noch bin ich sogar gewiß, daß ich interessanter, ergo besser werden kann. Daher der Satz in unterschiedlichen Kulturen: »Ich bin, der ich sein werde.«

Schauspieler denken oft andersherum: »Ich bin, der ich war.«

Do 9.12.99

Der blinde Tenor Andrea Bocelli, wie er jetzt aussieht, sieht dem Jurek von ca. 1977 dermaßen ähnlich, daß ich aus dem Staunen nicht rauskomme. Nur Jureks Augen waren sprechender.

Frei 10.12.99

Um 11.00 Uhr Besuch von Thomas Schenk von der Plattenfirma WEA. Habe Schenk ein paar von den alten deutschen Schlagern angespielt. Er will, wenn es losgeht, als erster gefragt werden, ob er mitbieten darf. Kann ich gern machen.

Die Änderungen an der Platte sind beide sehr gut: Das überflüssige »Goody Goody« am Anfang des Songs von uns beiden ist gelöscht, Fanny ist jetzt in richtigem Verhältnis eingemischt.

Habe mir die Urbänder des zweiten Drittels der Friedhelm-Schönfeld-CD angehört. Kommt mir ein bißchen verstaubt und siebzigerjahremäßig vor. Sehr deutsch. Und zwar so deutsch, wie die Deutschen denken: Es fetzt amerikanisch. Ich hoffe, daß ich mich irre. Bin »verdorben« durch die Arbeit von Rob Pronk.

Abends war Marlene da. Ich habe ihr erzählt, daß auf ihre Intervention hin ihre Schwester Fanny in »Jim, Jonny …« lauter eingemischt wurde. Sie hat sich die neue Version vorspielen lassen und war es zufrieden.

Sa 11.12.99

Die Dezemberausgabe der »Roten Fahne« macht mit zweieinhalb Seiten zum 120. Geburtstag von Josef Wissarionowitsch Stalin auf. In der Mitte eine schlechte Zeichnung des Mörders: Die rechte Hand steif, aber napoleonmäßig in der Knopfleiste der Uniform, über ihm ein gerahmtes Porträt von Lenin, vor ihm ein Riesenmikrofon auf einem winzigen Pültchen. Der Artikel fängt an: »Am

21. Dezember 1999 gedenkt die fortschrittliche Menschheit …«
Und so geht er weiter bis zum Schluß.

So 12.12.99

Für zwei Stunden in Marlenes Wohnung gefahren und mit ihr gespielt. Ihre Mutter hat mir die Schlüssel freiwillig wiedergegeben.

»Und wenn ich wirklich einmal überraschend herkommen muß, weil ich von der Polizei gesucht werde?«

»Dann brauchst du ja einen Unterschlupf …«

»Und wenn dann gerade jemand hier ist, der sich darüber nicht freut?«

»Wird schon niemand hier sein …«

Marlene hat einige Windpocken, vor allem auf dem Rücken und hinter den Ohren. Solange sie Kraft hatte, blieb ich dort.

Mo 13.12.99

Marlene soll es schlechter gehen als gestern, sie sei unleidlich, sagt die Mutter.

Abends um 18.00 Uhr fahre ich hin. Ihr Körper ist von Pokken übersät, sie hat Fieber und einen matten Blick. Trotzdem hat sie sich über den Papa gefreut. Wir haben Musik gemacht, sie auf der Blockflöte, ich auf dem Xylophon. Wir haben untermalende Filmmusik improvisiert, es ist gerade Tschetschenien-Krieg im Fernsehen, da haben wir Kriegsmusik gespielt. Dann Friedensmusik, das paßte ganz gut zur Beerdigung von Franjo Tuđman.

Mi 15.12.99

Zum Sport heute nicht die Kraft gehabt.

Abends noch Wäsche aufgehängt, dann mit dem Taxi bei –2 Grad nach Tegel. Selbst das Herumlaufen in der Wohnung fällt mir schwer.

Pünktlich 22.00 Uhr in München angekommen. Logiert im »Palace-Hotel« in München-Bogenhausen. Dort traf ich auf Charly Brauer und trank drei Glas Rotwein mit ihm.

Do 16.12.99

In der Zeitung steht, daß Egon Krenz seine 6 ½ jährige Haft im Offenen Vollzug in Spandau-Hakenfelde antreten wird.

Um 11.00 Uhr im »Palace-Hotel« eine Mini-Pressekonferenz.[35] Krista Schädlich und ihre Kollegin aus dem ECON Verlag waren da und etwa zehn gemischte Journalisten.

Auf unserer Seite Lars Ingwersen, der emsig redende Klaus Doldinger (ein Meister der PR), Charles und ich.

Die Journalisten hörten sich freundlich die Platte an und fragten dann das übliche langweilige Zeug. Charly, Klaus Doldinger und ich mühten uns mit kurzweiligen Antworten.

Außerdem hatte Elfi Küster eine ungewöhnlich dicke Pressemappe zusammengestellt, mit Interviews, Lebensläufen, Filmlisten usw.

Scheußliches Mittagsmahl in der Kneipe, die zum Residenztheater gehört, dann Fahrt zum Flugplatz und Flug nach Hamburg.

Frei 17.12.99

Nach dem Frühstück ins Hotel »Vier Jahreszeiten«, wo eine ähnliche Pressekonferenz stattfand wie gestern, allerdings mit doppelt so vielen Journalisten, die mir ungefähr doppelt so aufgeweckt vorkamen wie die gestrigen. Unter den zwanzig Journalisten auch solche von »Bild«, »Gala«, »Hamburger Abendblatt«, Peter Bölke vom »Spiegel«, der sehr angenehme Altersgenosse Herr Burghardt von der »Süddeutschen«, ein junger Mann namens Götz Bühler von der »Jazz-Zeitung« und viele andere, deren Tischschildchen ich nicht lesen konnte.

Ich habe gequatscht, was das Zeug hielt, wahrscheinlich zu viel und wahrscheinlich Dinge, aus denen mir Stricke gedreht werden können. Oberstes Gebot: die Wahrheit sagen und die Leute nicht langweilen. Da kam auch dieser und jener Seitenhieb heraus, zum Beispiel gegen Juhnke, von dem ich beiläufig gesagt habe, zuerst habe er sich das Publikum der »Bild-Zeitung« eifrig

---

35 Anlass war die Vorstellung der CD »Tatort – Die Songs«.

herangezüchtet, und dann habe er so getan, als müsse er sich darüber wundern. Und ähnliche Gehässigkeiten. Ich habe, da Doldinger erst viel später kam, alle Musiker und ihn selbst gebührend herausgestrichen, sein Studio und die schöne Arbeit gelobt, Fanny gelobt, und all die Schnurren von gestern erzählt, nur pointierter, weil ich fühlte, daß die Wikinger erheblich intelligenter zuhörten als gestern die Bayern. Ein seltenes Bild: Die Journalisten wären nach zwei Stunden gern noch dageblieben.

Wir gingen aber in ein Polizeirevier in der ABC-Straße und gaben vor der Kamera von Uwe Belz ein letztes gemeinsames Interview, das sich durch große Albernheit auszeichnete und aus dem sich interessierte TV-Sender bedienen können.

Dann mit Charly in einer kleinen Propellermaschine bei orkanartigen Böen nach Berlin geschaukelt.

Unter der Post die Kopie einer von Willy Moese zugesandten kleinen Zeitschrift, die sich »Barnimer Illustrierte« nennt, und auf deren Titel das mir nachgeahmte Nichtporträt[36] von Manfred Salow zu sehen ist, mit hinter seinem Kopf verschränkten Bildhauer- und Säuferfingern. Dazu die Schlagzeile »M. Salow: Ich und Manfred Krug«. Im Innern ein endloser und langweiliger Artikel mit Fotos von Salow. Er versucht, sich über die Namen Hacks und Krug in Erinnerung zu bringen, und man sieht auch das zerstörte Gesicht seiner Frau, der »IM Lady«. Der Artikel insinuiert unter anderem, ich sei selbst schuld gewesen, denn ich hätte ihm draufkommen müssen, daß er Stasi-Spitzel gewesen sei. Na ja.

Sa 18.12.99

Nachmittags Marlene dem Charly mal wieder vorgestellt. Der hatte sie lange nicht gesehen. Sie hat kurz mit ihm gefremdelt, sich dann aber erinnert.

---

[36] MK bezieht sich auf das Cover seines Buches »Abgehauen«.

So 19.12.99
Ein zehnjähriges blondes Mädchen mit dem Vornamen Chantal, ihre Mutter ist Deutsche, ihr Vater Engländer, hat in der RTL-Kindersendung »Mini-Playback-Show« live ein poppiges Weihnachtslied gesungen – so schön, so reich, so anrührend, daß ich noch immer die Gänsehaut glattstreiche. Wenn dieses Kind nicht eine berühmte Sängerin wird, freß ich 'n Besen.

Mo 20.12.99
Heute wieder im Willy-Brandt-Haus zwei 15-Sekünder gedreht, und noch einen von Huettner dazu erfundenen gratis. Außerdem zwei 5-Sekünder für die CD »Tatort – Die Songs«. Dann ins Funkstudio gefahren und sechs Funkspots aufgenommen.

Alles ging glatt, Stimmung sehr gut. Für den Abend Einladung in die Kneipe »Storch« in der Wartburgstraße zum Essen.

Nach langem Mittagsschlaf aufgewacht und mich krank gefunden. Gehe trotzdem in den »Storch«.

Dort eine Elsässer Wellfleischplatte mit Sauerkraut gegessen und Elgin Feldhoff reden lassen. Zu Hause war ich dann vollends krank. Hatte große Lust zu sterben. Schüttelfröste, frieren, japsen.

Di 21.12.99
Ab heute geht's aufwärts: Die Tage werden länger. Darauf freue ich mich jedes Jahr, und viel zu früh, nämlich am 21. Juni, trübt meine Stimmung sich wieder ein.

Mi 22.12.99
Abends mit Otti den Christbaum aufgestellt, den sie gestern gekauft hat. Immer dasselbe: Es muß Präzisionsarbeit geleistet werden, damit der Baum sich in dem Spieldosenständer dreht und die Musik spielt.

Do 23.12.99

Brief von Helmut Sakowski: Er sei sehr krank, sogar einer Lungenoperation habe er sich unterziehen müssen, er bitte um Suspendierung von der Silvesterfeier.

Kleiner Dankesbrief von Charly: »Danke für alles, Du weißt schon …«

Ich muß an Jurek denken. Früher war es schöner, Weihnachten und Silvester zu feiern.

Die Leute treffen dich und sagen: »Du siehst aber gut aus.« Und meinen: »Du bist aber fett geworden.«

Frei 24.12.99

Die Blödzeitung versucht es immer wieder. Diesmal lädt sie mich zum »6-Tage-Rennen« in die »VIP-Loge« ein. Da sieht man's: Man muß den Leuten nur immer wieder kräftig in den Arsch treten, dann machen sie sich selbst klein und niedlich. Sie haben keinen Stolz, deshalb können sie keinen verlieren.

Alle Kinder, Daniels Familie, Fines Familie, Fannys Familie und Familie Krenzlin/Schiller. Es gab drei Enten und eine Gans. Alle überfraßen sich restlos, selbst die drei Bohnenstangen stöhnten und hielten sich die Bäuche.

Der Heilige Abend tobte bis früh 3.00 Uhr.

Sa 25.12.99

Beim Sport sehe ich einen doofen Film »Die ideale Frau« mit Ruth Leuwerik. Ihr Partner ist Martin Benrath. Man sieht hier sehr schön, wie schlecht ein Schauspieler in der Jugend gewesen sein und wie gut er im Alter dennoch werden kann. Er muß sich selbst nur schonungslos angeschaut und sich oft genug über die blöde Visage da oben geärgert haben. Ohne Selbstkritik kann man nicht besser werden.

So 26.12.99

Die Russen stürmen Grosny unter starken Verlusten.

In Frankreich kommen die Ölfladen an der Küste an, die der in der Mitte durchgebrochene Rostdampfer ERIKA aus Malta beim Auseinanderbrechen vor vierzehn Tagen ins Meer entlassen hatte.

So 27.12.99

Heute kam ein Paket mit hundert (!) CDs »Tatort – Die Songs« an. Unglaublich. Habe mich sofort überschwänglich bedankt. Der Thomas Schenk ist in Ordnung.

Ein paar Stunden mit Friedhelm zusammengesessen und die letzten vier Titel für die Nazizeit-Schlager-Platte zusammengesucht. Habe ihm die »Tatort«-CD geschenkt.

Abends wurde die reizende Daisy abgeliefert, deren Eltern irgendwo eingeladen sind. Ich habe Marlenes Buntstifte rübergeholt und mit dem Kind etwas gemalt.

Ich sehe im Sportkanal, wie New York und die übrige Welt der Tennisspielerin Steffi Graf im Madison Square Garden einen großen Abschied bereiten. Was für eine schöne, starke, zarte Frau. Was sich in ihrem Gesicht abspielt. Zum Verlieben.

Di 28.12.99

Meine Augen werden immer trüber. Marianne Koch sagte heute im Fernsehen: »So krank, wie die Gefäße sind, so krank ist der Mensch.« Ich ahne nichts Gutes über meine Gefäße. Eine Verletzung an meinem linken Fuß heilt seit vier Wochen nicht. Heute keine Zigarre geraucht.

Mi 29.12.99

Mit zwei kleinen Unterbrechungen bis 13.30 Uhr geschlafen. Unglaublich. Ich schlafe immer länger. Bald werde ich einschlafen.

Der dicke Kohl, der wie ein Fettauge auf der Suppe seiner selbst schwamm, wird mit einem Ermittlungsverfahren wegen des Verdachts der Untreue zum Nachteil für die CDU überzogen. Das hätte der Alte nicht gedacht, daß ausgerechnet er der Sündenbock sein würde, den die ganze Politikergilde mit einem hörbaren Aufatmen in die Wüste schickt.

Frei 31.12.99

Boris Jelzin, der alte Tanzbär, tritt zurück und übergibt an das schmale Jüngelchen Wladimir Putin, der jetzt gerade den Krieg in Tschetschenien führt und damit Pluspunkte bei den gedemütigten Russen macht.

17.45 Uhr Anruf von Marlene. Sie hat mir einen guten Rutsch gewünscht. Ich nehme mir vor, im nächsten Jahr entweder Weihnachten oder Neujahr mit ihr zu feiern.

Am Abend kamen sie wirklich alle und hatten gute Laune. Zuerst kam Helga Korff-Edel. Dann Roman Bogdan. Und dann ging es Schlag auf Schlag.

Stefan Heym gebeugt, aber freudig mit von der Partie. »Sag mal«, sagte er als erstes zu mir, »du bist jetzt reich, stimmt's?«

»Das stimmt«, sagte ich.

Ihm zu Ehren habe ich eine Flasche sehr alten Quetsch aus dem Elsaß aufgemacht. Ein Gläschen hat er davon getrunken. Einmal ist er kurz eingeschlafen. Seine Frau Inge war liebreizend zu ihm und zu allen anderen. Ehepaar Poche ganz in Schwarz, sie sahen richtig festlich und hübsch aus. Helga Poche war früh um 3.00 Uhr diejenige, die tapfer an meiner Seite ein bißchen Geschirr aufräumte. So entmüllten wir einen ganzen Tisch. Annekathrin Bürger sah sehr hübsch aus, wir waren sehr gut miteinander. Sie gehörte an dem Abend zu den Frauen, denen ich gesteckt habe, daß ich sie damals gern geheiratet hätte, wenn sie nicht schon einen gehabt hätte. Kommt immer gut an, kost nix und ist oft genug ein wesentlicher Teil der Wahrheit.

Hannah kam mit ihrem Freund, einem jung aussehenden Mann namens Gerrit, der zu unser aller Verblüffung dann aber 35 Jahre alt und fertiger Arzt war. Hannah schöner denn je. Sie ist mit dem Studium fertig und will leider nicht in Deutschland bleiben. Schade. Es kann gar nicht genug Juden in Deutschland geben. Und erst recht so schöne und grandiose Jüdinnen wie Hannah.

Maria Moese brachte drei riesige Kuchen mit, an denen wir lange werden essen können.

Luten adoriert mich vor allem deswegen, weil er mit Recht glaubt, ich sei ein Mensch, der seine Uschi in voller Herzenstiefe erkannt habe.

Gipsy Schönfeld will seit Jahren den Schaden wiedergutmachen, den sie in meiner Seele angerichtet hat, und setzt sich deshalb manchmal auf meinen Schoß, daß es nur so kracht. Sie wird dieses Jahr sechzig und sieht aus wie 45.

In einem entzückenden Kleid (-chen muß man sagen) Karin Kiwus, der ich im Beisein von Frank Beyer gesagt habe: »Sollte er dich nicht mehr wollen oder überraschend sterben, sei so lieb, melde dich zuerst bei mir.«

Maler- und Bildhauermeister Ernst Leonhardt war da mit der lispelnden Sylvia, diese immer noch drollig.

Meinhard Lüning hat sein Taschenpiston mitgebracht und um 00.00 Uhr einen Zapfenstreich geblasen. Er hatte überall herumtelefoniert, weil er keinen einzigen Zapfenstreich kannte. Willy Moese hat ihm dann telefonisch einige Zapfenstreiche vorgespielt, von denen er einen eingeübt hat.

Lüning war mit seiner Elke gekommen. Sie ist eine der schweigsamsten Frauen, die ich gesehen habe. Wer weiß, warum.

Draußen war es neblig. Wir konnten die Lichtstrahlen von der Siegessäule nicht sehen. Alle standen auf dem Balkon, der aber gehalten hat. Das private Feuerwerk schien mir schwächer als je zu sein. Man spürt, daß immer mehr Bewohner aus der Innenstadt wegziehen.

Große Küsserei um Mitternacht.

Die letzten gingen um 6.00 Uhr.

Der Balkon voller Essen.

Die Mülleimer und Zimmerecken voller leerer Flaschen.

Nachwort

Wie sehr mein berufliches und privates Leben mit Manfred Krug verbunden war, ist mir bei der Lektüre dieser Tagebücher wieder sehr deutlich geworden. Nicht, dass immer eitel Sonnenschein war. Wie oft hat er mich zu Hause wutentbrannt angerufen, weil ihm irgendetwas im Verlag nicht passte. Nicht, dass er Unrecht hatte mit seiner Kritik, aber ich war fast immer der falsche Adressat. Wie oft habe ich mir nach ungerechten Vorhaltungen geschworen: Es reicht, mit ihm bin ich jetzt auseinander. Aber dann rief er wieder an mit einer Stimme sanft wie ein Lämmchen, und fragte nach etwas ganz Belanglosem, zum Beispiel: »Regnet es bei dir auch?« Oder: »Was machst du heute noch?« Das war seine Form der Entschuldigung.

Die Lektüre dieser Tagebücher war für mich eine Rückerinnerung an das eigene Erleben. 21 Jahre waren vergangen, seit Manfred Krug mit seiner Familie aus der DDR »ausgereist« war, im Juni 1977. Weil ihm nach seiner Unterschrift unter die Petition, die sich gegen die Ausbürgerung von Wolf Biermann im November 1976 ausgesprochen hatte, jede Auftrittsmöglichkeit auf der Bühne und jede Tätigkeit im Film genommen worden war, hatte er im April des Jahres den Antrag auf »Ausreise in die Bundesrepublik« gestellt. »Ausreise«, das Wort klingt harmlos, aber zwischen April und Juni lagen Monate der Ungewissheit. Die Staatsmacht der DDR wollte einen der populärsten und beliebtesten Schauspieler nicht gehen lassen. Sie befürchtete, anders als bei Biermann, einen Aufruhr im ganzen Land. Angebote, für eine Weile woanders hinzugehen als in die Bundesrepublik, nach Mozambique oder Kuba, schlug er aus, auf faule Kompromisse ließ er sich nicht ein.

1998 war es auch 21 Jahre her, dass ich mit meiner Familie die DDR verlassen hatte, im Dezember 1977. Mein damaliger Mann Hans Joachim Schädlich hatte die Petition ebenfalls unterschrieben. Er weigerte sich, seine Unterschrift zurückzuziehen, und konnte deshalb nicht mehr als Linguist und Übersetzer arbeiten. Weil er in der DDR nicht publizieren durfte, erschien sein Prosaband »Versuchte Nähe« ohne Genehmigung der DDR-Behörden im Sommer 1977 im Westen. Ich schrieb damals gerade an meiner theaterwissenschaftlichen Doktorarbeit. Man stellte mir nach unserem Antrag auf »Ausreise« eine glanzvolle Karriere an der Humboldt-Universität in Aussicht. Bedingung: Ich ließe mich scheiden.

Dass Hans Joachim Schädlich nicht nach § 106 des Strafgesetzbuches der DDR wegen des absurden Vorwurfs »staatsgefährdende Hetze« ins Gefängnis kam, war nicht nur seiner Freundschaft mit Günter Grass, Max Frisch und anderen namhaften Schriftstellern zu verdanken, sondern auch der Tatsache, dass sein Buch in der Bundesrepublik ein Bestseller wurde.

Dennoch: im Westen ein schwerer Anfang. Man hatte die Freiheit gewonnen, aber das alte Leben verloren, musste noch einmal ganz von vorne anfangen. Auch Manfred Krug, den seine Filme im Osten zu einem Publikumsliebling gemacht hatten – wobei sein wichtigster Film »Spur der Steine« aus dem Jahr 1966 nach nur wenigen Aufführungen wegen »antisozialistischer Tendenzen« im Giftschrank gelandet war und erstmals am 28. Oktober 1989, kurz vor dem Ende der DDR, im Berliner Club der Kulturschaffenden »Johannes R. Becher« gezeigt wurde. In der Bundesrepublik war Manfred Krug noch kein allseits beliebter Star. Das änderte sich schlagartig Anfang der 1980er Jahre mit der ARD-Serie »Auf Achse«, in der er über zehn Jahre lang den raubeinigen Fernfahrer Franz Meersdonk spielte. Ein Millionenpublikum eroberte er sich als Kommissar Stoever im Hamburger »Tatort«, wenn er mit seinem Kompagnon Charles Brauer alias Kommissar Brockmöller ermittelte, oder als Robert Liebling in der Serie »Liebling

Kreuzberg«, geschrieben von seinem Freund Jurek Becker, in der er als Anwalt mit Dreitagebart, Schlapphut, Zigarre und seiner Vorliebe für Cognac und Götterspeise schwierige Fälle löste. Manfred Krug war nicht nur ein großer wandelbarer Schauspieler – auch wenn viele meinten, er spiele nur sich selbst –, er war auch ein begnadeter Sänger. In den sechziger Jahren hatte seine Gesangskarriere begonnen, parallel zur Schauspielerei. Schnell machte er sich einen Namen als Jazz-Sänger. Seine erste Single erschien 1962. Ab 1971 entstanden vier Langspielplatten, Jazz, Swing, Schlager und Chanson. Die Texte zu vielen Songs schrieb Manfred Krug selbst.

In der Bundesrepublik lief es, was das anging, weniger rund. Zwar erschien bereits 1977 die erste LP »Da bist du ja« und ein Jahr später mit der Doppel-LP »Lieder von drüben« eine Auswahl seiner Songs, die er in der DDR veröffentlicht hatte. Aber erst mit der CD »Tatort – Die Songs«, die 1999 der Presse vorgestellt wurde, 2000 herauskam und wie eine Bombe einschlug, stand Manfred Krug am Beginn seiner zweiten Sängerlaufbahn. Noch sang er nicht öffentlich, aber er traf sich mit Musikern, ging bereits in Studios und bereitete andere Platten vor. Seine späteren Konzerte mit Uschi Brüning und Big Band, auch die Hommage-Tour nach seinem Tod, bei der sein Freund Charles Brauer durchs Programm führte und u.a. seine Tochter Fanny und Uschi Brüning sangen, wurden nicht nur in den neuen Bundesländern enthusiastisch gefeiert, auch in Hamburg und anderen westdeutschen Großstädten.

Egal, wo in der Bundesrepublik, ob Ost oder West, Süd oder Nord – Manfred Krug ist eine Instanz. Das bewies auch das große Echo auf den ersten Band seiner Tagebücher aus den Jahren 1996–1997 »Ich sammle mein Leben zusammen«. »Elegant geschrieben und zugleich genau beobachtet – in solchen Momenten erweist sich Krug als großer Erzähler. Er hatte Witz und Biss«, lobte etwa Andreas Platthaus in der FAZ. Janko Tietz schrieb im »Spiegel«: »Krugs Sprache ist kraftvoll, schnörkellos und von einer existenziellen Wahrhaftigkeit, wie sie nur in wenigen Büchern zu finden ist. Seine privaten Erlebnisse bettet er ein in die gesellschaftlichen Verhältnisse, es entsteht ein Sittengemälde des ausgehenden

20. Jahrhunderts.« Und Denis Scheck forderte in seiner Sendung »Druckfrisch« kurzerhand: »Bitte gern mehr davon!« Ich weiß von vielen Menschen, die den ersten Band der Tagebücher wie einen Lebenskrimi verschlungen haben, und oft werde ich gefragt: Geht es weiter? Kommt noch mehr? Wann ist es so weit?

Der vorliegende Band umfasst die Jahre 1998 und 1999. Aus insgesamt 800 engbeschriebenen Tagebuchseiten war eine Auswahl zu treffen, die den Charakter der Notizen nicht verfälschte und trotzdem den ganzen Manfred Krug zeigte, den Selbstgerechten und Lauten, den Schlauberger und Besserwisser, den Nachdenklichen, Verunsicherten und Leisen, den Zweifelnden, Spottenden und Liebenden, kurz: den, den man meint zu kennen, und den, der einen immer wieder überrascht.

Am 30.1.1999 notierte er: »Die Menschen, auch meine eigene Frau, ahnen nicht, wie oft sie in den Genuß meines natürlichen Taktes kommen. Ich spende ihn so unauffällig, daß sie nichts davon ahnen und ihn mir nicht anrechnen können. Erst recht ahnen sie nicht, daß mir diese Dinge bewußt sind. Weil ich andererseits besonders geradeaus und ehrlich bin, zählen sie mich zu den groben Klötzen. Ja, sie halten mich, wie es sogar mein Freund Jurek tat, für einen der taktlosesten Menschen in ihrer Umgebung.«

Um dem ganzen Krug gerecht zu werden, waren viele Durchgänge notwendig, immer wieder habe ich die Auswahl der Texte geändert und mich oft gefragt, kommt diese Arbeit, auch die Verknappung einiger Eintragungen, nicht einer Zensur des Materials gleich? Dieser Gedanke erschreckte mich. Meine Auswahl durfte keine Fälschung, keine geschönte Kürzung, sondern musste die Quintessenz aller Eintragungen sein.

Hilfreich war mir eine schon im ersten Band der Tagebücher zitierte Bemerkung Manfred Krugs. Am 2.12.1997 notierte er: »Mir fällt ein: sollte ich schneller wegsterben als erhofft, und sollte sich ein Verlag finden, der diese Notizen drucken will, so wäre es gut, wenn ein ordentlicher Schreiber das Ganze ein bißchen einköcheln würde.«

Aus dieser Notiz wurde für seine Erben und für mich deutlich, dass er bei seinen Eintragungen bereits an eine Leserschaft gedacht hat. Die Sätze kamen sogar einer Aufforderung zur Veröffentlichung gleich. Und zur integren Anordnung und Kürzung.

Oberstes Prinzip war, mit Manfred Krug an meiner Seite durch seine Lebens- und Schaffensjahre zu gehen, sich seinen interessierten und wachen Blick auf Menschen, auf Ereignisse aller Art und auf das Weltgeschehen anzueignen, um zu spüren: Was hätte er ausgewählt, was hätte für ihn Bestand. Da sein Tagebuch, wie jedes Tagebuch, auch sehr persönlichen Charakter hat, verbot sich eine Veröffentlichung zu privater Passagen. Verletzendes, Wütendes, aus dem Affekt heraus Geschriebenes geht niemanden etwas an. Das Weglassen dieser Passagen schmälert jedoch nicht die Qualität der Tagebucheintragungen, im Gegenteil. Seine begeisterten Eintragungen über sein »Goldköpfchen«, Marlene, konnten auch nicht alle berücksichtigt werden, das hätte den Rahmen gesprengt. Die Auswahl, die ihren Weg in diesen Band gefunden hat, lässt dennoch sein ganzes Entzükken über diese nachgeborene Tochter lebendig werden, deren Existenz – nur sehr wenige Eingeweihte wussten von seiner Vaterschaft – immer noch der Öffentlichkeit verborgen war. Nicht aus Feigheit, sondern aus Schutz. Denn: Nachdem Manfred Krug auf der Lietzenburger Straße schuldlos in einen Verkehrsunfall verwickelt worden war, klingelte Tage später ein Mann an der Haustür, der sich als Redakteur der »Bild-Zeitung« ausgab, und wollte eine Stellungnahme. Er wurde abgewimmelt. Manfred Krug notierte am 24.8.1998: »Als Otti und ich aus dem Kaufhaus kamen, sprach uns obendrein der Chef der kleinen Boutique im Parterre an, jemand, der sich als ›Bild‹-Journalist ausgegeben habe, sei bei ihm gewesen und habe sich nach meiner Garage erkundigt. Reiner Stasistil. Das wird vielleicht fürchterlich, wenn die rauskriegen, daß ich ein wunderbares Bankert habe, meine kleine Marlene.« Deshalb war, wenn es sich nicht vermeiden ließ, Marlene seine Enkelin, und jeder, auch ich, hielt sein Entzücken für das Entzücken des Großvaters.

Ich erinnere mich, dass er einmal, als wir unterwegs waren, sich vom Fahrer das Autotelefon lieh. Ich hörte ihn zärtlich sprechen, und im Anschluss sagte er: »Das war meine Enkelin, sie ist so einmalig süß und bezaubernd.« Wenig später war ich bei den Krugs, und wir schauten uns Familienfotos an. Er saß am Tisch, Otti, links von ihm, blätterte die Seiten um, ich stand rechts. Bei einem Foto fragte ich: »Ist das die süße Enkelin?« Ohne aufzublicken, stieß mir Manfred seinen Ellenbogen schmerzhaft in die Seite. Otti sagte nur: »Enkelin? Wir haben einen Enkel.«

Wie in jeder anderen Familie ging es auch bei den Krugs nicht nur harmonisch zu, das Zusammenleben mit seiner Frau und seiner zweiten Familie nebenan führte zu Spannungen. Dass der Bruch, das Auseinanderleben mit der Mutter seiner kleinen Tochter in diesem Band Platz finden durfte, verdanke ich ihrer Großzügigkeit, wie ich auch den Erben von Manfred Krug zu danken habe, dass sie meiner Auswahl zugestimmt haben.

Vieles, was ich in diesen Tagebüchern gelesen habe, die wie im ersten Band in der alten Rechtschreibung belassen wurden – nur falsche Schreibweisen von Namen und Bezeichnungen wurden korrigiert –, war mir neu, einiges bekannt, manches bekannter, weil ich selbst dabei war. So auch beim Empfang des ECON Verlages im »Hessischen Hof« anlässlich der Frankfurter Buchmesse am 13. Oktober 1999. Meine Erinnerung ist jedoch eine andere als die von Manfred Krug: Ich saß ihm an dem großen runden Tisch direkt gegenüber, er mit Zigarre in der Hand, das Rotweinglas vor sich und mit großer Geste redend und die Runde unterhaltend, als ihm plötzlich Blut aus der Nase auf sein weißes Hemd nicht nur tropfte, sondern schoss. Sofort sprang ich auf, alarmierte unseren Pressechef, der rannte in die Küche und kam mit einem Eisbeutel zurück. Krug hielt ihn sich in den Nacken, legte den Kopf nach hinten und erzählte einfach weiter. Als sich keine Besserung einstellte, konnten wir ihn schließlich dazu bringen, sich ins Krankenhaus fahren zu lassen. Wir alarmierten die Feuerwehr, und mit Blaulicht und Sirenengeheul – ich vorne neben dem Fahrer, Manfred, Otti und die Sanitäter im hinteren Teil des Wagens – ging es durchs nächtliche Frankfurt. Im Krankenhaus schienen die Ärzte zunächst nicht den Ernst der Lage erkennen zu wollen, weil sie annahmen, Manfred Krug sei angetrunken in eine Schlägerei verwickelt gewesen. Das konnte ich schnell aufklären. Danach verschwand er in einem Arztzimmer. Derweil warteten Otti und ich voller Sorge auf einer hölzernen Bank in einem menschenleeren, kaum beleuchteten Krankenhauskorridor, und Otti erzählte mir flüsternd die ganze Geschichte von der ersten Begegnung mit der Mutter von Marlene, die sie am 13. Januar 1996, als sie ein Stück Butter aus dem Tiefkühlfach holen wollte, in der Wohnung von Manfred halb bekleidet angetroffen hätte. Das Baby, sagte sie, hätte sie für eine Puppe gehalten. Dass die Puppe tatsächlich ein Baby war, wäre ihr erst viel später bewusst geworden. Von Zeit zu Zeit hörten wir Manfred schreien. Irgendwann öffnete sich die Tür, und der Arzt sagte zu Otti: »Ihr Mann muss hierbleiben, mindestens eine Woche. Ansonsten kann ich nicht für sein Leben garantieren. Erst kürzlich ist einer an einer solchen Blutung gestorben. Sie muss zum Stillstand gebracht werden, jetzt habe ich nur tamponiert.« Alle Überzeugungsversuche halfen nichts. Auf eigene Verantwortung ließ sich Manfred Krug entlassen. Grund für seine Entscheidung war der »Tatort«, den er gerade in Hamburg drehte. Der Film war budgetiert, ein Drehtag verschlang immense Summen an Geld, der ganze Stab war anwesend, und durch nichts durfte das, vor allem nicht durch ihn, gefährdet werden. In all den Jahren unserer Zusammenarbeit habe ich Manfred Krug immer nur höchst diszipliniert erlebt. Diese Disziplin und Akribie erwartete er auch von anderen. Am Mittwoch, den 23.6.1999 monierte er halbernst, halbironisch: »Abends lese ich in dem Buch ›Swinging Cops‹, erschienen im Henschel Verlag. [...] Auf Seite 60 steht, daß mein Vater Richard (!) Krug heißt. Ebenfalls auf Seite 60 steht: ›Mit 14 Jahren zwingt ihn der Vater in eine Lehre als Schmelzer im

Stahl- und Walzwerk Brandenburg. Drei Jahre später ist er der jüngste Facharbeiter der Republik.‹ Reine Erfindung. Danach folgt: ›Neben seinem Drei-Schicht-Dienst besucht er die Abendoberschule, um das Abitur nachzuholen.‹ Zwar habe ich das getan, aber das Abitur habe ich niemals nachgeholt. Ich weiß nicht, wer das aufgebracht hat und wer es dann immer wieder abgeschrieben hat. Wenn du nur ein bißchen Ruhm erlangt hast, schmeißen sie dir das Abitur einfach nach.«

Wie sehr Manfred Krug in diesen Jahren unter gesundheitlichen Beeinträchtigungen litt und es doch nach außen überspielte, wie schlecht es ihm in Wirklichkeit ging, erfuhr ich erst durch diese Lektüre. Dass er sich seine Drehbuchtexte auf Zettel schrieb, die er überall im Studio und auch außerhalb anbrachte, war schon lange kein Geheimnis. Sehr lustig las sich für mich die Passage, als Inge Meysel den »jungen Spund«, den sie zuvor demonstrativ gemieden hatte, eines Morgens fragte, wie er sich eigentlich die sich ewig ändernden Texte merke. Er gab ihr den Rat, sich einen Computer zuzulegen und mit dessen Hilfe Zettel in Großbuchstaben anzufertigen, die sie überall hinhängen sollte – so mache er es. »Wie ich die Frauen kenne, ist das Eis nun gebrochen.« Zu wichtigen Zusammenkünften nahm er ein kleines Aufnahmegerät mit, auch zur Geburtstagfeier von Stefan Heym – woher hätte er sonst den Wortlaut der Dankesrede? – und zu seinen Besuchen bei dem hochbetagten, kranken Vater. Gott sei Dank. Nie zuvor haben die beiden so intensiv und liebevoll miteinander gesprochen wie in den letzten Lebenswochen des Vaters. Am Samstag, den 14.11.1998 notierte der Einundsechzigjährige: »Erst um 7.00 Uhr legte ich mich ins Bett. Der Morgen dämmerte schon. Im Einschlafen dachte ich: Jetzt bist du eine Waise.« Einen Tag zuvor war sein Vater gestorben.

Dass Manfred Krug später die Bänder, die Auskunft geben über biografische Hintergründe und Herkunft, transkribierte, ist ein kostbares Geschenk. Diese Tonbandaufnahmen hatten aber nicht nur den Zweck, die Worte seines Vaters zu bewahren. Manfred Krug schrieb bereits an seinen Memoiren, die in diesen Tagebuchjahren noch »Nichts Genaues« hießen. Die Auskünfte von seinem Duisburger Kinderfreund Udo Kuffel über ihre gemeinsame Zeit waren für ihn ebenso wichtiges Material wie die Erinnerungen des Vaters über dessen Aufwachsen mit der taubstummen Großmutter in Kattowitz. Ihr setzte er in dem 2003 erschienenen Buch »Mein schönes Leben« in den Kapiteln »Johanna« ein ergreifendes literarisches Denkmal. Hochinteressant zu lesen waren die Auskünfte des Stahlwerker-Vaters nach dem Eisenbahnunglück in Eschede vom 3.6.1998: »Bei dem Eisenbahnunglück habe ich am ersten Tag gewußt, woran das lag. Die sollten sich meine Erfindungen mal ankucken, wie man verschiedene Stahlsorten vermählt. Jeder hat einen eigenen Charakter, eine eigene Aufgabe, und jeder Stahl reagiert 100-prozentig auf unsympathische Nachbarn. Die glauben vielleicht, weil ein Stahl hart ist, können sie alles mit ihm machen. Das geht nicht, daß man zwei verschiedene Charaktere aneinanderklebt und dann eine derartige wahnsinnige Belastung verlangt. Dafür ist doch der Stahl nicht da. Die beiden Stähle haben sich bekämpft. Der schwächere ist zugrundegegangen. Diese Leute verschweigen das. Sie wissen es und verschweigen es. Sie halten den Mund. Sie konnten ihre Grenzen kennen, und die Grenzen des Materials. Es gibt Naturgesetze. Aber die Banditen sind so gemein. Sie warten auf die Ohrfeige. Sie lassen es so weit kommen. Sie lassen die Menschen kaputtgehen.«

Spannend und aufschlussreich sind Manfred Krugs literarischen und filmischen Träume. Immer wieder hielt er sie fest und war froh, dass er sich nach dem Aufwachen an sie erinnerte. Die Träume sind skurrile Kurzgeschichten voller Aberwitz, Absurdität, Humor und Selbstironie. Diese Tagebucheintragungen aus den Jahren 1998 und 1999 sind auch eine Zeitreise, ein Blick zurück, bei dem vielleicht schon längst Vergessenes wieder ans Licht gebracht wird. Manfred Krug, der Chronist, hielt fest, was sich in den Jahren 1998 und 1999 an politischem und gesellschaftlichem Geschehen weltweit ereignet hat: In Deutschland wurde Kohl abgewählt, Schröder wurde Bundeskanzler, wenig später verschwand mit großem Eklat Lafontaine aus der Regierung. Manfred Krug übernahm für einen »Tatort« sofort den genialen Ausspruch seines Freundes Charles Brauer, »den Lafontaine machen« – der für »plötzliches Dünnemachen« steht. Wie politisch wach und klarsichtig Manfred Krug war, belegt für mich nicht nur die Eintragung vom 25.10.1999, die von erschreckender Aktualität ist: »Was man an der Demokratie gehabt haben wird, wird man wieder erst merken, wenn sie nicht mehr da ist.« Mit großer Sorge verfolgte er die Entwicklung des Krieges auf dem Balkan und mit verblüffender Weitsicht die Vorgänge in Russland.

»So 7.2.99: Die Russen haben, um uns von dem Monster zu befreien, allein auf deutschem Boden ca. 120.000 Soldaten verloren. Die Freiheit haben sie uns nicht geschenkt.«

»Mi 11.8.99: Der Ober-Wodka-Russe im Kreml hat nach drei Monaten bereits seinen neuen Ministerpräsidenten Sergej Stepaschin (früher KGB) rausgeschmissen und ihn durch Wladimir Wladimirowitsch Putin (früher KGB) ersetzt. Damit hat Jelzin in achtzehn Monaten den sechsten Ministerpräsidenten. Wann werden die Russen einen Kreml-Chef haben, der weder alkoholkrank noch senil ist. Verdienen sie keinen besseren?«

Und am letzten Tag des Jahres 1999, bevor die große Silvesterparty zur Jahrtausendwende stieg, notierte er: »Frei 31.12.99: Boris Jelzin, der alte Tanzbär, tritt zurück und übergibt an das schmale Jüngelchen Wladimir Putin, der jetzt gerade den Krieg in Tschetschenien führt und damit Pluspunkte bei den gedemütigten Russen macht.«

Nicht einmal ein Vierteljahrhundert später hat »das schmale Jüngelchen Wladimir Putin« mit seinem Überfall auf die Ukraine am 24. Februar 2022 und mit der Drohung eines möglichen Einsatzes atomarer Waffen die ganze Weltordnung verändert.

Vieles, was Manfred Krug in den Jahren 1998 und 1999 Jahren aufschrieb, habe ich gelesen wie eine Fortsetzung der Gespräche und Zusammenkünfte mit seinem Freund Jurek Becker. Dessen frühen Tod 1997 hat Manfred Krug nie verwunden. Am 20.3.1999 notierte er: »Ich passe nicht in diese Welt. Die Welt paßt nicht zu mir. Oder vielleicht besser: ich kann mir nicht jeden Tag den kleinen Teil der Welt zusammensuchen, in den ich passe. Das war früher leichter, aber Jurek ist tot.« Wie ein roter Faden durchziehen Gedanken und Erinnerungen an Jurek die Eintragungen, beim Fußball und anderen Sportereignissen, die Jurek begeistert verfolgt hatte und die nun Manfred Krug verfolgt, bei Festen, zu denen der Freund nicht mehr kommen konnte, und sogar beim Kochen.

Manfred Krug war ein Ausnahmekünstler, ein Allroundgenie. Und er war ein politischer Mensch, ob als Schauspieler, Sänger, Schriftsteller oder Chronist, auch als Freund. Er war mutig, unangepasst, und er hatte Humor. Er war nachdenklich und unerschrocken. Er war Idealist und trotzdem Realist. Er war sensibel.

Mehr als vor der Kamera zeigte sich dies für mich in seinen literarischen Texten, den Tagebüchern, oder wenn er sang. Er sagte: »Wenn ich singe, zeige ich, was für ein Mensch ich wirklich bin. Ein feinfühliger Mensch. Nicht dieser proletarische Klotz.«

Und er war und ist eine Legende. Am 17.8.99 notierte er nach einer Anfrage des Jazztrompeters Meinhard Lüning, ob er Lust hätte, mit ihm zur Premiere eines »Manfred-Krug-Abends« nach Schwerin zu fahren: »Ich kann mir nichts darunter vorstellen, habe sogar Schiß davor. In dem Programmheft, das er ebenfalls gefaxt hat, nennen sie mich eine ›lebende Legende‹. So schnell kann das gehen.«

Krista Maria Schädlich,
Berlin im November 2022

Manfred Krug
Ich sammle mein Leben zusammen

Der sensationelle Lebensroman des unvergessenen Stars

Tagebücher 1996–1997
herausgegeben und mit einem Nachwort
von Krista Maria Schädlich
208 Seiten
gebunden mit Schutzumschlag
ISBN 978-3-98568-020-7
Auch als E-Book und Hörbuch,
gelesen von Daniel Krug, erhältlich

Als Manfred Krug 1996 anfing, ein Tagebuch zu führen, wusste er nicht, wie dramatisch die folgenden Jahre für ihn werden würden. Mit fast 60 ist er noch einmal Vater einer unehelichen Tochter geworden. Seine Frau Ottilie ahnt, dass es eine Geliebte gibt, aber niemand weiß von dem Kind, zu dem Krug eine innige Beziehung entwickelt. Zur selben Zeit verschlechtert sich die Gesundheit seines Lebensfreundes Jurek Becker. Ein Lichtblick dagegen ist die Veröffentlichung von *Abgehauen*, dem legendären Buch über seine Ausreise aus der DDR 1977, deren populärster Künstler Krug war. Im März 1997 stirbt Jurek Becker, und drei Monate später erleidet Manfred Krug einen schweren Schlaganfall. Am Krankenbett begegnen sich Ehefrau und Geliebte samt Tochter. Was dann geschah, trägt Manfred Krug minutiös in seinem Tagebuch ein.

»Da haben wir den ganzen Manfred Krug – in seiner Patzigkeit, in seiner Unbeirrbarkeit und seinem mangelnden Sinn für die Ängstlichkeit und fragile Selbstliebe anderer. Wenn man sich die Frage nach dem erstaunlichen Charisma stellt, dem Charisma, das er als Schauspieler und Jazzsänger in der DDR, aber unvermindert auch als mitunter wenig ehrgeiziger Fernsehschauspieler im Westen entfaltete, dann haben wir hier die Antwort. Manfred Krug war der Mann, der sich nicht einschüchtern lässt, nicht einmal von seinen eigenen Torheiten.«

Jens Jessen, DIE ZEIT

kanon verlag